居住の貧困と「賃貸世代」

国際比較でみる住宅政策

小玉 徹

明石書店

はじめに

　サッチャーとレーガンに端を発した新自由主義は、政府の介入による分配でなく、自由な市場のもとでの経済成長がトリクルダウンすることで全体を潤すという構想に依拠していた。しかしながらOECDのレポート（Inequality and Growth, December 2014）にあるように、現実には富裕層と貧困層への所得分化がすすみ、中間層の収縮（squeezed middle）が明らかになるなかで、新自由主義から決別し、分配政策を見直す政治勢力（スコットランド首相ニコラ・スタージョン、イギリス労働党・党首ジェレミー・コービン、アメリカ上院議員バーニー・サンダースなど）が出現しつつある。こうした政治勢力は、不安定な雇用、学費の支払い、高い家賃に直面している若者の強い支持を取り付けている。かれらに共通するスローガンの一大項目は、市場主義に依拠した持家重視の見直しであり、アフォーダブル（所得レベルに応じた家賃負担と家族数に応じた居住水準が確保されていること）な賃貸住宅の供給にむけた住宅政策の再構築にある。

　以上のような政治状況を反映しているのが、「賃貸世代」（GR, Generation Rent）の台頭であり、2016年5月に実施されたロンドン市長選でのアディック・カーン（労働党）の勝利であろう。

　イギリスでは、2008年前後の住宅バブルを契機として、とくに若い世代の持家取得が困難となっている。2004年度には25～34歳までの世帯の24％が民間賃貸を利用していた。これが2014年度には46％に上昇、同じ時期にローン支払い中の持家世帯は54％から34％へと下降した（公的住宅におけるこの世代の比率は20％以下で横ばい）。アフォーダブルな賃貸住宅を要求する非営利の圧力団体GRなどの不満は、ロンドンの市長選の政策課題として住宅政策をナンバーワンに押し上げるに至った（調査によれば67％は住宅を、つぎに交通51％、健康35％、警察31％、経済開発26％）。

　こうした問題状況の変化に日本も例外ではない。イギリスの住宅政策が曲がりなりにも「物への助成」（公的住宅の大量建設）から「人への助成」（住宅手当

の普及）という経路を辿りながらサッチャーによる持家の「大衆化」政策に直面したのに対して、日本では公的住宅は過少であり、民間借家は狭小・高家賃、国の制度としての住宅手当は不在（低所得者のごく一部は、厚労省の管轄になる住宅扶助を利用）となっており、過度の市場主義、持家重視に偏倚している。

　国の制度としての住宅手当の不在は、終身雇用・年功序列の賃金体系などに支えられながら最終的には持家取得に至る、という日本型雇用システムと相関していた。しかしながら1990年代後半からの失業率の上昇、非正規労働の拡大は、日本型雇用システムを不安定化させ、中間層の収縮にともない持家取得が困難となるなかで、民間賃貸をもカバーする広範囲な住宅手当の導入が検討されていた。

　2003年の国交省の社会資本整備審議会・住宅宅地分科会では「新たな住宅政策のあり方について」が「建議」され、そこでは「新たな住宅政策」の「検討の背景」について以下のように述べていた。

> 従来、経済成長、終身雇用・年功序列の賃金体系、社宅等に支えられ、経済情勢等が変化しても、職や家を失うまで行きにくいなど、社会構造に組み込まれたセーフティネット（安全網）があったが、近年の経済情勢のなかで、企業の人員削減、賃金体系見直し、福利厚生縮小等が行なわれ、この仕組みが崩壊してきている。この結果、住宅取得の見通しが不透明になるだけでなく、職とともに家も失うなどの豊かな社会における困窮事例も見受けられ、セーフティネットのあり方が注目されている。

　その後、2005年に同審議会に提出された「答申」（新たな住宅政策に対応した制度的枠組みについて）では「国の制度として家賃補助を導入する」ことが提案された。しかし、「答申」は「国の制度として家賃補助を導入することに関しては、生活保護との関係、財政負担、適正な運営のための事務処理体制、受給者の自助努力を促す方策のあり方など整理すべき課題も多いため、……これらの諸課題の克服に向け、具体的な検討を進めることが必要」と述べ、「家賃

補助」の導入を保留していた。

　ここでいう「生活保護との関係」とは、そこに内包されている住宅扶助を指している。2012年以降、生活保護受給者の増大とその「適正化」をめぐる議論がマスコミを賑わし、その余波は、厚労省の社会保障審議会・生活保護基準部会（2011～2014年）における住宅扶助の見直しにまで波及した。

　日本の住宅扶助は「単給」として機能しておらず、生活扶助、医療扶助などとともにパッケージ化されている。こうしたオール・オア・ナッシングの仕組みは、生活保護を利用していないワーキングプアなどへの住宅手当の利用を困難にし、「生活保護バッシング」を誘発させることにつながっていく。

　日本において「職とともに家も失うなどの豊かな社会における困窮事例」が大きく発現したのは、土建国家の一端をになってきた建設労働者の失職による路上生活者の増大（2003年の厚労省調査で2万5292人）であり、筆者はイギリスとの比較から住宅手当の重要性を指摘した（『ホームレス問題　何が問われているのか』岩波ブックレット、2003年）。その後、日雇い派遣労働を中心とした「ネットカフェ難民」（2007年の厚生労働省調査で5400人余り）、その翌年にはリーマンショックの影響から大規模な解雇・雇い止めにより、社員寮を追い出された多くの派遣労働者が路頭に迷うような事態が発生した。

　他方、増大しつつある非正規の若年層は、親へのパラサイトや民間賃貸に滞留しながら家族形成にむけたライフ・トランジションもままならない、という閉塞状況におちいっているが、ここにも住宅手当の不在が作用している。

　現在、国交省のもと民間賃貸のあり方が問題にされ、「重層的な住宅セーフティネット」の一環として空き家対策が提起されている。

　日本経済新聞（2016年12月25日）では、その内容が「国交省は空き家に入居する子育て世帯や高齢者に最大で月4万円を家賃補助する。受け入れる住宅の持ち主には住宅改修費として最大100万円配る。早ければ2017年秋に始める。子育てや高齢者の生活を住宅面から支え、深刻になりつつある空き家問題の解決にもつなげる」と紹介され、さらに同紙は、その主旨について、「国交省が空き家を使った新たな制度を構築するのは、自治体が建てる公営住宅だけ

では対応に限界があるためだ。公営住宅の応募倍率は全国平均で5.8倍、東京都は22.8倍に達する。一方、民間賃貸住宅では子育て世帯が十分な広さの家に住めなかったり、家賃滞納や孤独死のリスクがあるとして高齢者が入居を拒まれたりするケースが多い」と説明している。

　この対策は、高齢者や子育て世代、低所得者など住宅確保要配慮者の住居確保に関する「住宅セーフティネット法」の改正法（2017年）として閣議決定、法案には住宅確保要配慮者の入居を拒まない賃貸住宅として自治体に登録した物件への家賃、家賃債務保証費用、住宅改修費それぞれに対する補助、さらに居住支援法人の新設などが盛り込まれることになっている。

　しかし、この改正法では、1）施策の対象となる住宅確保要配慮者から、ワーキングプアなど狭小・高家賃に苦闘している若者は排除され、2）「国の制度として家賃補助を導入する」方策にむけた住宅扶助の単給化について、厚労省との政策調整は回避され、3）公的な住宅（公営、UR・公社）の拡充についても、まったく言及されていない。

　小泉政権の「構造改革」は、80年代初めのレーガノミックス、70年代後半のサッチャリズムの焼き直しといわれ、2周遅れの新自由主義と喧伝されたが、国交省が提起している「重層的な住宅セーフティネット」においても、過度の市場主義、持家重視の方針は基本的に変化していない。しかしながら、冒頭に述べたように、現在、欧米の政治状況は、経済成長の果実を上から下へトリクルダウンさせる施策に対抗し、格差への政治介入を求める下から上へのボトムアップの時代に変容しつつある。

　昨年の6月（2016年）、「住宅手当で家賃を下げろ」、「住宅保障に税金つかえ」とのスローガンのもと若者（Call for Housing Democracyの主催）を中心に「家賃を下げろデモ」が新宿において実施された。こうした活動は今後も増幅されていくであろう。日本の若者が直面している問題状況は、欧米のそれと類似しており、その活動は、住宅政策の再構築を要求する欧米の社会運動と共鳴しているからである。Think Globally, Act Locally !!

居住の貧困と「賃貸世代」
―国際比較でみる住宅政策―

＊

目　次

はじめに 3

序　章　いまなぜ住宅手当か──新しい社会リスクと日本 ……………… 13
第1節　住宅手当はなぜ必要か──新しい社会リスクへの対応 13
1　エンタイトルメントとしての住宅手当 13
2　苦しむ若者、母子家庭、高齢者 15
第2節　閉塞社会の構造的な理解──古い社会リスクへの対応 17
1　「物への助成」から「人への助成」への転換 18
2　パラサイト・シングル──親元へと戻る逆行現象 20
3　強まる専業主婦願望──背後に母子世帯の貧困 21
4　貧困ビジネスとしての「終の住み処」 24
5　結びにかえて 28

第1章　閉塞化する若者のライフ・トランジション ……………………… 31
第1節　欧州における若者の生活移行と住宅手当 32
1　教育から初職への移行 32
2　親の世帯からの独立と住宅手当 34
第2節　日本における若者の生活移行と住宅手当 39
1　若者の教育から初職への移行 39
2　若者のライフ・トランジションと住宅手当 40
3　生活困窮者支援、求職者支援制度の評価 43
第3節　パラサイト・シングル問題の日英比較 49
1　イギリスにおけるパラサイトの増大──ONS 調査から 49
2　親との同居から離家への経路 52
3　離家できない日本の若者──住宅手当の不在 56
第4節　共稼ぎ世帯の構築にむけて 59
1　カップル形成を阻むもの（その1）──所得、住居費のギャップ 59
2　カップル形成を阻むもの（その2）──労働時間、住宅のギャップ 65

第2章　無視されている子どものアフォーダビリティ ……………………… 75
　　第1節　母子家庭の就労、貧困の再生産、住宅費　76
　　　　　1　母子家庭の収入、最終学歴、子どもの進学　76
　　　　　2　母子家庭の家賃問題、居住水準　80
　　第2節　子どもの貧困は、どのように論じられているか　83
　　　　　1　「逆機能」による子どもの貧困と住宅手当　83
　　　　　2　子どもの貧困への対策──給付つき税額控除か住宅手当か　88
　　第3節　子どもの居住水準向上と住宅手当（その1）
　　　　　　──スウェーデン　96
　　　　　1　ミュルダールによる住宅手当の実験　96
　　　　　2　家族向け共同住宅によるソーシャル・マーケット　98
　　　　　3　ひとり親世帯の居住状況と住宅手当　100
　　第4節　子どもの居住水準向上と住宅手当（その2）
　　　　　　──フランス　102
　　　　　1　家族住宅手当の導入から社会住宅の大量建設へ　103
　　　　　2　「人への援助」への転換とソーシャル・ミックス　107
　　　　　3　ひとり親世帯、単身世帯の居住状況と住宅手当　110

第3章　「終の住み処」をどう再構築するのか ………………………… 117
　　第1節　「住まい」と「ケア」の分離と日本の課題　117
　　　　　1　エイジング・イン・プレイス（その1）──サ高住の背景と事業状況　117
　　　　　2　エイジング・イン・プレイス（その2）──オランダ、デンマーク、スウェーデン　120
　　　　　　（1）オランダの高齢者住宅　120／（2）デンマークの高齢者住宅　122／（3）スウェーデンの高齢者住宅　123
　　　　　3　サ高住の狭小性を規定する住宅政策をめぐる論点　124
　　第2節　最低居住面積水準を充足できない住宅扶助　130
　　　　　1　住宅扶助の拡大とその特性　131
　　　　　2　基準部会のねらい──生活保護の「適正化」　132

　　　　　3　住宅扶助にかかわる基準引き下げの意図　135
　　　　　4　居住実態調査が反映されない住宅扶助基準の見直し　141
　　第3節　住宅手当と最低保障年金の連携にむけて　143
　　　　　1　高齢単独世帯の年金問題　143
　　　　　2　年金改革と住宅手当の導入　147

第4章　住宅政策としての住宅手当の不在
　　　　──日本型デュアリスト・モデル………………………………………155
　　第1節　住宅政策としての住宅手当──その歴史的な経路　155
　　　　　1　混成的（hybrid）な性格をもつ住宅手当　155
　　　　　2　欧州における家賃統制、建設補助から住宅手当までの経路　158
　　　　　　（1）スウェーデン──家賃統制、建設補助、住宅手当　159／（2）オランダ──家賃統制、建設補助、住宅手当　160／（3）ドイツ──家賃統制、建設補助、住宅手当　162
　　第2節　福祉国家的な住宅政策の欠如と企業主義社会
　　　　　　──イギリスとの比較で　165
　　　　　1　家賃統制の緩和と過少な公的住宅政策　166
　　　　　2　借家人運動の停滞と企業主義社会　170
　　第3節　デュアリスト・モデルにおける日本の位置　173
　　　　　1　ケメニーの住宅モデルと社会住宅の特性　174
　　　　　2　社会住宅の様態と住宅手当との相関　176
　　　　　3　日本型デュアリスト・モデルと「閉塞社会」　178

第5章　ゆきづまる持家の「大衆化」とその再編
　　　　──イギリスの動向……………………………………………………183
　　第1節　イギリスにおける住宅手当をめぐる問題状況　183
　　　　　1　拡大する住宅手当と賃貸・労働市場の変容　183
　　　　　2　LHAの変更による居住空間の分極化　187
　　第2節　「住宅への新たな戦略」による分析と提言　191
　　　　　1　急増する住宅手当と賃貸ストックとの相関　191

           2　テニュア変容による住宅手当の拡大　193
           3　民間賃貸、社会住宅のどこが問題か──国際比較の観点
              から　195
           4　「物への助成」と「人への助成」とのバランス　198
           5　ユニタリー・モデルとしてのドイツと住宅手当　199
    第3節　再構築にむかうイギリス住宅政策
          ──スタージョン、コービンの出現　201
           1　賃貸世代の台頭とその苦悩　201
           2　持家民主主義の行方と分裂するイギリス　205
            （1）保守党による住宅・都市計画法の骨子とその批判　205／（2）
            スコットランドの動向──民間賃貸への規制と社会住宅の拡大　206／
            （3）コービンの出現と住宅政策の革新　208

終　章　閉塞社会からの脱却
       ──「重層的な住宅セーフティネット」を超えて ………………… 213
    第1節　ゆきづまる日本型デュアリスト・モデル　214
           1　若年単独世帯の民間借家への滞留　214
           2　若者の世帯形成と公的住宅、民間賃貸　216
           3　ムリな持家取得と過重なローン負担　219
    第2節　「重層的な住宅セーフティネット」の概要と評価　221
           1　住宅セーフティネットの概要　221
           2　住宅セーフティネットの評価　224
            （1）住宅扶助の利用を制約される低所得世帯　224／（2）最低居住
            面積水準を確保できない住宅扶助　225
    第3節　国土交通省の空き家対策とその批判
          ──イギリスに何を学ぶのか　228
           1　国交省による「準公営住宅」の提唱　228
           2　「準公営住宅」における家賃補助の狭隘性　229
           3　転換するイギリス、滞留する日本　234

補　章　ジェントリフィケーションと住宅手当
　　　　――ニューヨークの動向……………………………………………………… 239
　　第1節　ブルームバーグ前市長のもとでのアフォーダビリティ危機　240
　　　　　1　就業構造の変化による低賃金セクターの拡大　240
　　　　　2　低所得世帯の増加と過重な家賃負担　241
　　　　　3　家賃安定化住宅の減少　243
　　　　　4　シェルターを利用するホームレスの増大　245
　　第2節　デ・ブラシオ市長の挑戦
　　　　　　――最低賃金の上昇、家賃規制、ホームレス対策　247
　　　　　1　最低賃金の引き上げ　247
　　　　　2　家賃の規制（既存の借家、空き家）　249
　　　　　3　ホームレスへの支援　250
　　第3節　ソーシャル・ミックスは可能か
　　　　　　――セクション8、強制的・包摂的ゾーニング　252
　　　　　1　セクション8利用者の偏在化　252
　　　　　2　動きだした強制的・包摂的ゾーニング　255
　　補節　アメリカ住宅政策のゆくえ――サンダースの登場　257
　　　　　1　離家できない若者――アメリカン・ドリームの崩壊　257
　　　　　2　困難となる持家取得への学生ローン負債の影響　259
　　　　　3　拡大する民間賃貸における過重な家賃負担　261
　　　　　4　住宅政策の動向と問題点　264
　　　　　5　閉塞化する政治――出口のない若者のサンダース支持票　266

　　参考文献　272
　　おわりに　282
　　索引　286

序　章

いまなぜ住宅手当か
―― 新しい社会リスクと日本

　国の制度としての住宅手当は、若者のライフ・トランジション（生活移行）、母子家庭のアフォーダビリティ（所得レベルに応じた家賃負担と家族数に応じた居住水準の確保）、高齢者の終（つい）の住（す）み処（か）としてのサービス（見守り、介護、医療など）付き住宅の構築にとって重要な意義をもっている。

　本章では、日本にとっての住宅手当の重要性を確認するとともに、その不在を国際比較の観点から評価することで、閉塞社会の克服にむけて、どのような論点が提起されるのか、について言及しておきたい。

第1節　住宅手当はなぜ必要か――新しい社会リスクへの対応

　先進30ヵ国が加盟するOECD（経済協力開発機構）の社会支出統計（社会保障費の国際比較）で、他の多くの先進諸国が国の制度としての住宅手当（Housing Allowance, イギリスではHousing Benefit、住宅給付と表現しているが、本書では住宅手当に統一している）を計上している。これに対して日本をふくめたいくつかの国々は、そのデータを提供できていない[1]。ここでは、そもそも諸外国において住宅手当はどのように機能しているのか、その不在は日本に何をもたらしているのか、について簡単に言及する。

1　エンタイトルメントとしての住宅手当

　欧州では、住宅手当はエンタイトルメント・プログラム、すなわち受給資格をクリアすれば予算の上限に関係なく受給する権利のある制度である。住宅手当はナショナル・ミニマム（政府が国民に対して保障する最低限度の生活水準

の不可欠な要素なのである。国の制度としての住宅手当の不在は、所得レベルに応じた家賃負担と家族数に応じた居住水準の保障、という住宅政策の基本的な原則が日本に貫徹していないことを意味している。

　欧州の住宅手当は、公的な住宅のみならず民間の賃貸住宅にも適用され、通常、その利用には所得制限が課せられている。

　ドイツにおける住宅手当の受給者は、おもにワーキングプアと失業者、年金生活者である。2001年のデータでは、受給者で働いている人の比率は、旧西ドイツで29.8％、旧東ドイツで21.6％、ブルーカラーが大半をしめる。失業者は旧西ドイツで26.3％、旧東ドイツで42.8％、年金生活者は、それぞれ28.6％、23.7％という状況にある。同国における住宅手当の受給者は、1990年代後半から急速に増大し、2004年には全世帯の9.0％をしめる350万世帯に52億ユーロ（GDPの0.24％）が支出された（Kofner, 2007, pp.159, 177）。

　またスウェーデンの住宅手当受給者を世帯分類別にみると（データは2002年）、ひとり親世帯22％、年金世帯61％、子どものいる家族世帯10％、単身世帯（年金世帯以外）7％（Ahren, 2007, p.216）。全世帯にしめる住宅手当の受給率（2006年）は20％で、受給総額はGDPの0.57％である（Kemp, 2007c, p.272）。

　イギリスの場合、住宅手当の受給率（2006年）は16％、対GDP比1.10％である（ibid.）。その内訳（2009年）は、ひとり親世帯22.4％、年金世帯36.4％、子どものいる家族世帯8.1％、その他・年金世帯以外33.2％である。なお住宅手当は、公営住宅の場合は家賃減額（Rent rebates）、住宅協会と民間賃貸の場合は家賃補助という形で支給される。公営住宅で家賃減額を受けている世帯は146万2000世帯（2011年）、住宅協会と民間賃貸で家賃補助を受けている世帯は341万4000世帯にのぼる（Wilcox and Pawson, 2013, pp.247, 251）。

　欧州各国は、1970年代半ば以降、高い失業率から離脱できず、失業給付、社会扶助への継続的な支出を余儀なくされた。こうした状況のもとで住宅手当が重要となってきた背景について、長年、その国際比較研究に携わってきたピーター・ケンプは、失業の拡大と労働市場の変容との関連で以下のように言

及している（Kemp, 2007a, p.4）。

　1970年代からの失業の拡大、家賃やローンへの助成を必要とする世帯の増大、長期失業の上昇、社会保険を使いつくし、一般的でない社会扶助のセーフティネットに依存せざるをえない状況は、住宅手当立案への要請を強めた。1970年代以降のパートタイム就労と不安定な雇用形態の拡大も2次的な労働市場にある人びとからの住宅手当への需要を増大させた。

ポスト工業化社会への移行にともなう新しい社会リスク（new social risk）[2]は、これから労働市場に参入しようとする若者を巻き込んでいることはいうまでもないが、さらにケンプは、住宅手当・需要拡大の要因としてひとり親世帯、高齢者などとの関連で以下のように述べている（ibid.）。

　くわえて稼働年齢層で経済的に非活動的な人びと（ひとり親世帯、早期退職者、長期的な病弱および障害給付の受給者）の増大も、住宅手当のコストと受給件数を拡大させた。最後に人口の高齢化も、住宅手当を利用する多くの低所得・年金受給者をふくむ退職年齢を超えた人びとを増大させた。

2　苦しむ若者、母子家庭、高齢者

日本においてもワーキングプアである若者、母子世帯、とくに国民年金に依拠せざるをえない高齢者は、新しい社会リスクのもとでアフォーダビリティの問題に直面している。

　日本には一般的な住宅手当はないが、生活保護に住宅扶助が内包されているため、住宅問題も生活保護で対応可能だという考え方もある。しかしながら生活保護は、実際にはきわめて制限的に運用され、民間賃貸を利用する若年のワーキングプアは、生活保護以下の所得であっても保護を受けておらず、狭小な住居で高額の家賃負担を余儀なくされている。公営住宅であれば家賃負担は比較的軽いが、その入居は難しい。ちなみに2012年時点における住宅扶助の

受給世帯は130万8304世帯（国立社会保障・人口問題研究所, 2013）、これは全世帯の2.7％にすぎない。

　母子家庭においても家賃負担は重い。「大阪市ひとり親家庭等実態調査」によれば、同市に住む母子家庭の年間収入は、200万円未満が49.3％とほぼ半数。居住形態は民間賃貸45.0％、持家18.0％、親・親族宅に同居13.1％、市・府営住宅12.1％、UR・公社2.1％、社宅・社員寮0.8％。民間賃貸の場合の平均家賃は6万6788円である（市・府営住宅の場合は2万6074円、UR・公社の場合は7万9276円）。

　これらの母子家庭は、住宅問題に関して、48.2％が「家賃が高く家計を圧迫」、33.2％が「なかなか公営住宅に入居できない」と訴えている。市・府営住宅に入居したくてもできないために、高額の家賃支出を余儀なくされているのである（大阪市, 2009）。

　欧州の住宅手当は、前述の通り、子どものいる家族世帯も利用しており、子どもが多いほど給付は増大する。住宅手当は、家賃負担の軽減のみならず、居住レベルの向上をも目的としているからである。たとえばスウェーデンの場合、住宅手当を利用しているひとり親世帯の平均年収（2004年）は、14万1057スウェーデン・クローナ（SEK、約211万円）、平均家賃は年5万9844 SEK、家賃補助額は2万664 SEKとなっている。子どもが1人の場合の1家族の最大床面積は80㎡、5人目の子どもまで1人当たり20㎡が加算され、住宅手当も増額される（Ahren, 2007, pp.225, 235）。

　日本の場合、家賃が高く住宅手当もないために、多くの家族世帯が狭小な住宅での居住を余儀なくされ、それが子どもの発達にも深刻な影響を及ぼしている。ソーシャル・ワーカーとして児童相談所に勤務した経験をもち、多くの著書も出している山野良一氏は、「借家やアパートに住み、児童虐待があるとされる家庭の多くが、部屋数でいえば2間や3間以下の住宅で暮らしており」、「狭い住環境では、親子関係に摩擦やあつれきを生む機会が著しく増大する可能性がある」などと指摘している（山野, 2008, pp.188-189）。日本では、子どもの居住水準は、無視されているのである。

また、高齢者（65歳以上）の61.5％が公的年金・恩給に生活を依存しており、それによる収入が低ければ、当然、家賃負担は過重となる。国民年金（老齢基礎年金）の満額給付は、40年間保険料を拠出した場合で月額6万6000円（2008年）である。保険料の拠出期間が短ければ、それに応じて国民年金の受給額も低下する。

公的住宅には、入居者の所得に応じた家賃減額措置がある。だが、民間賃貸住宅で高齢者が家賃負担を軽くできるのは、一部の自治体が実施している高齢者向け家賃補助や、事業者が国・自治体の助成を受けて供給する高齢者型地域優良賃貸住宅（全国で約3万戸・2007年、2011年度からサービス付き高齢者向け住宅として再編）に入居できた場合のみであり、多くの高齢者がこれらの恩恵から除外されている。

第2節　閉塞社会の構造的な理解――古い社会リスクへの対応

長期雇用の正社員の縮小と派遣労働者をふくむ非正規労働者が増大する契機となったのは、日本経済団体連合会（日経連）による「新時代の日本的経営」（1995年）の発表にあった。この時期、公共事業の縮小もあって日雇い労働者を中心に「職と家を失う」事態（ホームレス問題）が深刻化した。その後、日雇い派遣労働を中心とした「ネットカフェ難民」（2007年）、さらに翌年にはリーマンショックによる派遣切りの影響で、「職と家を失う」人びとの避難所として「年越し派遣村」が開設された。

この間、筆者をふくめて多くの論者が住宅扶助の単給化、社会手当（児童手当など所得要件の比較的に緩い租税による給付）としての住宅手当の重要性を訴えてきたが（小玉, 2003；駒村, 2010；埋橋, 2011；岩田, 2012など）、いまだ実現しないまま「失われた20年」を経て現在に至っている。こうした状況のもとで住宅手当の不在は、退行現象としての閉塞社会の要因となりつつある。

欧州では、新しい社会リスクの解決に、古い社会リスクへの対応のあり方がそれなりに有為な作用をしているのに対し、日本では後者のあり方が前者の解

決の前に大きく立ちはだかっているのである。

1 「物への助成」から「人への助成」への転換

　欧州では、戦時中の家賃統制を戦後も継続しながら社会住宅（公営住宅をふくめ直接・間接の公的助成が組み込まれた住宅）建設を推し進め（第1ステップ）、社会住宅の家賃上昇とともに低所得階層を対象とした住宅手当を導入、この住宅手当は民間賃貸にも適用されていった（第2ステップ）。このように住宅政策としての住宅手当は、福祉国家的な住宅政策の一環をなすものであった。

　第1次、第2次大戦のそれぞれの戦中と戦後の時期、絶対的な住宅不足から新たな社会住宅建設が重要な課題となった。他方で交戦関係にあった多くの国々は、民間賃貸市場に家賃統制（rent controls, 強度の家賃規制）を導入した。さらにこの時期に住宅への助成が開始された。**表序-1**で示されるように、1960年代まで、これらは主に建設補助（Bricks-and-mortar subsidies）の形態をとり、住宅協会のような非営利の家主、地方自治体に補助金が投入された。こうした介入は、しばしば「下から」の圧力の結果であり、それは貧困な借家人というよりは、組織労働者と暮らし向きの良い（better-paid）労働者階級からきていた。

　1970年代に入ると多くの国々は、建設補助をしだいに減少させ、所得と世帯数に相関させた住宅手当と市場レベルないしそれに近接した家賃を採用する

表序-1　住宅建設、家賃規制、住宅手当の歴史的な変遷

	政府融資	建設補助	維持・管理費	家賃規制	住宅手当
1945年	++	+++		+++	
1960年代	+	+++	+	+++	
1970年代	+	++	+	++	+
1980年代	+	+	+	++	++
1990年代			++	+	+++
2005年			++	+	+++

注：+++：dominant role；++：substantial role；+：minor role.
出所：Priemus and Elsinga (2007) p.195.

ようになる。建設補助の存在は、社会住宅の家主に市場家賃以下での家賃設定を可能にした。住宅手当は、建設補助の減少と市場家賃への変更の影響から貧困な世帯を保護(居住水準の確保と家賃負担の軽減)するために用いられた。こうした政策の変化は、絶対的な住宅不足が解消され、第2次大戦後、居住水準はかなり改善されてきた、という事実を反映していた(Kemp, 2007a, pp.2-3)。

他方、絶対的な住宅不足の解消とともに家賃統制も緩和され、しだいに市場家賃へと変更されることで、民間賃貸にも住宅手当が適用されていく。ここで留意すべきは、家賃統制から市場家賃への変更は、19世紀後半のレッセフェールへの回帰ではなく、民間賃貸のアフォーダビリティを担保すべく、よりソフトな家賃規制(rent regulation)のプロセスをともなっていた、という点である(**表序-1**を参照)。

図序-1は、イギリス(UK)における住宅への公共支出の変遷を示している。サッチャー首相による公営住宅購入権(Right to buy, RTB)の導入により公営住宅のかなりの部分は持家へと転換され、維持管理費や家賃徴収を中心とした消費的経費は1980年を境に減少している。同時に地方自治体による住宅建設は抑制され、大規模な住宅改良にのみ資本的経費が支出されるようになる。しかし、1970年代から一定のシェアをしめていた住宅手当は、1980年代に入っ

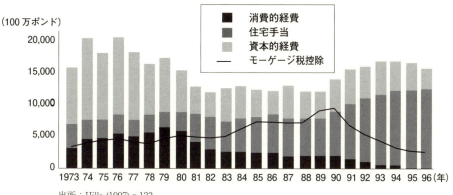

図序-1 イギリスにおける住宅への公共支出

出所:Hills (1997) p.133.

て増大したことから公共支出は横ばいとなっている。1989年地方自治体住宅法により公営住宅の収支を自立採算とすることが義務づけられ、家賃の上昇にともなって住宅手当も上昇し、1990年代に公共支出は拡大に転じている。

　労働党の福祉国家路線を批判したサッチャー政権以降の保守党のもとで住宅への公共支出に生じた変化は、大幅な歳出の削減ではなく、「物への助成」から「人への助成」への転換であり、その背景には、すでに言及した労働市場の変容にともなう「社会リスク」の増大があった。

2　パラサイト・シングル——親元へと戻る逆行現象

　以上のようにポスト工業化社会への移行にともなう失業などの新しい社会リスクの関連で住宅手当の重要性が増大するとしても、欧米諸国のすべてが国の制度としての住宅手当を導入しているわけではない。ケンプは「遅れた福祉国家」（rudimentary welfare state）と呼称されている南ヨーロッパ諸国（ギリシャ、ポルトガル、スペイン、イタリア）について、国の制度としての住宅手当の不在を指摘し、その理由として広範囲な社会保障システムが未発達なこと、そうしたシステムに代替する家族支援のネットワークに過度に依存していること、かなりの若年者が30歳まで両親の家に居住していること、自力による持家所有が支配的であること、を指摘している (Kemp, 2007a, pp.4-5)。

　パラサイト・シングルという文言が喧伝されるように、日本も家族支援のネットワークに依拠しながら、国の制度としての住宅手当が不在となっている点では、南ヨーロッパ諸国と類似した性格をもっている。日本では、企業主義社会の変容と雇用の流動化にともない「職とともに家も失うなどの豊かな社会における困窮事例」（はじめに、参照）がみられるとともに、経済的な理由（若年層の失業率、非正規雇用率の上昇）から親と同居を余儀なくされ、それが未婚化に繋がっている状況にある。

　こうした問題について、白波瀬佐和子氏は、「それは親から離れて大人へと移行していくどころか、親元へと戻る逆行（回帰）現象です。うまく大人への移行をできなかった者への対応を親にばかり任せていては、結局、いつまでも

親の経済力に規定されたままの中途半端な若年期を長引かせることになります。そこで、社会による若者への生活支援が求められるのです」と指摘、その対策として、第1に職業訓練やキャリア教育を複線的に設定し、教育と労働の場の行き来を容易にすること、第2に若年層の低所得対策、第3に親から独立して生活できるように住宅支援（住宅手当）を提供することをあげている（白波瀬, 2010, pp.94-103）。

この点、日本でも雇用保険と生活保護のはざまに第2のセーフティネットとして求職者支援制度（2011年から導入）と生活困窮者支援制度（2013年に法制化）が作動しつつあり、後者には住居確保給付金も挿入されている。しかしながら、これは離職者を対象とし、支給期間も原則3ヵ月にすぎないことから、所得に比べて高額の家賃支払いやパラサイトを余儀なくされているワーキングプアへの住宅手当は、いまだ不在となっている（この点、詳細は第1章を参照）。

3　強まる専業主婦願望——背後に母子世帯の貧困

「男女共同参画社会に関する世論調査」（内閣府, 2007年）によると、「夫は外で働き、妻は家庭を守るべきである」に賛成の人の割合が、20代女性では40.2％、30代は35.0％であり、40代の31.7％と比べて多い。2013年でのその比率は、20代女性では43.7％、30代は41.6％、40代の41.0％と、さらに上昇している（内閣府, 2007, 2013）。こうした女性の「保守化」の背景として、山田昌弘氏は「日本社会では、男女共同参画社会の流れと新しい経済による非正規化の流れが、ほぼ同時に来てしまった」ことを指摘、その具体的な問題状況を以下のように述べている（山田, 2009b, pp.70-74）。

> 未婚女性の正規雇用率は、90年代後半以降低下を続けている（未婚男性も低下している）。フリーターや派遣、契約社員などの非正規雇用が増え、未婚女性の3分の1になり、無職率も低下していない（学生除く）。非正規雇用や無職の未婚女性にとって、「男女共同参画」が進める共働き環境整備の恩恵はほとんど感じられない。育児休業はほぼとれないし、低収入で

は保育園に行かせても保育料等で赤字になりかねない（夫の収入がある程度あれば）。昇進や収入増が期待できない職ならば、子どもを育てながら働き続けたいとも思わないだろう。

彼女たちは、仕事で自己実現できないし、経済的自立もできないから、伝統的性別役割分業に従って、夫に扶養役割を期待する。

ここで留意すべきは、カップル形成の経済的なメリットが少なく、さらにシングルマザーへの経済的な支援が脆弱なことから、これにともなうリスクを回避すべく、日本における女性の「保守化」現象が惹起されている、という現実である。

図序-2は、子どもがいて有業者がいる世帯に属する人口の相対的貧困率を、成人数と有業者数で区分して示している[4]。これによると日本の有業のひとり親とその子どもの貧困率は突出して高く、日本とトルコでは、子どもがいて成人が2人以上いる世帯では、有業者が2人以上でも1人でも貧困率にほとんど差がない。日本とトルコを除く諸国では、子どもがいて成人が2人以上の場合に、有業者が2人以上であれば、有業者が1人の場合と比べて貧困率は3分の1以下となる。これに対して日本とトルコでは、子育て世帯が共稼ぎをしても貧困から脱出する見込みはほとんどない。

日本の労働市場では、同一労働・同一賃金の原則が貫徹しておらず、正規・非正規間、男・女間の賃金格差が大きい。これが有業者2人以上の世帯の貧困率を高めている要因と考えられる。他方、**図序-2**に明らかなようにOECD諸国における日本のひとり親世帯の貧困率は突出している。そこには、賃金格差とともに政府の所得移転の不十分さが作用している。

ここでは住宅手当にのみ着目すれば、たとえばイギリスの場合、全利用者（493万162世帯、2014年8月現在）の世帯別内訳は、子どものいない単身者54.0％、ひとり親世帯24.4％、子どものいない夫婦10.0％、子どものいる夫婦12.1％という状況にある（DWP, 2014）。ひとり親世帯のうち住宅手当の受給世帯は63％にのぼっている。これに対して日本では国の制度としての住宅手当

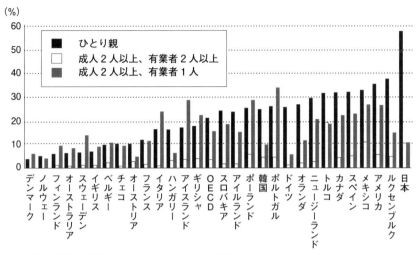

図序-2　子どもがいて有業者がいる世帯の人口の相対的貧困率（2000年代半ば）

資料：OECD（2009：Figure3.6）のデータから作成。
出所：大沢（2013）p.381.

は不在である。

　こうした状況のもと、赤石千衣子氏は、「日本の住宅政策は持家支援中心でできた。しかし職が不安定で持家を持てない層、あるいは無理をしてローンを組んだが離婚により持家を手放した人びとが住宅に困っている。公営住宅建設あるいは、空き家住宅の活用や、住宅手当などの支援がさらに広がることが望ましい」と主張している（赤石, 2014, p.242）。赤石氏によれば、日本の住宅政策の特徴である持家支援は、その生活保障システムである「男性稼ぎ主型」のもとでの家族賃金と相関しており、以下のように説明している（同上, p.124）。

　　日本社会は強固な男性稼ぎ主型の生活保障システムが、家族の在り方と、男性の生き方、女性の生き方に枠をはめ、誘導してきた。すなわち、男性は安定的な雇用と、家族を支える賃金と、社会保障を得られるように設計されている。家族を支える賃金には、子どもの教育費や住宅ローンを払うような賃金もふくまれていると考えられる。……それは税制でも配慮され、

税の所得控除も家族を支えるようになっており、配偶者がいる場合には年収103万円以下で働く配偶者をもつ稼ぎ手には配偶者控除が適用されている。

　続けて赤石氏は、男性稼ぎ主型に従属する配偶者の低賃金とワーキングプアに陥りやすいシングルマザーの状況について「こうした制度もあって、パートで働く女性の賃金は年収103万円以下に低く抑えられ、家計補助的な賃金しか得られなくなっている。その労働市場に夫と別れて暮らすようになったシングルマザーも叩きこまれることになる」と関連づけ、「男性稼ぎ主型システムのなかで女性の稼働能力の低さがシングルマザーの低収入の原因だといってよい」と結論づけている（同上, pp.125-126）。

　以上のように、改変すべきは女性の低賃金を底辺で規定している「男性稼ぎ主型の生活保障システム」そのものである。にもかかわらず専業主婦願望が強まっているのである（以上、詳細は第2章）。

4　貧困ビジネスとしての「終の住み処」

　「サ高住」とは、近年、急速に拡大しているバリアフリー住宅であり、状況把握・生活相談、食事サービス、医療や介護を建物内外のサービスを選択利用できる民間のサービス付き高齢者向け住宅の略称である。2011年にサ高住（高齢者の居住の安定確保に関する法律等の一部を改正する法律）と地域包括ケアシステム（改正介護保険法に依拠）が制度化され、厚労省はその背景について、以下のように説明している（深澤, 2013, p.14）。

　　改正に至った背景については、先述の通り、高齢の単身、あるいは夫婦のみ世帯の急激な増加のほか、特養の待機者の中でも要介護度の比較的低い方が、自宅では少々心配だという実状があります。それから諸外国との比較の中で、施設系は諸外国並といえますが、高齢者向けの住まいが日本では不足しているという現状があります。……2012年度から新しく介護保

険のサービスとして始まった24時間対応の定期巡回・随時対応サービスを活用していただくことで、住み慣れた地域で必要なサービスを受けながら住まい続けることを目指す、ということが、サービス付き高齢者向け住宅の制度を発足させた狙いであるといえます。

サ高住は、**図序-3**にあるように厚生年金の平均受給月額である17万円前後の収入がある高齢者に対応している。したがって国民年金を受給している低年金層、さらに無年金者層には、サ高住の利用は困難である。この点に関連して井上由紀子氏は、「日本は施設に対しては介護保険施設には補足給付があります。住宅系サービスには、今のところ補足給付や家賃補助に該当するものはありません。家賃補助がないのは日本だけでして、これなくして本来的な高齢者住宅の普及はないのではないか、と思うわけです」と語っている。

さらに井上氏は、高齢者住宅への移行について、自宅が持家である場合、かなりの費用負担が必要となり、「ぎりぎりまで自宅で生活します。やはり住宅

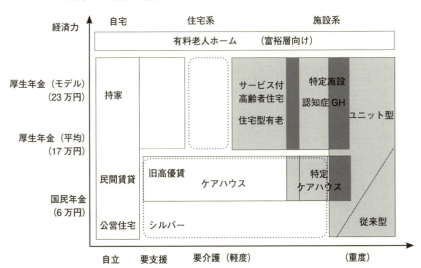

図序-3　所得と身体レベルにおける住宅・施設系サービスの位置

出所：井上（2013）p.34.

というストックをフロー化する仕組みが必要です」と述べ、他方、賃貸の場合、持家を確保できなかった人が賃貸住宅に残っているという事実があり、費用負担の問題から「これらの方々は結局移ることができず、施設利用まで自宅に留まることになります」と把握している。そして、「住宅の取得状況によって高齢者住宅に移れるか移れないかが異なるのはおかしなことです。やはり家賃補助を考えなければなりません。と同時に北欧やオランダ並みに高齢者住宅を整えるのか、在宅サービスを手厚くするのか、改めて考える必要があります」と主張している（井上, 2013, pp.36-38）。

持家であれ借家であれ、「ぎりぎりまで自宅で生活」するのは、サ高住の狭小性にも起因している。国交省が委員会に提出した調査資料では、サ高住は、最多居室（その施設で最も多い床面積の居室）が18〜25㎡のもので約70％、25〜30㎡未満は約19％、30㎡以上は7.9％にすぎない。また要介護度の内訳は、自立は8.4％にすぎず、要支援1〜2で16.0％、要介護1〜2で40.3％、要介護3〜5までの重度要介護者は30.7％という状況にある（国土交通省, 2015b, pp.19, 26）。

以上をふまえて、三浦研氏は「20㎡前後では、自立した高齢者が必要とする家財道具一式を運び込もうとしても収まりません。思い出の品々を処分するのは、高齢期に体力的にも精神的にもつらい作業になり、元気な高齢者が20㎡に入居するのは非現実的である」と指摘、その要因として「現在のサ高住が介護保険収入を当てにしたビジネスモデルで主に計画されている」こと、「サ高住は安否確認・生活相談を必須サービスとしつつも、その他のサービスは外部サービスを自由に組み合わせる柔軟性のある仕組みのはずですが、理想とは裏腹に"囲い込み"と指摘される状況が一部に生まれている」ことに言及している（三浦, 2015, pp.46-47）。

サ高住は17万円前後の厚生年金を受給する高齢者に対応し、原則的には国民年金層、生活保護受給者の利用は困難となっている。しかしながら国交省の調査によると、「入居者の生活保護受給状況に応じた家賃・共益費の設定がある」サ高住は21.4％にのぼり、そのうち9割には、生活保護受給者が入居して

いる（設定していないもので約2割）。さらにまた生活保護受給者が多く入居しているサ高住では「要介護度の高い者の入居割合が高くなる傾向」がある（国土交通省, 前掲, pp.13-15）。

「囲い込み」とは、家賃や共益費、食事・安否確認、相談援助などの利用料を安く設定することによって入居者を集め、併設した訪問介護や通所介護の利用、また系列や提携した医療機関からの訪問診療の紹介料などで利益を出すというビジネスモデルである。

この問題に詳しい濱田孝一氏は、「サービス付き高齢者向け住宅の貧困ビジネス化を防げ」という論考で、「囲い込み」の過剰サービスの「不正」について、区分支給方式により、外部のサービス事業者から訪問介護や訪問看護、通所介護などの介護サービスを受けるサ高住、住宅型有料老人ホーム、無届施設を合わせて30万〜35万床くらいと推定、「要介護高齢者の区分支給限度額を全額利用させるだけでなく、不必要に受けさせられる医療保険の無駄も相当なものになっている。とくに生活保護の高齢者は一割負担もなく、入居者から文句がでないので、やりたい放題というところもある」と指摘している（濱田, 2014）。

サ高住の1戸当たりの床面積が25㎡以上（十分な面積の共同生活室がある場合には18㎡以上）という原則は、最低居住面積水準に依拠している。ただし、この水準は民間賃貸全体の居住水準を拘束するものではなく、全国レベルで65歳の単身世帯の26.3％、東京都では45.1％が最低居住面積水準（25㎡）未満となっている（厚生労働省社会・援護局保護課, 2014d, p.8）。

留意すべきは、少なからぬ高齢者が利用している生活保護に内包されている住宅扶助は、一定の所得補填をする作用をもちながら、最低居住面積水準を担保するように制度化されていない、ということである。第3章で詳説するように、日本の住宅扶助は、欧州において住宅手当が具備しているアフォーダビリティの保障、という機能を有していないのである。

5　結びにかえて

「物への助成」から「人への助成」への転換のもとで、住宅保障という社会的責任を保持しつつある欧州と、男性稼ぎ主型の生活保障システムのもとで、住宅確保を個人的責任のもとに置いた日本とのギャップは大きい。

繰り返すが、欧州では、新しい社会リスクの解決に、古い社会リスクへの対応のあり方が有為な作用をしているのに対し、日本では後者のあり方が前者の解決の前に大きく立ちはだかっている。

「失われた20年」は、その帰結ともいえるが、そこで生起してきたパラサイト・シングルの増大、専業主婦願望の強まり（背後に働く女性の貧困）、貧困ビジネスとしての「終の住み処」の拡大という事態は、閉塞社会に付随する病理現象であり、これらを放置すれば、さらなる社会全体の衰退に繋がっていくことになる。

留意すべきは、これらの諸現象には、住宅手当の不在が関係している、という点である。閉塞社会への構造的な理解が深まれば、若者、母子世帯、高齢者に内向化している不満は一挙に顕在化し、社会運動、政治運動へと連結していかざるをえない。ワーキングプアにまで適用される低所得者向け住宅手当の制度化が実現する可能性がでてくるのである。

注

1　2005年時点で、一般的な賃貸向け住宅手当を有していないのは、ベルギー、カナダ、日本、韓国、ルクセンブルク、ポルトガル、スロバキアとなっている（山田, 2014, p.16の表1-1を参照）。

2　ジュリアーノ・ボノーリは、新しい社会リスク（new social risks, NSR）を「ポスト工業化のもとで進行する社会経済的な変化の結果、個々人が快適な生活の喪失を経験するような状況」と把握、とくに脱工業化と雇用のサービス化、多くの女性が就労へと参入することは、家族の不安定化と雇用の非正規化を増大させる、と指摘している。NSRは、とくに若者、子どものいる家庭や働く女性に集中する傾向があり、「快適な生活の喪失」は、小売り、クリーニング、配膳などの付加

価値の低いサービス業に低技能の人びとが雇用されることでの低賃金から、十分なチャイルドケアの施設がないことから、就労時間を削減することで貧困を余儀なくされる事態から、フルタイムの雇用であれば受けられるはずの年金が、ワーキングプアであることや子育てによる仕事の中断から減額されるリスクなどから生じている（Bonoli, 2006, pp.5-7）。

3 いうまでもなく、欧米における工業化時代の古い社会リスクへの対応は、エスピン-アンデルセンにより3つの福祉レジームに類型化されている。ボノーリ（注2を参照）は、アンデルセンに依拠しつつ、古い社会リスクへの対応の相違が新しい社会リスクへの解決にどのような影響を及ぼすのか、について論及している（ibid., pp.24-26）。ただし、そもそもアンデルセンの福祉レジームをめぐる議論に住宅政策は内包されておらず、ボノーリも、各国の住宅政策の相違がポスト工業化社会の対応にどのような影響を及ぼすのか、については言及していない。

4 市場所得（market income）とは、当初所得とも呼称され、政府による所得移転（直接税・社会保障負担を徴収し、社会保障の現金給付を支給すること）の以前の所得をいう。これに対して可処分所得（disposable income）とは、政府による所得移転後の所得である。

　　相対的貧困率は、可処分所得を世帯人数で調整し（世帯で合算した所得）、その中央値（上から数えても下から数えても真ん中、平均値ではない）の50％のラインを貧困基準として算定している。なお貧困削減率は、市場所得レベルでも相対的貧困率を計測し、その数値と可処分所得レベルの数値の差、すなわち政府の所得移転が貧困を削減する幅を求め、その削減幅を市場所得レベルの数値で割った比率である。

5 介護保険施設（特別養護老人ホーム、老人保健施設、介護療養型医療施設）における「居住費」及び「食費」は、保険給付の対象外となり、基本的に本人負担であるが、低所得者には負担の限度額を設定し、施設に補足給付が支給されている。

　　補足給付の対象は、利用者負担の段階が第1段階から第3段階に区分され、たとえば第1段階は、市町村民税世帯非課税の老齢福祉年金受給者、生活保護受給者を対象としており、3万5000円の費用のうち補足給付は2万5000円（ユニッ

ト型個室では6万円の費用のうち補足給付は3万5000円）に設定されている。

　なお、2015年の介護保険制度改正で、これまでの本人の所得条件とは別に一定の基準を設け、補足給付の支給対象外となるケースが制度化された。基準として、1）配偶者の有無とその所得、2）高額な資産、3）遺族年金や生涯年金などの給付を勘案することになっている。

6　区分支給方式とは、一般型の特定施設のように指定を受けた高齢者住宅事業者が直接介護サービスを提供するのではなく、入居者が、外部の訪問介護、訪問看護、通所介護等の事業者と契約し、介護看護サービスを受ける方式である。介護保険の基礎となるケアマネジメント・ケアプランの策定も、外部の居宅介護支援事業所が実施する。高齢者住宅は、バリアフリーの建物設備や食事サービスを提供するだけで、介護看護サービスの提供には、基本的に関与しないことになる。

　この場合、区分支給限度額は、住宅型有料老人ホームのほか、サ高住の入居者に使われている介護報酬算定方式により計上される。

第1章
閉塞化する若者の
ライフ・トランジション

　若者の生活移行（Life Transitions）と住宅手当との関係を問題にするとき、看過してならないのが、日本における若者の状況に警鐘をならしてきた宮本みち子氏（『若者が社会的弱者に転落する』の著者）に影響をあたえたイギリスの社会学者ジル・ジョーンズらの研究（Jones and Wallace, 1992, 宮本みち子監訳『若者はなぜ大人になれないのか』）であろう。

　ジョーンズは2005年に欧州の研究者とともに『ヨーロッパにおける若者』を出版している。そこで彼女は「第2章　国際比較における若者への社会的支援政策」を担当、エスピン-アンデルセンの福祉国家類型を援用しつつ、若者への国家による支援として、最低賃金、失業手当、社会的扶助、住宅手当、子供手当、義務教育後の教育費、社会的市民権をあげ、それぞれについて簡略な各国比較を行っている（Jones, 2005）。

　このように住宅手当は、若者の生活移行にかかわる社会的支援を議論する場合、重要な事項となっているが、その国際的な比較研究は、他の諸項目と比べて十分に進捗していなかった。これに対して本書でしばしば引用しているピーター・ケンプ編になる『比較のなかの住宅手当』（Kemp, 2007）は、各国の住宅研究者を動員することによって、比較研究の水準を大きく向上させた。ただし、この編著は各国の住宅手当について、その導入の経緯、役割と機能、具体的な政策上の問題点などを論じており、必ずしも若者の生活移行に焦点を合わせているわけではない。

　この点、ゲルハート・ボッシュら3人の編者による『福祉国家と生活移行』（Anxo, Bosch and Rubery, 2010）は、9ヵ国を対象に各章について、1）教育から初職へ、2）親の世帯からの独立、3）成人への移行、4）就労から退職へ

と区分し、生活移行の比較研究として注目される。

そこで以下では、主に2つの編著を援用することで若者の生活移行と住宅手当との関係についてフレームワークを提示し、日本での諸論調を批判的に検討してみたい。

第1節　欧州における若者の生活移行と住宅手当

1　教育から初職への移行

『福祉国家と生活移行』は、学校教育から初職への移行を議論する前提として、各国の労働市場のフレームワークを提示している。

第1のタイプは職業訓練が職業別労働市場とリンクしている規制された包摂、第2は高い雇用保護によって閉ざされている、強い内部労働市場（internal labour market）の国々に該当する選択的包摂、第3は規制されていない労働市場にみられる競争的規制のタイプと特徴づけられている。第4は選択的包摂が競争的規制と結びついた場合であり、若者は内部労働市場への参入に成功する前に、不安定な仕事のもとで長期間の移行期を経験することになる。

ドイツ、オーストリアは、通常、第1のタイプとみなされている。そのメリットは、労働市場とリンクした徒弟制度（apprenticeships systems）を有するという点である。ただし早い段階での徒弟制度が教育システムへの参入とさらなるキャリア形成の障害となる場合もある。第2のタイプはフランス、第3はアメリカとイギリスであり、イタリア、ギリシャ、スペインなどの南ヨーロッパ諸国は第4類型に該当する。

以上に対してスウェーデンは例外的な位置にあり、その労働市場は、弱い職業訓練のシステムとオープンな内部労働市場として特徴づけられ、労働移動は技能不足を解消する積極的労働市場政策（active labour market policy）[1]と生涯教育制度によって担保されている（Anxo, Bosch and Rubery, 2010a, p.21）。

表1-1は、25～34歳と55～64歳の2つの世代に区分して高卒（Upper secondary education）と大卒（Tertiary education）のシェア（2006年）を示して

いる。スペイン、ギリシャ、スウェーデン、フランス、イギリスでは、ドイツ、オーストリアに比べて、大卒率が高い。後2者では徒弟制度が良い仕事への展望をもたらしている。通常、若い世代の大卒率はそれ以上の年代を上回るが、ドイツの場合、25～34歳の大卒率は、55～64歳のそれを1ポイント下回っており、しかも22％と低いレベルにとどまっている。オーストリアのそれは19％とドイツ以上に低い。

イギリス、ギリシャ、スペインの25～34歳の大卒率は、それぞれ37％、27％、39％でありながら、同じ年代の高卒率は、76％、75％、64％とEU19ヵ国の平均80％を下回っている。こうした高い大卒率と低い高卒率の並存は、強い技能の分極化を示唆している。

イギリスは、高い大卒率にもかかわらず授業料を値上げし、奨学金を一般的な補助金からローンに変更した（この点、本章・第3節を参照）。南ヨーロッパ諸国では、増大する大学教育の費用とローン、補助金の不在により、家族がそ

表1-1 EU9ヵ国における高卒人口と大卒人口のシェア (％)

	高卒年齢区分		大卒年齢区分		一般世帯の大学教育への補助（対GDP比）
	25-34	55-64	25-34	55-64	
	2006		2006		2005
OECD各国平均	78	55	33	19	0.25
EU19ヵ国平均	80	55	30	18	
オーストリア	87	71	19	14	0.28
フランス	82	52	39	16	0.09
ドイツ	84	79	22	23	0.22
ギリシャ	75	34	27	13	0.02
ハンガリー	86	66	21	15	0.16
イタリア	67	32	17	9	0.13
スペイン	64	27	39	15	0.08
スウェーデン	91	72	39	25	0.52
イギリス	76	61	37	24	0.31
Range	24	52	22	14	0.50

出所：Anox, Bosch and Rubery (2010a) p.16.

のコストを負担せざるをえず、高等教育の参入への新たな障害をもたらしている。これらの国々では、雇用者、若者、そして彼らの両親による職業訓練へのネガティブな態度と階層化されたシステムによって、技能構造はより分極化しており、従って大学教育への投資リスクは拡大している。

これに対して、強い徒弟制度のシステムをもつ国々（ドイツ、オーストリア）は、教育が階層化されておらず、高校からのドロップ・アウトは非常に低い（高卒率は、それぞれ84％、87％）。またスウェーデンでも技能構造は分極化していない。同国では、中低所得家族の若者による大学教育へのアクセスを容易にさせるべく、個人化され、資力調査に依拠しないユニバーサルな奨学金とローン・システムが作動している（ibid., pp.17, 22）。

2　親の世帯からの独立と住宅手当

表1-2は、2005年における男女の離家年齢を1995年と比較している。もっとも低いのはスウェーデンであり、男性21歳、女性20歳で親から独立している。20～25歳までの若者で親と同居しているのは2.5％（2004年）にすぎない。

スウェーデンの成人教育と大学教育は無料であり、公的なローン、奨学金、

表1-2　EU9ヵ国における若者の離家年齢（Mediam age）

	1995		2005	
	男性	女性	男性	女性
オーストリア	25	23	24	23
フランス	24	21	24	22
ドイツ	24	22	23	21
ギリシャ	29	25	30	27
ハンガリー	26	24	28	25
イタリア	29	26	30	27
スペイン	29	27	29	27
スウェーデン	na	na	21	20
イギリス	23	20	24	20

出所：Anox, Bosch and Rubery (2010a) p.23.

住宅手当が用意されている。公的なローンと奨学金は、パートナーや親の経済的な資源ではなく、学生自身の所得をベースに算出される（Anxo, 2010, p.111）。住宅手当は独立した所得か学生奨学金の資力調査に依拠して給付される。社会民主主義レジームのもとでのユニバーサルな市民権に基づき、若者を自立した成人とみなし、社会政策の個人化を支持する方策をとっているからである（ibid., p.104）。

　ドイツでの親の家からの早い自立（**表1-2**では2005年で男性23歳、女性21歳）は、安価な賃貸住宅を利用できることで可能となっている。1997年以降、所得と比較した住宅価格の低下、家を出る必要がある徒弟への住宅コストの助成により、低所得の若者にまで自立した生活の機会が付与されている（ibid., p.26）。**表1-3**はEU15ヵ国の住宅テニュア（住宅の所有・利用形態）を比較したものである。ドイツは、他のヨーロッパ諸国と比較して持家のシェアは45％と最低であり、潤沢な民間賃貸（34％）と公的な住宅（19％）が普及している。

　またデュアル・システム（Dual system、ドイツを発祥とする学術的教育と職業教育を同時に進めるシステム）のもとで、多くの企業における徒弟の賃金は、2年、3年次に自立できる程度まで上昇する[2]。さらに親もとが遠隔のため同居できない高校生と徒弟は、年間6000ユーロの所得を超えなければ、独立した生活への財政的な補助を申請できる（Bosch and Jansen, 2010, p.137）。

　ドイツはフラットな賃金分配の国として知られており、それは高い労働協約（collective agreement）に依拠していた。1990年には雇用者の80％は労働協約によってカバーされていたが、その後、カバー率は、旧西ドイツで65％、旧東ドイツで45％まで下降、低賃金労働者のシェアは1995年の15％から2006年の22％まで拡大した。とくに若い雇用者、女性、非ドイツ人に低賃金（中位賃金の3分の2以下）が広まっている（ibid., p.144）。

　もちろん、低賃金で家賃支払いに支障をきたすような場合、住宅手当が利用できる。ドイツにおける住宅手当の受給者は、1990年代後半から急速に増大し、2004年には全世帯数3910万の9.0％をしめる350万世帯に52億ユーロ（対

表 1-3　EU15ヵ国における住宅テニュアの内訳（2003年）　　　（%）

	持家			民間賃貸	公的（社会・非営利・公営）住宅	その他	合計
	小計	ローン支払い済み	ローン支払い中				
EU15ヵ国	60	38	22	22	15	4	100
デンマーク	63	11	51	12	20	5	100
フィンランド	67	40	27	14	17	2	100
スウェーデン	60	21	39	24	13	3	100
アイルランド	73	39	34	13	12	3	100
イギリス	59	24	35	13	26	2	100
オーストリア	51	30	21	17	26	6	100
ベルギー	70	37	33	15	9	6	100
フランス	48	34	14	31	17	4	100
ドイツ	45	27	18	34	19	2	100
ルクセンブルク	77	54	23	17	2	5	100
オランダ	48	4	44	6	42	4	100
ギリシャ	68	62	6	29	1	3	100
イタリア	76	63	13	15	5	4	100
ポルトガル	59	41	18	24	8	9	100
スペイン	76	52	24	17	2	4	100

出所：Alber, Fahey and Saraceno (2008) p.237.

GDP比で0.24％）が支出されていた（Kofner, 2007, p.159）。住宅手当を利用しているのは、主にワーキングプアと失業者、年金生活者であった。

　なお、ドイツでは2005年1月の社会法典（SGB Ⅱ）の施行により、これまで失業保険の受給期間をすぎた要扶助失業者の生活保障を担ってきた「失業扶助」は廃止、同時に「社会扶助」から就労可能な受給者およびその世帯が切り離された（ハルツ改革）。新たな求職者基礎保障が要扶助状態にある就労可能な者およびその世帯員をまとめて引き受け、最低生活の保障（失業手当Ⅱ、ALG Ⅱ、なお就労可能な者と同一の世帯を構成する就労不能な要扶助者には社会手当を支給）と就労への支援をする一方、新たな社会扶助は就労不能な要扶助者を対象

とした最低生活の保障をすることになった[3]（小玉, 2010, p.34）。

　以上により自治体は、失業手当Ⅱおよび新たな社会扶助の受給者に対して住居費（Unterkunfts-kosten）と暖房費への補助を担当することになった。失業手当Ⅱにかかわる住居費の導入により、連邦と州の財政支出による住宅手当（Wohngeld）の適用範囲は縮小した。ドイツの住宅手当は、社会住宅と民間賃貸のいずれにも適用され、2011年の利用者は77万世帯（全世帯の1.9％、15億ユーロの支出）である。他方、失業保険と社会扶助の狭間にいる稼働年齢層（その家族をふくむ）を対象とした第2のセーフティネットとしての失業手当Ⅱにかかわる住居費の利用者は、2013年6月現在で318万3394世帯（全世帯の7.8％、140億ユーロの支出）となっている（Kofner, 2014, p.48）。

　イギリスでは2005年に学生の5分の1が親と同居しており、その比率は1995年の12％から急速に上昇している。学生への奨学金が授与からローンに変更されたこと、高等教育の普及にともなう授業料の導入などが、その要因となっている。

　かつてのイギリスにおける若者の早い離家は、将来の安定と高い家賃の民間賃貸を回避するため持家市場に参入するという、ドイツとは反対の潮流によって促進されてきた。1980年代から90年代まで、26〜35歳の63％以上は持家所有者であった（ドイツは19％）。最近の住宅価格の高騰は、新規の購入者について住宅取得の障害となり、離家の遅れや購入資金を家族に頼るなど、家族への依存を余儀なくさせている（Anxo, Bosch and Rubery, op. cit., pp.26-27）。

　持家取得が困難となるなかで、若者による賃貸住宅の利用も増大しているが、ドイツと同様、ワーキングプアと失業者、年金生活者は、民間賃貸であれ公的住宅であれ、住宅手当を利用することで、その家賃が補填されている。2014年8月時点での全受給者493万162人のうち、ワーキングプアは107万8413人、求職者手当（JSA、ドイツの失業手当Ⅱに該当[4]）の利用者は46万1690人、他方、障害または疾患のため就労できないか、就労能力が制限されている人に支給されている雇用・生活支援手当の利用者は104万3581人、年金クレジット（第3章・第3節を参照）の利用者は94万9516人、就労できず所得補助に依

拠している利用者は61万9465人となっている（DWP, 2014）。

以上に対して「遅れた福祉国家」（rudimentary welfare state）と呼称されている南ヨーロッパ諸国（ギリシャ、ポルトガル、スペイン、イタリア）では、国の制度としての住宅手当は不在となっている（Kemp, 2007a, pp.4-5）。

表1-3に明らかなように南欧以外のヨーロッパ諸国においても、持家率が6割を超える国々は少なくない。しかしそれらの諸国のほとんどは、いまなお10～20％台の公的な住宅を保持している。これに対してギリシャ、イタリア、ポルトガル、スペインの持家率は6～7割に達しながら、他方で公的な住宅は、それぞれ1％、5％、8％、2％と過少である。

このことは、序章で言及した「物への助成」から「人への助成」への転換、すなわち戦時中の家賃統制を戦後も継続しながら社会住宅建設を推し進め（第1ステップ）、社会住宅の家賃上昇とともに低所得階層を対象とした住宅手当を導入、この住宅手当は民間賃貸にも適用されていく（第2ステップ）という経路を、これらの国々が経ていないことを示唆している。

さらに南ヨーロッパ諸国では、その閉鎖的な内部労働市場により労働市場のリスクが若者に集中（長期の不安定雇用、公表されるか隠された失業）しており、多くのワーキングプアはパラサイトを余儀なくされている。さきの**表1-2**にあるように、2005年時点での男性の離家年齢は、ギリシャ30歳、イタリア30歳、スペイン29歳と、北ヨーロッパ諸国と比べるとかなり高い。

イタリアの場合、2003年時点での若年層の親との同居率は、1993年当時と比べて確実に上昇、30～34歳で男性は21.4％から37.4％に、女性は12.2％から21.4％に上がった。同国では、1997年、新自由主義的な施策の一環として派遣会社による一時的雇用契約が導入され、2003年には非正規契約の範囲がさらに拡大された。企業内の既存の解雇規制と所得補償は温存されたまま、新たに労働市場に参入する若年世代が、より低い所得と不十分な雇用保護の状況に追い込まれたのである。2005年時点で全労働人口にしめる有期契約は12.3％であるが、15～24歳のそれは37％となっている（Simonazzi and Villa, 2010, pp.238, 242）。

第2節　日本における若者の生活移行と住宅手当

1　若者の教育から初職への移行

　日本では企業内で職業訓練がなされ、そこから支給される生活給的な年功賃金により家族全体の生活保障が担保されることで、「教育から初職への移行」は、ヨーロッパ諸国と比べて特殊な構造をもっていた。

　労働政策研究・研修機構の濱口桂一郎氏によれば、「高校教育にせよ、大学教育にせよ、日本社会における教育の職業的意義は極めて低い」状況にあり、経営側は「学校は余計なことをせずに、優秀な素材を優秀な素材のままに企業に手渡してくれれば、後はOJTできちんと育てていく」というスタンスにあった。この結果、「教育内容が私的な消費財に過ぎない」かのように擬制されてきた。

　従って政府の公的な教育費負担は過少であり、濱口氏は「ヨーロッパの多くの国では、大学の授業料も原則無料です。それに対して授業料が無償化されていない国々でも、大体給付型の奨学金によってまかなえるようになっており、日本のような貸付型、つまり卒業後何年かかっても返済していかなければならないのが原則という国はほとんどありません」と、日欧の違いを指摘している。

　つまりは「日本型雇用システムにおける生活給と、公的な教育費負担の貧弱さと、教育の職業的意義の欠乏の間に、お互いがお互いを支えあう関係が成立していた」のである（濱口, 2013, pp.119-124）。

　以上のような特殊な「関係」性を、宮本みち子氏は「教育から初職への移行」における「日本型青年期モデル」と位置づけている。新規一括採用制度、終身雇用制、年功序列型賃金体系という高度経済成長期に確立した雇用制度をベースに、1）最終学校卒業前に学校で就職先を斡旋されて送り出される、2）卒業と同時に入社する（学校と職場との直結）、3）社内で職業訓練をうける、というプロセスが構築されていたのである。

　しかし、以下に述べられているように「日本型青年期モデル」は、労働市場

の変化にともなう失業の拡大とともに、その「崩壊」を余儀なくされていく（宮本, 2012, pp.64-68）。

　　バブル崩壊後、まず高卒者の労働市場が悪化し、卒業時に就職先が決まってない者や、フリーターになる者が増加した。そのため、学ぶ意欲が失われ、高校教育が空洞化し、若者の社会訓練の場は脆弱な状況となった。1990年代末になると大卒者の労働市場も悪化し、2000年代には若年雇用問題が勃発する。これらの現象と平行して婚姻率の低下と出生率の低下が進行した。こうして日本型青年期モデルを成立させた諸要因が解体し、若者の社会的地位とライフコースは大きく変化を遂げたのである。

　宮本氏は「若者の2極化の実態」として、1）IT化とグローバル化のなかで、高学歴労働者への需要が高まり、正規雇用は大卒者に限られ、中卒、高卒者は非正規雇用へと押し込まれたこと、2）若年就業者の3分の1は非正規雇用であるが、就業上のタイプは学歴と相関し、しかも学歴は家庭の所得との相関が高いこと、3）正規雇用者が同じ企業内を異動する（内部労働市場）のに対し、非正規雇用を初職とした者が正規雇用に転ずる確立は低いこと、3）大卒者でもフリーターになるという事態が生じ、教育投資に見合った職に就けない者が大量に生じていること、をあげている（同上, pp.72-73）。

2　若者のライフ・トランジションと住宅手当

　以上のような日本型青年期モデルの「崩壊」に対して、宮本氏は「社会資源が不十分な社会では、自立を見守り、物心共に援助し、失敗した時の受け皿となる家庭をもっているかどうかが運命を決めてしまうほど大きい」と、家族の「溜め」の意義を重視しつつ、「親という溜めを持たない若者は放置」されること、「親との同居によって若者の本質的な困難が隠されてしまい、社会的課題とはなりにくいという問題」を指摘している（宮本, 2012, pp.81-82）。

　「現状では、不安定就労状態にある若者や、疾病や障害が原因となって親か

ら独立できない若者が、親の扶養なしに、困難から脱出する方法は少ない。その結果、親の財力の有無によって自立できるか否かが決定されてしまう」という状況に対処すべく、宮本氏が主張しているのは、「人生前半期の社会保障の強化」である。

　具体的には、OECDが社会保障の国際比較（社会支出統計）で掲げている項目における教育、家族、積極的労働市場政策などで、さらに「人生前半期の社会保障を考える上で、若者にとって住宅の問題についても触れておきたい。若者の自立にとって、住宅は重要な条件であるが、社会保障政策として位置づけられてこなかった」と述べている（同上, pp.194-196）。

　宮本氏と同じく家族社会学を専攻する山田昌弘氏は、日本の若者の特徴を「パラサイト・シングル」と表現した。ただし山田氏の論調は、当初の「成人しているにもかかわらず、親と同居して、気楽にリッチな独身生活を楽しんでいる若者」による「パラサイト・シングルの時代」から、「底抜けセーフティネット」のもとでパラサイトを余儀なくされている「ワーキングプア時代」へと大きく変化した。

　後者では、現在、未婚率が高まり、2005年時点で30代前半の男性では47.1％、女性では32.1％に達し、その結果、20歳から34歳までの親同居・未婚者は、2007年時点で約1100万人いる、と問題状況が指摘されている。「収入が相対的に低く不安定な男性は、結婚相手として選ばれにくく、自立して生活することは難しい」というのがその要因である。

　山田氏は、「ワーキングプア時代」における「底抜けセーフティネット」の「再構築」にむけて、学校卒業後、親から支援をうけられない若者に、1人暮らし給付をミニマム・インカム（資力調査なしの現金給付システム）に上乗せすること、新卒一括採用システムを見直し、失業ないしは非正規の職に就いている若者に教育訓練を施す（再チャレンジ）ことを提言している（山田, 2009a, pp.50, 233）。ただし、ここでの「1人暮らし給付」が、住宅手当を内包するのか否かは、必ずしも明示的ではない。

　以上のような山田氏の論調に対して、岩田正美氏は、「では、バブル崩壊後

の日本の場合、どうして欧米のようにホームレス化が問題にならなかったのか。これについて強調されてきたのは、日本の場合、家族が若者の貧困を吸収してきたという側面である」と、「パラサイト・シングル」論の流行を批判的に回顧しつつ、むしろ「家族と福祉から排除される若者」という状況を直視すべきである、と主張する。

　厚労省による「ネットカフェ難民」（住宅喪失・不安定就労者）調査では、住居を喪失してこれらの店をオールナイトで利用する者の46.4％、またそのうち非正規労働者である者の40.2％は、34歳未満の若者となっていた。「若者の貧困問題の浮上は、若者の一部が、家族からも排除されて、単身化してしまうことによって可視化された」のである（岩田, 2011, p.61）。

　岩田氏が参加した東京都の相談機関の調査（2008年6月～2009年10月）では、とくに20代において「住居を失った理由」として、「実家からの家出」（14.1％）が高く、他方、いずれの年代も、職場に付属していた宿舎や借り上げアパートからの解雇による退出が3割と多く、次いで家賃支払い不能ないしは家賃滞納により退去を求められたもの、と続いている（同上, p.66）。

　なお、詳しくは次項で詳述するが、いわゆる第2のセーフティネットとしての求職者支援法（2011年）は、「住宅喪失・不安定就労者」への対応策として職業訓練中の求職者の生活費や住宅手当の支給に踏み切った点で、従来の雇用対策を一歩踏み出したものであった。しかしながら失業者のみならずワーキングプアとしての若者は、依然として「福祉から排除」されており、岩田氏は「住宅手当の支給期間を拡大するとか、これを賃貸住宅に住む低所得者層全体へ広げるような動きもない」と、現状を批判している。

　さらに最近、モデル事業として展開されたパーソナル・サポートについて、「短期間では就労自立に達することが困難と考えられる」ケースに限定した「新たな自立支援アプローチ」と一定の評価をしつつ、「だが、若者の貧困そのものへの対策の基盤に、確かな生活保障や住宅給付がないと、このようなアプローチは上滑りになりやすい」と付言している（同上, p.69-72）。

　山田氏は、一世を風靡した『パラサイト・シングルの時代』において、そ

の増大を「歴史的にも、世界的にも、現代日本特有の現象である（韓国でも同様の現象が起こる兆しがみえる）」と理解していた（山田, 1999, p.134）。これに対して、これまでの欧州との比較から言えることは、日本の労働市場のフレームワークが、すでに指摘した第4のタイプとしての選択的包摂が競争的規制と結びついたケースであり、若者は内部労働市場への参入に成功する前に、不安定な仕事のもとで長期間の移行期を経験していること、さらに国の制度としての住宅手当の不在により多くの若者がパラサイトを余儀なくされている、ということから、南ヨーロッパ諸国と類似した側面を有している、という点である（この点、本章・第3節、第4章・第2節を参照）。

3　生活困窮者支援、求職者支援制度の評価

『すべての若者が生きられる未来を』の編者である宮本みち子氏によれば、若者移行政策とは、親から独立し自分自身の生活基盤を整え、職業人として家庭人として社会人として社会に参画できない若者への対策である。

この点、日本では、若者を対象とする社会保障制度（教育・訓練、求職者手当、住宅、情報提供・相談、家族形成支援と子どもの養育費負担の軽減など）が極めて未発達であり、「若者は雇用されることによって企業福祉という保障を得る権利を手にすることができる。それがない場合には親の責任が無制限に期待されてきたし、現在もそれは変わっていない」と述べ、続けて「たとえば大都市の年収200万円未満の若者（20〜40歳未満）の8割弱は親と同居していて、結婚をあきらめ将来の展望を失っている。欧州のいくつかの国では、低家賃の社会住宅の供給や、低所得者向けの住宅手当、公的家賃保障などにより住宅保障を充実させ、若者の貧困や自立・世帯形成の困難に対応している」と指摘している（宮本, 2015a, p.245）。

宮本氏は、別の著書でこれまでの若者対策（若者自立塾、サポートステーション事業、若者雇用戦略など）に言及しつつ、自立相談支援事業のもと、さまざまな支援事業（住居確保給付金、就労準備、中間的就労、一時生活支援、家計相談、子どもの学習）を組み込んでいる生活困窮者支援（2013年に法制化）に注目して

いる。自立相談支援事業の主旨は、生活と就労にかんする支援員を配置し、ワンストップ型の相談窓口により情報とサービスの拠点を提供しつつ、一人ひとりの状況に応じ自立に向けた支援計画を作成することにあり、以上について「これを伴走型支援といいます。それは、従来の行政組織や専門機関の弱点を衝くものです」と評価しているのである（宮本, 2015b, p.198）。

ところで厚労省社会・援護局が提出した資料は、生活困窮者支援法の狙いを「生活保護受給者や生活困窮に至るリスクの高い層の増加を踏まえ、生活保護に至る前の自立支援策の強化を図るとともに、生活保護から脱却した人が再び生活保護に頼ることのないようにすることが必要であり、生活保護制度の見直しと生活困窮者対策の一体実施が不可欠」と説明している（厚生労働省社会・救護局保護課、2015b）。実際、支援法の成立とともに生活保護「改革」（生活扶助、住宅扶助、冬期加算にかかわる生活保護基準の引き下げ）は、「社会保障制度改革推進法」（2012年）のもとで一体的に進められたことから、支援事業と生活保護との関係把握が重要となる。

この関係を分析しているタイムリーな著書として、吉永純氏の『生活保護「改革」と生存権の保障――基準引き下げ、法改正、生活困窮者自立支援法』がある。留意すべきは、支援法には、生活保護の生活扶助に代表される所得保障のメニューがないことである。この点、吉永氏は、図1-1に依拠して支援法が生活保護基準の見直し（生活保護の機能縮小）とセットとなっており、「生活保護から排除された生活困窮者を、生活保護という所得保障抜きに支援することになりかねない」、「生活保護の積極的活用なしには、支援法の目的である生活困窮者の自立の促進は成功しないだろう」などと述べている（吉永, 2015, pp.93-94）。

ここでは、行論の関係上、住宅扶助と住居確保給付金[5]に着目すれば、前者について吉永氏は、「貧困ビジネスの排除を含め、住宅扶助の改善のためには、住宅扶助決定方式を家賃準拠追随型から居住水準保障型へ抜本的に改革することが不可欠である」と指摘、後者については以下のような2つの批判をしている（同上, p.99）。

離職後2年を超える長期失業者や、高齢者こそ住まいのニーズはより強いはずである。「離職後2年以内かつ65歳未満の者」という要件は削除すべきである。また、支給期間が「原則3ヶ月（最長9ヶ月）」ではあまりに短い。その間に仕事を見つけ、住まいも確保しなければならないことにな

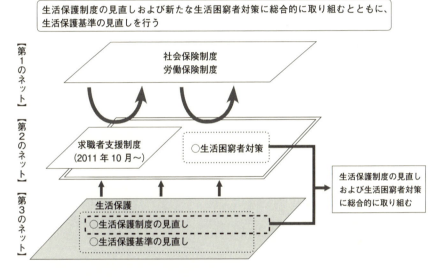

図1-1 生活保護制度の見直しと新たな生活困窮者対策の全体像

【社会保障制度改革推進法】（平成24年法律第64条）

(生活保護制度の見直し)
附則第二条 政府は、生活保護制度に関し、次に掲げる措置その他必要な見直しを行うものとする。
一 不正な手段により保護を受けた者等への厳格な対処、生活扶助、医療扶助等の給付水準の適正化、保護を受けている世帯に属する者の就労の促進その他必要な見直しを早急に行うこと。
二 生活困窮者対策及び生活保護制度の見直しに総合的に取り組み、保護を受けている世帯に属する子どもが成人になった後に再び保護を受けることを余儀なくされることを防止するための支援の拡充を図るとともに、就労が困難でない者に関し、就労が困難な者とは別途の支援策の構築、正当な理由なく就労しない場合に厳格に対処する措置等を検討すること。

出所：厚生労働省社会・援護局保護課（2015b）．

るが、非正規雇用が広がる現下の雇用状況では相当困難である。支給期間の抜本的な延長が望まれる。

　前者については第3章の第2節で言及するとして、後者について付言すれば、これらの批判は妥当であるとしても、こうした施策の背後にある論理が問われるべきであろう。

　「社会保障制度改革推進法」における「生活保護制度の見直し」の主旨は、「就労が困難でない者」の就労自立を強化し、「就労が困難な者」に生活保護を限定しようとするものである。その場合、就労自立とは、生活保護にパッケージ化された一切の扶助を利用しない状況を指している。こうしたワーキングプアの実態と均衡をとるためには、住居確保給付金の対象は、求職活動を熱心に行いうる可能性がある者（離職後2年以内かつ65歳未満）であり、その支給期間を限定する必要があった、と考えられる。

　図1-2は、2009年から開始された住宅確保給付金の年度別の推移をトレースしている。いま2015年度に着目すると新規支給決定6615件のうち、常用就職者数（雇用契約において期間の定めがないか、6ヵ月以上の雇用期間が定められているもの）は4649件、常用就職率は70％という状況にあり、厚労省は、「生活費の一つである家賃を支給する住居確保給付金の利用を促すことで、相談者は生活面での不安を大幅に解消し、自立に向けた就職活動に注力することができる」、「また、高い水準（60〜70％）で常用就職に結びついており、効果は極めて大きい」と評価している。他方、ハローワークに求職した離職者数は336万9510人となっているものの、新規支給決定件数は6615件に留まっている。この点について厚労省は「支給決定件数は減少しているが、「ハローワークに求職した離職者数」の水準は依然として高く、住居確保給付金のニーズはあるのに応えられていないと考えられる」とコメントしている（厚生労働省, 2015）。

　厚労省は、住居確保給付金の「ポイント」として、「一定程度、就労能力のある（就労経験のある）方に、再就職にむけ、原則3ヵ月という期間において集中して支援」と明記しているように（同上）、すでに就労自立している多く

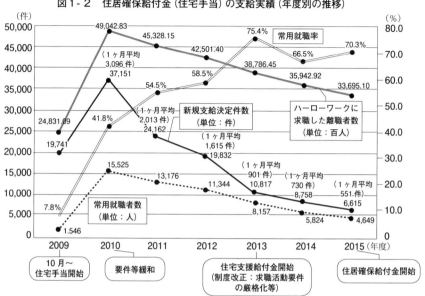

図1-2 住居確保給付金（住宅手当）の支給実績（年度別の推移）

出所：厚生労働省（2016）p.4.

のワーキングプアは、その対象となっておらず、このことが支給決定の範囲を狭めてしまっている。

　こうした事態を回避するためには、生活保護にパッケージ化されているメニューから住宅扶助を解きほぐし、これを社会手当として作動させることが必要となる。たとえば埋橋孝文氏は、OECD28ヵ国との比較から社会手当としての住宅手当の重要性を以下のように主張している（埋橋, 2011, p.143）。

　　日本では、そうしたワーキングプアに代表される低所得者層に対して最も所得の底上げを期待されている「社会手当」の整備が遅れている。このことは、典型的には、日本で住宅給付（これは低所得層に対する「一般的な住宅給付」のことであり「家賃補助」の形をとることが多い）が存在しないことに表れている。28ヵ国中21ヵ国でこうした住宅給付が何らかの形で制度化されていることが注目される。また、ひとり親給付（日本の場合は児

童扶養手当）の水準はそれほど低いわけではないが、家族手当（日本の場合は児童手当）の水準は低く、給付される子どもの年齢が近年引き上げられたとはいえ未だ低い。

社会手当としての住宅手当が、とくにワーキングプア対策として重要となっているのは、埋橋氏が以下で述べているように、生活保護のみならず予防的な役割をもつ社会保険制度がワーキングプアの多くをしめる非正規労働者の増加に対応できていないことに起因している（同上, p.168）。

　日本の社会保険制度は、今日のような非正規労働者の増加を想定せずに制度設計されている。厚生年金制度、失業保険制度に典型的にみられるように、非正規労働者が多数をしめるワーキングプアを包摂せずに排除する性格が強いのである。その一方で、日本の公的扶助である生活保護は、制度としては「体系的」で「網羅的」ではあるものの、適用対象人数が絞り込まれ、受給者数の割合が低い。その結果、社会保険と生活保護の間の制度上の間隔が広く、正規労働者と生活保護受給者の「狭間」にワーキングプア層が多数存在することになり、しかも、かれらに対するその他の政策措置が採られていない。

ところで図1-1には、第2のセーフティネットとして求職者支援制度（2011年から導入）が提示されている。この制度は雇用保険を受給できない求職者に対して、1）職業訓練の機会、2）訓練期間中の給付金（月額10万円）、3）就労サービスを提供している。さきの宮本みち子編の著書に所収されている論考（若者政策における所得保障と雇用サービスの国際比較）は、この制度の捕捉率が低い点について、「制度の出発点が職業訓練の受給者に絞った給付ということで、当初から非常に選別的であったことが低捕捉率の理由として考えられる。従って日本は確かに所得保障制度の拡充という方向に向きつつあるけれども、その実態はいまだに強固な保険型」である、と指摘している（樋口, 2015,

p.220)。

　前節で言及したように欧州では、若年失業者などに求職活動・カウンセリング、職業訓練・職業体験、ボランティア活動など職業能力の向上を図るための活動を義務的に課す場合、所得保障（JSA、ALGⅡなど）のみならず住宅手当の給付も接合されている。日本の若者のライフ・トランジションにおける住宅手当の意義は、こうした欧州の様態をふまえつつ再評価されるべきであろう。

第3節　パラサイト・シングル問題の日英比較

1　イギリスにおけるパラサイトの増大──ONS調査から

　2014年1月21日付けのガーディアン紙は、「記録的な数に達する親と同居する若者」（Record numbers of young adults living with their parents）というタイトルのもと、「新たな調査によれば、20～34歳の4分の1以上がいまだ親と同居している。1996年以来もっとも高い割合である。なにが起きているのか？」と問いかけている。同紙に掲載された国家統計局（Office for National Statistics, ONS）の調査によれば、20～34歳で親と同居している若者は、1996年の270万人から2013年の330万人へ上昇しており、この数字は、同世代の若者の26％に該当する。

　こうした若者の性別は、女性10人に対して男性17人の比率となっている。ONS調査は、この点について、1）概して若い女性は、年上の男性と関係をもちやすく、自身の世帯でカップル（couple）としての生活を構築しやすいこと（この年代における同棲cohabitingは、男性より女性が60万人多い）、2）若い女性はまた、ひとり親として自身の世帯を形成しやすく、この世代で男性より女性は59万人上回っていること、3）若い女性は、男性よりも大学進学率が高く、そのために離家しやすいこと、を指摘している。親との同居を地理的にみると、首都のロンドンは22％と低く、北アイルランドは36％と国全体の平均値を上回っている。

　図1-3に明らかなように加齢とともに同居率は下降し、男性の場合30歳で

14％、34歳で8％という状況である。ONS調査は、その理由として20代を通じて平均的な賃金は徐々に上がるものの、離家できるレベルに達するには30代半ばを待たなければならないこと、さらに加齢とともにパートナーとの同居も増大し、その比率は20歳の8％から31歳には70％まで上昇していることをあげている。

最後にONS調査は、所得に対する住宅価格も上昇し、その対所得倍率は1996年の2.7倍から2013年には4.4倍へと拡大したこと、さらに長短期の失業率も上昇、親と同居している若者で失業している者の割合は13％、同居していない若者（6％）の2倍に達していることに言及している。

ちなみにEUレベル（調査対象の年齢、25～34歳）において、イギリス（UK）の親との同居率は、31ヵ国中低い方から10番目に位置する。もっとも低いのはデンマークの2％であり、その対極にあるのがクロアチアの68％、総じて南欧諸国（ギリシャ、ポルトガル、イタリア、スペイン）の親との同居率は高い（**図1-4**を参照）。

1970年代から80年代にかけてイギリスにおける若者の離家は、大学進学と結婚という前向きの理由であれ、親とのいさかいという後ろ向きの理由であれ、

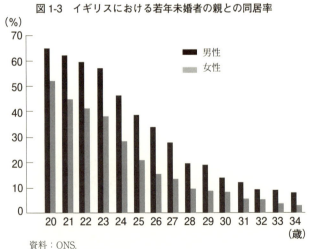

図1-3　イギリスにおける若年未婚者の親との同居率

資料：ONS.
出所：*The Guardian*, 2014. Jan 21.

比較的に早い状況にあった。

イギリスの大学への進学率は、1988年の教育改革法によるナショナル・カリキュラムの導入、1992年の教育法による旧来の大学と工芸大学（polytechnics）との統合により大幅に上昇した。これに対して2000年代に奨学金は補助（grants）からローンへの変更、授業料の導入と入学金のアップ（2012年度は年間9000ポンドに上昇）により、卒業後の就職状況が良好でない時期に増大する借金をかかえた学生は、両親の家にもどることを余儀なくされている。

さらに不安定な労働市場のもとで、多くの若者は家賃や住宅ローンへの頭金（deposit）支払いが困難となり、フルタイムの雇用者と比較して、とくにパートタイムや有期雇用にある男性は、家にとどまることになった。

住宅政策の後退も若者の離家を困難にしつつある。公営住宅購入権（RTB）の影響と新規供給の不足により、社会住宅を利用している世帯の比率は、1981年の32％から1991年の23％へ、2009年には17％へと下降している。こうし

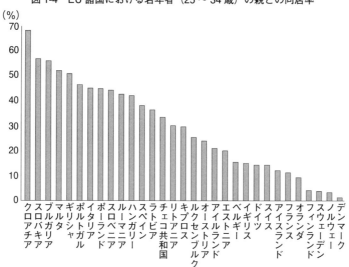

図1-4　EU諸国における若年者（25～34歳）の親との同居率

資料：EU-SILC (Eurostat).
出所：Berrington and Stone (2014) p.213.

た状況のもとで社会住宅の割当ては、子どもをもつ家族、妊娠している女性、ホームレス世帯が優先されている。

他方、後述（第4章）するように、民間賃貸を利用する世帯の上昇とともに住宅手当の受給者も増大しつつあるが、キャメロン前政権は地域住宅手当（Local Housing Allowance, LHA）[6]とシェア居住レート（Shared Accommodation Rate, SAR）の導入により、住宅手当の予算を切り詰めようとした。

2011年4月からLHAの給付は、当該地域の家賃の中間レベルではなく、下から30％の物件にしか適用できないことになった。ただし、これによる若者へのインパクトはわずかであり、大きなスペースを必要とする家族世帯が影響を受けることになる。SARは、これまで25歳以下に適用されていた民間賃貸にかかわる住宅手当の制限を、2012年4月から35歳以下まで拡大した。シェア居住の場合、借家人は1つのベッドルームのみ専用できるが、キッチン、浴槽、トイレ、居間はシェアすることになる。政府の意図は、これにより住宅手当の利用を抑制させ、親からの離家を押しとどめることにある（Berrington and Stone, 2014, pp.212-218）。

2　親との同居から離家への経路

以上は、イギリスにおいてパラサイトが増大しつつある一般的な背景である。しかしながら、さきに指摘したように、加齢とともに若者の同居率は低下している。それはどのようなプロセスを辿っているのか。

表1-4は、若者について年齢別の居住状況の変化をトレースしたものである。これによると20〜21歳（2012年時点）の男性は、親と同居69.1％、シェア居住20.5％、カップル5.4％、単身5.0％、ひとり親0.0％という構成になる。このうち親と同居は、22〜24歳で56.8％、25〜29歳で26.9％、30〜34歳で9.7％へと下降、シェア居住も30〜34歳で5.1％まで縮小している。かわって増大しているのは、カップルと単身であり、30〜34歳で前者は71.1％、後者は13.7％へと拡大している。

これに対して女性の場合は、20〜21歳で親と同居55.6％、シェア居住

表1-4 イギリスにおける若者の年齢別居住様式の変化（2012年）

	男性 (n) %	女性 (n) %
20-21	(n=961)	(n=1,052)
親と同居	69.1	55.6
カップル	5.4	15.3
ひとり親	0.0	6.0
単身	5.0	3.8
シェア居住	20.5	19.3
22-24	(n=1,425)	(n=1,636)
親と同居	56.8	38.5
カップル	21.5	35.5
ひとり親	0.2	11.2
単身	6.8	5.4
シェア居住	14.6	9.4
25-29	(n=2,440)	(n=3,139)
親と同居	26.9	13.3
カップル	50.8	63.6
ひとり親	0.4	10.9
単身	11.6	6.5
シェア居住	10.3	5.7
30-34	(n=2,953)	(n=3,382)
親と同居	9.7	5.7
カップル	71.7	72.8
ひとり親	0.4	12.2
単身	13.7	7.0
シェア居住	5.1	2.4

資料：LFS Quarterly Household dataset.
出所：Berrington and Stone (2014) pp.221-223.

19.3%、カップル15.3%、ひとり親6.0%、単身3.8%という構成になる。このうち親と同居は、22〜24歳で38.5%、25〜29歳で13.3%、30〜34歳で5.7%へと下降、シェア居住も30〜34歳で2.4%まで縮小している。かわって増大したのは、カップル、ひとり親、単身であり、30〜34歳でカップルは72.8%、ひとり親は12.2%、単身は7.0%へと拡大している。

離家した若者について年齢別・居住状況別の住宅テニュア構成を示したのが**表1-5**である。**表1-4**によれば22〜24歳の男性で親と同居以外の居住状況は、カップル21.5%、シェア居住14.6%、単身6.8%であり、**表1-5**の20〜24歳におけるそれぞれのテニュアは、カップル（パートナーと同居）で民間賃貸55.7%、社会住宅（公営と住宅協会の住宅）24.1%、持家20.1%、シェア居住で民間賃貸90.7%、持家5.3%、社会住宅4.4%、単身で持家21.1%、民間賃貸47.6%、社会住宅31.3%という構成となる。これがカップルと単身が主流となる30〜34歳では、カップル（パートナーと同居）で持家56.1%、民間賃貸33.9%、社会住宅10.0%、単身では持家41.2%、民間賃貸40.8%、社会住宅18.0%という構成になる。

女性の場合、**表1-4**の22〜24歳で親と同居以外の居住状況は、カップル35.5%、ひとり親11.2%、シェア居住9.4%、単身5.4%であり、**表1-5**の20〜24歳におけるそれぞれのテニュアは、カップル（パートナーと同居）で民間賃貸55.6%、持家25.6%、社会住宅18.7%、ひとり親で社会住宅55.9%、民間賃貸43.7%、持家0.3%、シェア居住で、民間賃貸89.7%、社会住宅5.6%、持家4.7%、単身で民間賃貸55.1%、社会住宅27.9%、持家17.1%という構成となる。これがカップルとひとり親が主流となる30〜34歳では、カップル（パートナーと同居）で持家61.7%、民間賃貸27.6%、社会住宅10.7%、ひとり親で社会住宅42.9%、民間賃貸39.7%、持家17.4%という構成になる。

以上から判明することは、親との同居から離家へと向かうプロセスにおけるシェア居住とカップル（パートナーと同居）形成の重要な役割である。男性に着目すると、30〜34歳のカップル（パートナーと同居）では持家が6割前後をしめるけれども、それまでのシェア居住では民間賃貸が、カップル（パート

表1-5 離家した若者の年齢・居住様式別の住宅テニュア（2012年）

			n	住宅テニュア		
				持家	民間賃貸	社会住宅
男性	20-24	パートナーと同居	359	20.1	55.7	24.1
		ひとり親	3	-	-	-
		単身	144	21.1	47.6	31.3
		シェア居住	342	5.3	90.7	4.0
	25-29	パートナーと同居	1,263	41.8	43.4	14.7
		ひとり親	10	-	-	-
		単身	275	41.8	38.2	19.9
		シェア居住	219	17.6	78.0	4.4
	30-34	パートナーと同居	2,173	56.1	33.9	10.0
		ひとり親	13	-	-	-
		単身	367	41.2	40.8	18.0
		シェア居住	117	24.1	71.5	4.4
女性	20-24	パートナーと同居	641	25.6	55.6	18.7
		ひとり親	302	0.3	43.7	55.9
		単身	138	17.1	55.1	27.9
		シェア居住	311	4.7	89.7	5.6
	25-29	パートナーと同居	1,835	45.0	41.6	13.4
		ひとり親	449	5.2	40.0	54.8
		単身	218	33.8	49.2	17.0
		シェア居住	164	10.1	83.5	6.4
	30-34	パートナーと同居	2,357	61.7	27.6	10.7
		ひとり親	500	17.4	39.7	42.9
		単身	242	48.9	34.5	16.6
		シェア居住	66	21.9	72.3	5.8

資料：LFS Quarterly Household dataset.
出所：Berrington and Stone (2014) p.225.

ナーと同居）形成では、民間賃貸と社会住宅がその受け皿となっている。また女性については、加齢とともにひとり親の増大がみられ、20〜24歳、25〜29歳、30〜34歳のいずれの年齢についても、民間賃貸以上に社会住宅の役割が大きいことも注目に値する。

3　離家できない日本の若者──住宅手当の不在

　日本のパラサイト問題に早くから警鐘をならしている山田昌弘氏は、その近著『家族難民──生涯未婚率25％社会の衝撃』の第3章「パラサイト・シングルの出現、変質、そして限界」で、労働市場の変容について、「まず1992年にバブル経済が弾けて、その後に続くグローバル競争の中で企業の体力が低下します。円高で工場の海外移転が始まり、その結果、正規雇用が絞られて若者は就職難になり、かわりに非正規雇用が増え始めます」と指摘している。

　そして労働市場の変容、パラサイト・シングルの変質、そして低収入の男性未婚者の拡大について、これらの連関性を以下のように把握している（山田, 2014, pp.82-83）。

　　裕福な親と同居してリッチな生活を楽しむという従来のパラサイト・シングルも、数を減らしながら存在し続けます。しかし、1990年代後半にかけて増えてきたのは、自立したくとも雇用が不安定であるために自立できず、親と同居せざるを得ないシングルでした。つまり、パラサイト・シングルの中に格差がでてきたのです。

　　そもそも収入の低い男性は、結婚において不利です。結婚後は男性が女性を養うという慣習が強い社会においては、女性は低収入の男性を選ばないからです。2010年の調査によると、20〜39歳の未婚男性の3分の1は、年収200万円未満であり、未婚者の約4割は非正規雇用者や失業者です。

　通常、パラサイト・シングルは加齢につれて減少する。この点、日本では、構造的な要因から加齢による減少が抑制さていれる。

国交省の調査によれば、20代で親と同居している若者は、1995年の972万人から2010年の709万人へと減少している。しかし人口にしめる比率は、52.4％から53.1％となっており、ほとんど変化していない。他方、同じ時期に、30～34歳では152万人（18.8％）から225万人（27.6％）へと増加している。35～39歳では85万人（10.9％）から193万人（20.1％）へと大幅に増加している（国土交通省, 2013a, p.33）。

　親との同居を20～34歳と35～44歳に区分して調査している総務省統計研修所の西文彦氏は、前者について、この年齢層が2439万人（2007年）から2116万人（2012年）へと減少しながら、「親と同居の未婚者」の割合は、2007年は46.7％、2012年は48.9％と上昇傾向にあること、後者について団塊ジュニア世代（1971～74年生まれ）が、この年齢層に参入することで拡大していること、そして前者と後者の両方の背景として「臨時雇・日雇（雇用契約期間が1年以下）の割合の高止まり」を指摘している（西, 2014, pp.1-2）。

　以上の調査は、年齢によるもので年収では区分していない。この点、ビッグイシュー基金によるインターネット調査（回答者、1767人）は、その対象を首都圏と関西圏に居住する年収200万円未満の若者（未婚、20～39歳）に限定している。なお、就業構造基本調査（2012年）によれば、有業者である若者（未婚、20～39歳）のうち、年収200万円未満は、男性で25.2％、女性で35.7％にのぼっている（ビッグイシュー基金, 2014, p.4）。

　注目すべきは、**図1-5**に明らかなように、男性、女性ともに加齢による減少傾向はみられないことである。この点は、首都圏と関西圏での「若者一般」についての国勢調査でも同様であるが、年収200万円未満の若者の親同居率は77.4％と、若者一般の61.9％と比較して15.5ポイントも高くなっている。

　なお年収200万円未満の若者の「現在の仕事の雇用形態」は、正社員は7.8％にすぎず、「パート、アルバイト、臨時・日雇い」38.0％、「契約・嘱託・派遣社（職）員」9.1％、「自営業、自由業」6.0％、さらに無職（非求職）22.2％、無職（求職中）16.9％、という状況にある（同上, p.10）。

　ビッグイシュー調査では、離家できない若者に対して「親の家に住む理由」

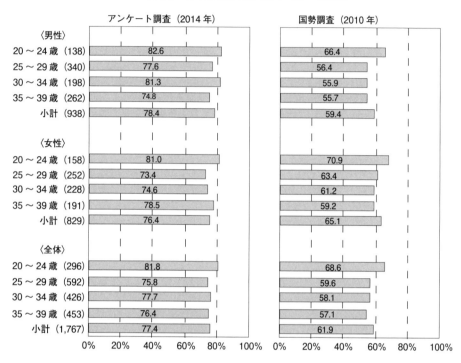

図1-5 若年未婚者の親同居率（性・年齢別）

注：1）首都圏（東京都、千葉・埼玉・神奈川県）および関西圏（京都・大阪府、兵庫・奈良県）の20～39歳未婚者について、親と同居している者の割合を図示。
2）（　）内はアンケート調査の回答者数。
資料：アンケート結果および「平成22年国勢調査報告」より作成。
出所：ビッグイシュー基金（2014）p.6.

（複数選択）を設問している。これによると「親の家を出て住居費を自分で負担できない」が53.7％と、「住居費を自分で負担できるが、親の家に住むとその負担を軽減できる」9.3％を大きく上回っている。なお設問へのそれ以外の選択比率は、「炊事・洗濯・掃除などの家事の負担が軽い」（54.0％）、「住み心地や利便性のよい物件がみつからない」（10.0％）、「親の面倒を見る必要がある」（9.3％）、「家族なので同居するのが当然である」（15.4％）となっている（同上、p.19）。

他方、回答者 1767 人の住宅所有形態は、親の持家 1076、親の借家 233、自己の持家 79、自己の借家 345、その他 34 であり、それぞれについて本人が「住宅費の主な負担者」となっている比率を検討すると、高いのは自己の借家 62.6％であり、自己の持家 21.5％がこれに続く。なお、自己の借家 345 の内訳は、民営借家（アパート、木造・鉄骨アパートおよび木造長屋）43.2％、民営借家（マンション）44.3％、公的借家 11.4％、社宅・その他 1.4％である。

調査対象となっている年収 200 万円未満というレベルでは、家賃を中心とした「居住費」が重くのしかかることが推察される。調査では、1ヵ月当たりの居住費を手取り月収で除した数値を計算し、「住居費負担率が 30％以上という重い負担の人たちが 57.4％に達し、負担率が 50％以上という異様に苛酷な状態の人たちが 30.1％をしめる。住宅費支払いのために働いているといっても過言ではないような若者が多い」と指摘している（同上, pp. 22-24）。

以上から住宅手当により家賃負担が軽減されることで、離家は容易となることが推察される。しかしながら日本では国の制度としての住宅手当は不在である。

ビッグイシュー調査の該当者は、低賃金の「パート、アルバイト、臨時・日雇い」38.0％、無職 39.1％（非求職 22.2％、求職中 16.9％）が大半をしめているが（同上, p.14）、イギリスの住宅手当は、こうした人たちの問題状況にも対応している。2014 年 8 月時点での住宅手当（HB）の利用者は、ワーキングプア 107 万 8413 人、求職者手当（JSA）46 万 1690 人であり、これは全受給者 493 万 162 人の 31.2％に該当する（DWP, 2014）。

第 4 節　共稼ぎ世帯の構築にむけて

1　カップル形成を阻むもの（その 1）——所得、住居費のギャップ

序章で言及したように、白波瀬佐和子氏は日本のパラサイト問題への対策として、第 1 に職業訓練やキャリア教育を複線的に設定し、教育と労働の場の行き来を容易にすること、第 2 に若年層の低所得対策、第 3 に「一人で生活する

図1-6 年収別の婚姻・交際状況（20代・30代）

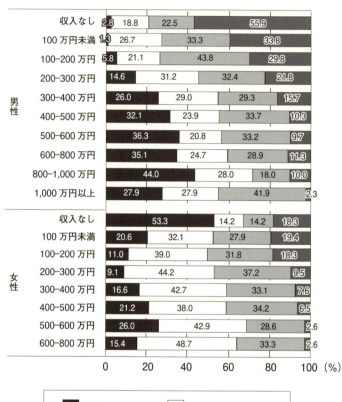

注：1）「既婚」は結婚3年以内である。
　　2）女性の収入「800～1,000万円」及び「1,000万円以上」は、それぞれ該当者が11名、3名しかいないため、グラフ中にふくめていない。
資料：内閣府「平成22年度結婚・家族形成に属する調査報告書」より国土交通省作成。
出所：国土交通省（2013）p.32.

ことに伴うコストの一部を住宅手当として支給することで、親元を巣立つ後押しをすること」をあげていた（白波瀬, 2010, p.101）。

さらに白波瀬氏は「大人へと移行」しようとする若年層にバリアーとなっている要因として「稼得者一人モデル」を指摘、「夫が一人で家庭を支えなくてはならない、この規範を支えるだけの雇用保障をこれまでどおり提供することはもはや困難でしょう。一人ですべての家族員を支えられるような給与が保障されるにこしたことはないかもしれませんが、二人で稼いで家計を支えていく共稼ぎ世帯モデルへの転換を考えていくべきです」と、「共稼ぎ世帯モデル」への移行を主張している（同上, p.87）。

ここで留意すべきは、欧州におけるパラサイトからの離脱は、単身化のみならずカップル形成による共稼ぎ世帯の構築ともオーバーラップしており、パラサイト問題にかかわる住宅手当の意義も、そうしたプロセスとの関係で評価される必要がある、という点である。親元から長期的に離脱できない日本の若者の離家にとって住宅手当が重要であるとしても、離家がカップル形成へと連結するには、なお高い壁が立ちはだかっている。

図1-6は2010年時点における20代、30代について年収別の婚姻・交際状況を示している。これによると男性の場合、年収200万円未満では未婚（恋人なし）と未婚（交際経験なし）の小計が7割を超えている。もちろん、その多くが親と同居しているとすれば、離家することで交際の機会は拡大する可能性がある。他方、女性の場合は200万円未満でも既婚と未婚（恋人あり）の小計が5割以上となっている。しかしながら現状では、若者の離家が容易になったとしても、低所得の若者をカップル形成へと繋げるパイプは、拡大しにくいと推察される。というのも男性と女性では、結婚の条件に大きなギャップが存在するからである。

さきの山田昌弘氏の未婚者へのヒヤリング調査（2010年）によれば、1）結婚相手に求める年収で、男性は「こだわらない」という回答が大多数をしめたのに対し、女性では年収400万円以上の条件が68％であり、年収200万円未満については0.4％にすぎない、2）年収400万円以上を得ている未婚男性は

25.1％で全体の 4 分の 1 にすぎず、200 万円未満は 38.6％、200 万円以上 400 万円未満は 36.3％、という状況にある（山田, 2014, pp.126-127）。

　山田氏は別の著書の「20 代女性が保守化している」という項目で、「男女共同参画社会に関する世論調査」（内閣府、2007 年）に依拠し、「夫は外で働き、妻は家庭を守るべきである」に賛成の人の割合が、20 代女性では 40.2％と 30 代 35.0％、40 代 31.7％と比べて多いことに言及していた。そして、こうした女性の「保守化」の背景として、山田氏は「日本社会では、男女共同参画社会の流れと新しい経済による非正規化の流れが、ほぼ同時に来てしまった」ことを指摘していた（山田, 2009, pp.70-74）。

　周知のように欧州における少子化克服の背景として、しばしば事実婚と婚姻外出生率の上昇が指摘される。たしかに**表 1-4**、**表 1-5** のカップル（パートナーと同居）は事実婚を内包し、従ってまたひとり親は非婚シングルマザーを内包している。しかしながら、ここで注目したいのは、そうした婚姻規範の相違以上に、カップル形成の経済的なメリットが少なく、さらにシングルマザーへの経済的な支援が脆弱なことから、これにともなうリスクを回避すべく、日本における女性の「保守化」現象が惹起されている、という現実である。

　日本の労働市場では、同一労働・同一賃金の原則が貫徹しておらず、正規・非正規間、男・女間の賃金格差が大きい。序章で言及したように、こうした状況は、男性稼ぎ主型に従属する配偶者の低賃金と、そこから派生するワーキングプアに陥りやすい女性の労働市場の構造に関係している。

　山田氏の調査による家族類型別の家計・雇用状況（30 代、2009 年）によると、夫婦家族・女性配偶者で本人勤務先・年収は 174 万円（正規 15.8％、非正規 26.3％、自営 3.7％、無職 53.6％）、ひとり親・女性 197 万円（正規 34.3％、非正規 48.8％、自営 1.2％、無職 15.8％）、両親同居・未婚女性 269 万円（正規 50.2％、非正規 23.7％、自営 2.7％、無職 22.2％）、片親同居・未婚女性 215 万円（正規 30.9％、非正規 23.7％、自営 5.1％、無職 39.9％）、女性単身者 346 万 5000 円（正規 72.4％、非正規 19.9％、自営 2.9％、無職 4.8％）となっている。

　山田氏は、以上の結果について「女性で一番稼いでいるのは単身者です。両

親同居の未婚女性、片親同居の未婚女性、ひとり親の女性が就業率のわりに勤務先年収が少ない。……女性の場合は、①労働による自立、②収入のある夫と結婚することによる自立、③親による自立——という3つの選択肢があるようにみえる。しかし、どの選択肢をとっても困難が待ち構えてます」と論定する（山田, 2013）。

このなかでカップル形成のために重視されるべきは、「労働による自立」であろう。かりに収入が低いためパラサイトを余儀なくされている未婚女性の勤務先からの年収が女性単身者レベルまで上昇するならば、「年収400万円以上の条件」は、大幅に緩和されることが予想される。さらに就業率の高いひとり親の女性の「労働による自立」も、カップル形成のリスク軽減に寄与することは、いうまでもない。

すでに序章で「子どもと有業者がいる世帯の人口の相対的貧困率」を提示したが、2008年のデータでは、ふたり親世帯で「1人が就労」の場合、日本の貧困率は11.0%であり、OECDの平均（17.1%）よりかなり低く、イギリスの9.7%より若干、高いレベルにある。これがふたり親世帯で「2人が就労」しても日本の貧困率は9.5%と1.5ポイントしか改善しないのに対し、イギリスは1.4%と8.3ポイントも低下している。さらに日本のひとり親世帯の貧困率は、54.6%とOECDの平均（21.3%）を大きく上回り第1位となっているのに対し、イギリスのそれは、ふたり親世帯で「1人が就労」の場合より低く、6.7%という状況にある（湯澤, 2014, p.76）。

イギリスでは、子どものいる母親が世帯収入の50%以上を稼いでいる場合、これを母親稼ぎ手（maternal breadwinning）と表現している。同国（Britain）における母親稼ぎ手は200万人、3人の母親のうち1人がこれに該当、その56%はカップル世帯であり、44%はひとり親世帯である。**図1-7**にあるように、後者は1996年の52万人から2006年の92万人まで上昇し、その後、この水準で推移している。これに対しカップル世帯にしめる母親稼ぎ手は、2003年の15%から2010年の21%へ、69万人から100万人を上回る状況となっている。

図1-7 イギリスにおける世帯タイプ別の母親稼ぎ手世帯数の推移

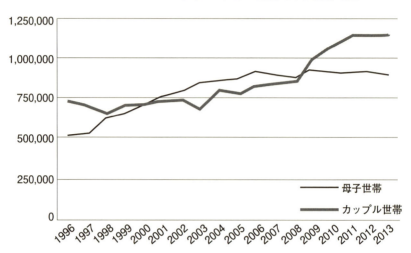

資料：author's analysis of Family Resources Survey (DWP et al 2015).
出所：IPPR (2015) p.16.

図1-8は、10段階の所得階層別に母親稼ぎ手の割合を示している。母親稼ぎ手は中高所得層（6〜10）よりも低中間所得層（1〜5）に普及し、前者は29％であるのに対し、後者は37％となっている。留意すべきは、カップル世帯とひとり親世帯とでは、1996年から2013年までの分布の変化への作用が異なっているという点である。公共政策研究機構（Institute for Public Policy Research, IPPR, イギリスにおける先導的かつ進歩的なシンクタンク）のレポートは、カップル世帯の母親稼ぎ手は、どの所得階層に対しても同等のインパクトを与えている、と推定している。他方、この間、中間所得層での増大が顕著となっているが、この動向は女性ひとり親世帯の母親稼ぎ手の増加と結びついている。IPPRレポートは、その要因として、1）1人の所得では高所得層への移動は困難であること、2）タックス・クレジット（tax credit、税額控除、第2章・第2節を参照）を中心とした働くひとり親世帯の所得を補填する国家の支援が、彼女らを低所得3分位（1〜3）から中間所得層へと移動させたことを指摘している（IPPR, 2015, p.18）。

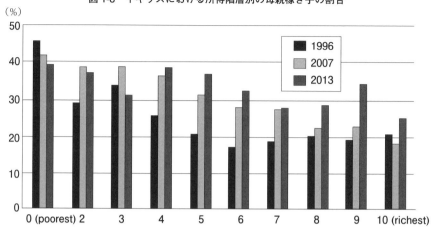

図1-8 イギリスにおける所得階層別の母親稼ぎ手の割合

資料：author's analysis of Family Resources Survey (DWP et al 2015).
出所：IPPR (2015) p.18.

　もちろん、イギリスと日本と比較した場合、ひとり親世帯の所得を補塡する国家の支援として住宅手当の存在も見逃せない。さきに指摘したように、女性のひとり親世帯について、親と同居以外の居住状況は、22～24歳で社会住宅55.9％、民間賃貸43.7％、持家0.3％、30～34歳で社会住宅42.9％、民間賃貸39.7％、持家17.4％という構成であり、多くが社会住宅と民間賃貸に依拠している。低所得のひとり親世帯の場合、賃貸住宅への家賃補助が重要な役割を果たしている。イギリスでの住宅手当の全受給者（493万162世帯、2014年8月現在）において、世帯別の内訳は、子どものいない単身者54.0％、ひとり親世帯24.4％、子どものいない夫婦10.0％、子どものいる夫婦12.1％という状況にある（DWP, 2014）。これに対して日本では国の制度としての住宅手当は不在である。

2　カップル形成を阻むもの（その2）――労働時間、住宅のギャップ

　以上、カップル形成の経済的なメリットが少なく、さらにシングルマザーへの経済的な支援が脆弱なことから、これにともなうリスクを回避すべく、日本

における女性の「保守化」現象（強まる専業主婦願望）が惹起されている、という可能性に言及してきた。留意すべきは、専業主婦願望をもたない女性単身者も、少なからず存在しており、これもカップル形成の阻害要因となっている、という点である。

東京圏における団塊ジュニア世代の「都心回帰」を団塊世代との比較で論じている中澤高志氏は、団塊ジュニア世代の未婚単独世帯、とくに女性に着目している。

団塊世代の場合、東京圏内（東京都、埼玉・千葉・神奈川県）では、20〜24歳から25〜29歳、30〜34歳と年齢を重ねるに従って都心から20km以内の居住者が急減し、対照的に20〜50km圏は居住者を増やした。これに対して団塊ジュニア世代では加齢に従って0〜10km圏の居住者が増加するとともに40〜50km圏の居住者が減少しており、中澤氏は、「団塊の世代にとって「住宅すごろく」の「あがり」であった郊外を離れ、都心方向に向かって逆走する動きが確認できる。これは、いわゆる「人口の都心回帰」に対応する変化として注目される」と述べている。

ただし中澤氏は、団塊世代の「郊外化」と同じレベルで、「都心回帰」を団塊ジュニア世代というコーホート全体の東京居住を特徴づけるキーワードとすることは困難であるという。というのも団塊ジュニア世代では、1人暮らしをする者あり、未婚のまま親と同居する者あり、DINKs世帯を構成する者ありと、属する世帯形態が多様である。当然、世帯形態ごとに住居の種類や居住地に対するニーズは異なるので、団塊ジュニア世代の居住行動が都市構造に及ぼす影響は、おのずと分散されるからである（中澤, 2010, p.30）。

中澤氏は、2005年国勢調査により東京圏における30〜34歳の特化係数を計算し、その分布を以下のように描写している（同上, pp.26-27）。

単独世帯構成員は相対的に都心周辺に多く、とくに東京都区部の西部への集中が顕著である。夫婦のみの世帯構成員は東京都区部のすぐ外側で都心へのアクセスがよい地域や、近年多くのマンションが供給された東京都

江東区などにおいて卓越している。人口の都心回帰がみられるとはいえ、夫婦と子どもから成る世帯構成員の卓越地域は、団塊ジュニア世代においても郊外に面的な広がりをみせる。試みに世帯内単身者の特化係数を地図化すると、夫婦と子どもから成る世帯の構成員よりもさらに外側の郊外外延部に特化係数が高位の地域が位置する。

ところで、東京圏における30〜34歳の未婚単独世帯数は、男性が37万5148人、女性が18万5763人である。注目すべきは、未婚者にしめる未婚単独世帯の割合は、男女ともほとんど変化していないことである。裏を返せば、親と同居する未婚者の割合も、1980年代以降ほぼ一定であり、「2005年には団塊ジュニア世代が30〜34歳を迎えたため、親と同居する未婚者も、一人暮らしの未婚者も、絶対数の増加に拍車がかかっているものの、両者の割合に構造的な変化はない」という（中澤, 2012, p.166）。

いま30〜34歳の未婚単独世帯について、東京圏での分布をみると、女性では東京都西部への凝集が強くみられ、4つの区において特化係数が3を超えているのに対し、男性では、特化係数が2.5を超える市区町村はなく、特化係数が1以上の地域は女性よりも広く分布している。もちろん30歳代前半・女性の「都心回帰」には、有配偶者も寄与している。しかし、東京圏における労働力人口（1990年と2005年の比較）の増大は、有配偶者（27万人から38万人）よりも、未婚者の方がかなり大きい（15万人から42万人）。

中澤氏は、以上の要因について、「郊外が喚起するジェンダー関係への異議申し立てとして、女性が都心居住を志向していると考えることはできないだろうか。すなわち女性は、郊外を女性が家庭という私的な空間で再生産を行う空間と認識し、そうしたジェンダー役割から自由な空間として、都心への居住を志向するという可能性である」と述べている（同上, pp.160, 169-171）。

中澤論文は、団塊ジュニア世代を、1人暮らしをする者、未婚のまま親と同居する者、DINKs世帯を構成する者と区分し、その地理的分布を描写しているが、さきのビッグイシュー調査のように、所得要件はクロスされていない。

この点、全国レベルではあるが、橘木俊詔氏らは、内閣府「平成22年度結婚・家族形成に関する調査報告書」に依拠し、年収300万円未満の若い男性は、20代と30代を通じて、既婚者は10％に満たず、「恋人あり」も20代25.3％、30代で18.4％、さらに「恋人なし」は30％台、「交際経験なし」も30％台半ばであること（300万円の壁）、これに対し女性の場合、300万円の壁は男性ほど目立たず、年収300万円未満の20代女性では、既婚者と恋人ありが60.3％、30代女性でも56.1％と、「若い女性にとって、結婚や交際において自分の所得の低さはそれほどの壁になっていない」と指摘する（橘木・迫田, 2013, p.130）。

注目すべきは、年収が500万円以上の30代女性は、既婚率が20％前後にとどまる一方、「恋人あり」の割合は40％前後と高く、逆に「交際経験なし」は、5％前後と非常に低いことである。この点について橘木氏らは、以下のようにコメントしている（同上, p.131）。

> こうした女性は、自分の所得だけで生活していけるので、結婚しなくてもよいと考える人が多いのではないか。お金もあるし、仕事もやりがいがある、男性とのつき合いにも積極的、という人生を楽しくかつ有意義に送る30代独身女性の姿が浮かんでくる。彼女たちが「300万円の壁」に苦しむ男性たちと結婚するならば、すべてが丸く収まるとも言えるが、結婚は個々人の自由意思によるものであり、無理強いできないことはいうまでもない。

「郊外が喚起するジェンダー関係への異議」、あるいは「人生を楽しくかつ有意義に送る」という明るい表現とは裏腹に、その背後にあるのは、仕事と子育てなどの家事を両立させようとする女性が直面する深刻なリスクを回避しようとする指向性ではないだろうか。

たとえばジャーナリストの竹信三恵子氏は、『家事労働ハラスメント』において、そうしたリスクを「元祖ワーキングプア」、「専業主婦回帰の罠」（それぞれ同書の第1章、第2章のタイトル）と表現し、大略、以下のような説明をして

いる（竹信, 2013, pp.36-40）。

　男女雇用機会均等法による施行（1986年）により、女性の職域が大きく広がり、その結果、1996年には年間給与200万円以下は3割台に、300万円以下も6割台に減り、均等法制定時（1985年）にはわずか1％台だった600万円超のグループが5％近くまで増えたものの、その後は足踏み状態で200万円以下の女性は増えてきている。

　均等法は、労働基準法による女性保護の段階的撤廃と引き替えに制定され、女性たちは、家事や子育ての時間を見込んでいない長時間労働の職場への参入を余儀なくされた。女性保護の撤廃で、こうした労働時間に耐えられる条件のある女性（母親や親族の助けを得られるか、家事労働者を雇える収入があるか、夫が家事を支えられるか）は、男性の分野だった職場に進出する一方、家事や育児を抱えてそれができない圧倒的多数の女性たちは、出産などを機に退職に追い込まれ、パートなどの非正規労働者として再就職することになった（元祖ワーキングプア）。

　かりに非正規雇用であっても、男性稼ぎ手の雇用が安定しているならば、持家の主流となっている郊外は、「女性が家庭という私的な空間で再生産を行う空間」とみなすことができる。しかしながら男性稼ぎ手の雇用そのものが不安定となっていることから、「郊外が喚起するジェンダー関係」にリスクが付随する場合があり、竹信氏は、以下のような事例をあげている（専業主婦回帰の罠、同上, pp.63-64）。

　　2009年に取材した神奈川県の39歳の女性は1990年代、大手自動車メーカーの管理職男性正社員との結婚を機に仕事をやめ、専業主婦になった。仕事はきつかったし、大手企業の管理職なら生活は保障されていると思ったからだ。ところが子どもが生まれた2002年前後、不況で夫の収入は大きく減った。自身も仕事を探したが、家事・育児があって残業が難しいというと、正社員の口はみな断られた。契約社員の働き口をようやくみつけ、子どもを保育所に預けて家計を支えた。その後、やや回復した夫の賃金は、

またしても、2008年のリーマン・ショック後の輸出の急減で、3割近くカットされ、女性も契約打ち切りを通告された。保育料も住宅ローンも払えなくなった。……「夫が大手の正社員なら安心と、自分は正社員の仕事をやめてしまったのが大きな間違いだった」と女性は悔やむ。

こうした「元祖ワーキングプア」、「専業主婦回帰の罠」を改変すべく、竹信氏が参考にしているのはオランダである。もともと男性稼ぎ手モデルであった同国は、1982年の「ワッセナー合意」以降の改革により、同じ労働ならパートでも時給ベースで同じ賃金という均等待遇が貫かれ、女性が働きやすい仕組みによって家計が潤う「2本柱経済」へと転換した。これにより女性が家庭で一手に担っていた家事労働を、一部は保育所という形で行政に、一部は家庭に戻る時間ができた男性に再分配することが可能となった（同上, pp.185-186）。

ここで付言すべきは、オランダでは、「専業主婦回帰の罠」に付随する持家取得にともなう過重なローン負担を回避すべく、潤沢な社会住宅と、社会住宅と同等レベルの床面積をもつ民間賃貸が供給され、これらを利用する低所得階層は、その家賃負担を住宅手当によって軽減されていることである。

東京圏（東京都、埼玉・千葉・神奈川県）における住宅ストック（約1384万5000戸、2008年）の内訳は、持家57.7％、公営3.2％、UR・公社3.5％、民営借家32.5％、給与住宅0.3％であり、1戸当たり延べ床面積は、持家100.95㎡、公営46.85㎡、UR・公社50.34㎡、民営借家38.28㎡、給与住宅48.96㎡という状況にある（国土交通省編, 2012, pp.13-15）。

これに対してオランダにおける人口15万人以上の都市は、**表1-6**に示されるように、持家38％、社会住宅47％、民間賃貸15％という住宅テニュアの構成であり、1戸当たり延べ床面積（全国レベル）は、社会住宅で60㎡以上が67％、民間賃貸で60㎡以上が69％のシェアとなっている（この点、第3章、**表3-7**を参照）。広い借家は、子育て世帯に持家にかわる選択肢をもたらしている。

また一般的にジェントリフィケーション（都心部の下層地域への比較的豊かな

表 1-6 オランダにおける都市サイズ別の住宅テニュア（2006 年）

都市の規模（人口数）	持家	社会住宅	民間賃貸	合計
20,000 未満	70	24	6	100
20,000-50,000	64	29	6	100
50,000-150,000	53	38	9	100
150,000 以上	38	47	15	100

出所：Haffner, et al.（2009）p.210.

人びとの流入）をともなう「都心回帰」は、都心部の再開発などで家賃を上昇させ、子育て世帯の都心居住を困難にする場合がある。この点、オランダでは 1997 年以降、新しく造成された居住地において低所得階層の空間的な分離（segregation）を回避し、ソーシャル・ミックスを促進するために、住宅手当の増額が可能となっている（Priemus and Elsinga, 2007, pp.196-197）。

注

1　積極的労働市場政策（ALMPs）は、OECD の社会支出統計（社会保障給費の国際比較）に計上されている費目である。その導入の背景には、従来であれば一時的な失業に対して、それなりの生活水準を保障するセーフティネット（失業保険など）で対応できたが、構造的かつ長期的な失業に対しては、教育・職業訓練、就労への参加・保障など積極的労働市場政策（ALMPs, active labour market policies, これに対して従来の失業給付は、消極的労働市場政策, PLMPs, passive labour market policies と呼ばれている）が新たな政策として提起されてきたことがある（ALMPs については、さしあたり、小玉 , 2010, pp.3, 19-29 を参照）。

2　デュアル・システムでの職業訓練は、企業と州の教育システムに依拠している。職業訓練プログラムへの参入は、企業との訓練契約に依拠し、この契約により徒弟は訓練プログラムの終了まで企業の従業員となる。かれらは労働協約で決められた賃金を支払われ、それは訓練による生産性の向上とともに上昇する。

　　他方で徒弟は作業所とともに公的な職業学校に参加し、そこでは一般的な科目（語学、経済学、数学など）と選択した職業の理論的な基礎教育が提供される。理論的な基礎教育のレベルが上がるにつれて、職業学校への出席は週 2 日に拡大

される。すべての若者は18歳までに職業学校への出席を義務づけられ、職業訓練の場なしに学校を離れた者も、かれらの仕事とともに職業学校を継続しなければならない（Bosch, 2010, p.143）。

3　いわゆるハルツ立法の目的は、失業扶助と社会扶助を長期失業者のための1つの給付へ統合することにあった。すべての稼働能力のある失業者で失業保険の資格のないものは、この新たな資力調査による税金を投入した「求職者への基礎保障」あるいは「失業手当II」（ALG II, Arbeitslosengeld）の有資格者となった。この給付は基本的に失業扶助ではなく以前の社会扶助の給付水準と有資格基準に対応している。その主要な目的は、労働市場への再統合と給付依存の減少にあった。

　失業者へのサービスは、新しく設けられたワンストップで業務を行うジョブセンターによって提供される。センターの個人アドヴァイザーがガイダンスと就職斡旋、さらには他の統合プログラムとの調整を担当する。再統合への具体的な目標は、公的雇用サービスと給付受給者の両者を拘束する合意書に明記されている。就労を促進するため最大24ヵ月間の賃金助成が利用できる。さらにALG IIの受給者の非課税所得は以前の社会扶助より改善された。労働市場への再統合の見込みのない求職者には、付加的所得を稼ぐことができる就労機会の手段が創設された。すべての合法的な仕事は、ALG IIの申請者にとって受け容れられるものとみなされ、就労ないしは統合施策を拒否するか、統合の合意にある雇用に向けた要請を回避しているとみなされたものは、3ヵ月間30％の給付減額、その後の不服従には、さらに30％の減額という制裁が課される（この第2の減額は現物での支払いにより埋め合わせることが可能）。さらに25歳以下の若年の受給者には、3ヵ月間でALG IIの即時打ち切りという制裁ができることになった（現物での支払いにより埋め合わせることが可能）（小玉, 2010, p.157）。

4　イギリスの場合、失業者に対しては国民保険から失業給付（Unemployment Benefit）が支給され、この給付を1年間受けた者や新規学卒の失業者のように保険料拠出要件を満たさない者は、所得補助によって生活が支えられてきた。失業給付か所得補助を受けている者には、住宅手当が全額支給されることになっていた。こうした状況のもとで、就業しても賃金水準が低いときは「貧困の罠」から

脱却できないことから、社会保障経費は上昇しこそすれ低減することはなかった。

1996年、以上のような問題に直面していた保守党（メージャー政権）は、求職活動を行う者を対象として、失業給付と所得補助を統合した求職者手当（Jobseeker's Allowance, JSA）を導入した。求職者手当は2種類あり、保険料の拠出要件を満たす者には、最初の6ヵ月間資力調査を要しない拠出ベースの求職者手当（Contribution-based JSA）が支給される。6ヵ月を超えて失業が継続した者および保険料の拠出要件を満たさない者には、資力調査付きの所得ベースの求職者手当（Income-based JSA）が支給される。この結果、従来の所得補助は労働能力のない者、就労の意思のない者に限定されることになった。

1997年に政権についたブレア労働党は、以上の求職者手当を組み込んだニューディールを発表した。ここでは、個人アドヴァイザーの協力のもと3〜6ヵ月の就職活動（第1ステップ）で仕事が見つからない若年・長期失業者について、第2ステップでの就業、教育・職業訓練の機会提供を拒否した場合、最高6ヵ月、求職者手当を支給しないというペナルティが課せられる。なお、JSA受給者のほとんどは住宅手当を利用しているが、これについては制裁から除外されている（JSAについては、小玉, 2010, pp.31-33を参照）。

5　生活困窮者支援法における住宅手当として制度化された「生活困窮者住居確保給付金」とは、「生活困窮者のうち離職又はこれに準ずるものとして厚生労働省令で定める事由により経済的に困窮し、居住する住宅の所有権若しくは使用及び収益を目的とする権利を失い、又は現に賃借して居住する住宅の家賃を支払うことが困難となったものであって、就職を容易にするため住居を確保する必要があると認められるものに対し支給する給付金」をいう。

6　地域住宅手当（LHA）とは、民間賃貸にかかわる住宅手当の上限を申請者の家賃に依拠して計算するのでなく、それぞれの地域市場ごとに世帯の大きさと構成に応じて、当該地区でのすべての申請者に標準的な上限額を設定しようとするものである。申請者の所得が適応額（所得審査付きの所得保障レベル）か、それ以下では、全額の標準的な手当が支給され、収入が適応額を超えた場合、これまでの住宅手当と同様に所得上昇とともに手当は65％ずつ減額される。LHAは通常、申請者に支払われるが、借家人が自立していない場合、または家賃を8週間以上

滞納しているときは家主に支払われる。従って、より安価な住宅を賃貸した場合、その家賃と住宅手当の標準的な上限額との差額は借家人に帰属し、他の消費に振り向けることができる（ショッピング・インセンティブ）。

　この改革の目的は、住宅手当に選択と責任を組み込むことで、賃貸住宅市場において物件を探すときに、LHA の受給者に住宅の質と価格との兼ね合いへの配慮を促すことにある。LHA は、これまで民間の借家人に適用されていた住宅手当より簡単かつ明瞭である。というのも、これまでの家賃申請と住宅サイズについての家賃サービス（The Rent Service）決定を回避することができるからである。政府はまた、申請者がどのくらいの地域住宅手当を得られるかを前もって知り、その手当を家主ではなく借家人に支払うことで、かれらが予算管理と家賃支払いの義務についてより責任をもつことを期待している（LHA については、小玉, 2010, p.142 を参照）。

第2章

無視されている子どもの
アフォーダビリティ

　序章において、男性稼ぎ主型の生活保障システムにより、男性に従属する配偶者の低賃金とワーキングプアに陥りやすいシングルマザーの問題が相関していること、その生活保障システムに付随する持家主義へのバイアスにより公的住宅と住宅手当は脆弱となっていることに言及した。こうした状況を打開するためには、男性稼ぎ主型の生活保障システムに付随する家族賃金を相対化していくことが重要となる。この点、日本の児童手当を歴史的に批判している北明美氏は、日本の「賃金依存主義」による「生活保障」のあり方を、欧州との比較で以下のように振り返っている（北, 2006, p.167）。

> 　ヨーロッパでは「児童手当」や住宅手当といった社会手当が防貧対策として重要な機能を果たしているという情報はむろん伝えられてきたのであるが、就労可能な期間については、十分な賃上げこそが所得保障の王道であるという発想、いわば「賃金依存主義」がそれによって相対化されることはなかった。これは、労働運動においては、賃金の年功的上昇や、賃金の家族手当と住宅手当等が一種の社会的な「生活保障」として擬制されてきたことにも関わっている。

　欧州では「生活保障」の「賃金依存主義」をどのように相対化し、国家による社会手当としての住宅手当を外在化してきたのか。ここではスウェーデンとフランスの住宅政策を歴史的にトレースするが、そのまえに日本における母子世帯の置かれている現状と、子どもの貧困は、住宅手当との関係でどのように論じられているのか、について言及しておきたい。

第1節　母子家庭の就労、貧困の再生産、住宅費

1　母子家庭の収入、最終学歴、子どもの進学

　日本で子どもの貧困を深刻化させている大きな要因は、母子世帯の劣悪な経済状況にある。多くの母親が「結婚前または出産前」には正社員として就労していたのに対し、結婚後の「ひとり親家庭になる前」では無職（専業主婦をふくむ）とパート・アルバイトなどへ変更を余儀なくされ、これが母子世帯となった「現在」では、さすがに無職（専業主婦をふくむ）は減少するものの、就労形態の主流はパート・アルバイトなどが大半をしめることになる。図2-1に示されるように女性のパートタイム労働者の賃金は、加齢とともにわずかしか上昇せず、しかも40歳台からは下降に転じている。この結果、男性正社員との賃金格差は、30歳台の前半で1.6倍、男性正社員の賃金がピークに達す

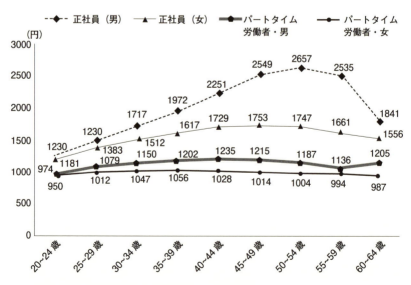

図 2-1　雇用形態別1時間当たり所定内給与額（年齢階級別）

資料：厚生労働省「平成24年賃金構造基本統計調査」。
出所：鳫（2013）p.142.

る50歳台の前半では2.6倍にまで拡大している。

赤石千衣子氏は、男性稼ぎ主型に従属する配偶者の低賃金（年収103万円以下で働く配偶者をもつ稼ぎ手には配偶者控除が適用される）とワーキングプアに陥りやすいシングルマザーの関係について「こうした制度もあって、パートで働く女性の賃金は年収103万円以下に低く抑えられ、家計補助的な賃金しか得られなくなっている。その労働市場に夫と別れて暮らすようになったシングルマザーも叩きこまれることになる」と述べているが（赤石, 2014, p.125）、シングルマザーの多くは、独身時代の正社員待遇、男性稼ぎ主に従属する家計補助的な賃金、そして長時間の低賃金就労というプロセスを直接に体験することになる。

「大阪市ひとり親家庭等実態調査」（2009年、大阪市調査と略記）によれば、**表2-1**にあるように「結婚前または出産前」では、正社員・正規職員60.2％、パート・アルバイト・臨時職員19.2％、無職（専業主婦をふくむ）5.6％であったのが、「母子家庭になる前」にそれぞれ14.9％、33.5％、35.5％と、正社員・正規職員は大幅に減少、代わってパート・アルバイト・臨時職員と無職（専業主婦をふくむ）が増大している。これが母子家庭になった「現在」では、何らかの就業形態で働いている者は80.6％にのぼっており、その内訳は、パート・アルバイト・臨時職員が35.6％と第1位をしめ、正社員・正規職員の30.2％を凌駕している。

その労働時間は、2時間未満0.3％、2～4時間1.7％、4～6時間17.4％、6～8時間17.4％、8～10時間56.7％、10～12時間11.0％、12時間以上4.6％、無回答0.2％と、8時間以上が72.3％をしめている（大阪市, 2009, p.56）。

母子家庭の年間就労収入をみると、200万円未満で55.3％、300万円未満で70.6％と大半をしめ（父子家庭は200万円未満15.6％）、総収入では200万円未満で43.9％、300万円未満で64.7％と（父子家庭は200万円未満12.5％）、就労収入に比べて総収入の方が200万円未満の世帯で11.4％、300万円未満の世帯で5.9％のマイナスとなっている（同上, pp.76-77）。

総収入レベルで低所得世帯を減少させている要因を「就労収入以外の収入」

表 2-1 母子家庭における母の就業形態の変化

		結婚前または出産前		母子家庭になる前		母子家庭になった後		現在	
		実数	%	実数	%	実数	%	実数	%
1	正社員・正規職員	556	60.2	138	14.9	174	18.8	279	30.2
2	パート・アルバイト・臨時職員	177	19.2	310	33.5	425	46.0	329	35.6
3	派遣社員	28	3.0	22	2.4	44	4.8	58	6.3
4	自営業主（商店主・農業など）	23	2.5	28	3.0	25	2.7	38	4.1
5	自営業の手伝い（家族従業者）	36	3.9	46	5.0	21	2.3	23	2.5
6	家庭での内職・在宅ワーク	2	0.2	20	2.2	13	1.4	5	0.5
7	無職（専業主婦をふくむ）	52	5.6	328	35.5	173	18.7	139	15.0
8	その他	21	2.3	5	0.5	16	1.7	13	1.4
-	無回答	29	3.1	27	2.9	33	3.6	40	4.3
	n（回答者数）	924	100.0	924	100.0	924	100.0	924	100.0

出所：大阪市（2009）p.45.

（図2-2）で検討すると、74.2％は児童扶養手当を、48.7％は児童手当を受給し、ついで「預貯金の取り崩し」22.0％、生活保護費15.3％が主要な費目となっている。ちなみに『国民生活調査』（2013年）によると母子家庭の貯蓄実態は、「貯蓄がない」35.6％、100万円未満20.4％、100～300万円未満15.0％で、全世帯の「貯蓄がない」16.0％、100万円未満8.8％、100～300万円未満13.8％と比較すると非常にタイトな状況にあることが判明する（厚生労働省, 2014, p.23）。

ところで大阪市調査によると、母子家庭の年間就労収入は最終学歴別に大きな格差があり、中学校91万4000円、高等学校116万2000円、短大・専修学校221万6000円、大学279万9000円という実状にある。ちなみに母親の最終学歴は、中学校卒業10.5％、高等学校中退7.9％、高等学校卒業43.6％、短大・専修学校（専門課程）卒業26.3％、大学卒業8.2％という構成である（大阪市,

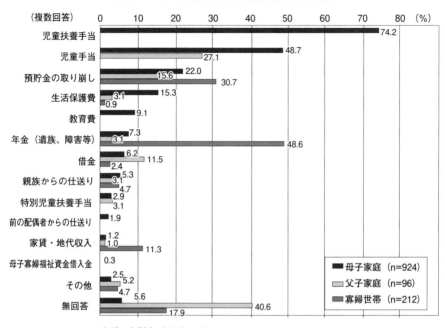

図 2-2 ひとり親家庭における就労収入以外の収入

出所：大阪市（2009）p.79.

2009, pp.11, 78）。

こうした状況を反映してか、「現在、こどもにさせている活動」（母子家庭）では、「その他スポーツ・武道」21.2％を除外すると、学習塾が 20.2％とトップであり、「今後、させてあげたい活動」（第1位から第3位まで設問）では、第1位のトップに学習塾 15.8％がきている。「希望するこどもの最終進学先」（母子家庭）は、大学 41.6％がもっとも多く、「こどもに任せる」28.5％、高等学校 20.7％がこれに続いている。ただし年間総収入額別では、300万円以上の世帯で半数以上が「大学」と回答し、収入額が増えるほどその割合が高くなるのに対し、母子家庭の過半をしめる 200 万円未満の世帯では、「大学」は 30％台にとどまり、「高等学校」の割合が相対的に高くなっている（同上, pp.21, 29）。

欧州では大学の授業料は低廉で、返済不用の給付型の奨学金などの制度も充

実しているのに対し、日本では授業料も高く、奨学金制度も利子付の貸与型のものがほとんどで、奨学金をうけている割合も少ない（この点、OECD, 2008a, 邦訳, pp.273-276 を参照）。「希望する子どもの最終進学先」について「大学」が30％台（200万円未満の世帯）にとどまるという状況は、そうした日本の現状を反映していると考えられるが、そのことは、「貧困の再生産」を促す構造的な要因となっている。この点、『子どもに貧困を押しつける国・日本』の著者である山野良一氏は、「大学への進学が、貧困の世代間連鎖から抜け出すための最も適切な手段でもあるのです。親の学歴別の子どもの貧困率を見ても、高卒の親を持つ子どもの場合、貧困率が22％にもなりますが、大卒の場合、8％とかなりリスクが下がります」と述べている（山野, 2014, p.115）。

2　母子家庭の家賃問題、居住水準

住宅の状況をみると、「母子家庭になる前」で33.1％は持家に居住していたが、「母子家庭になった直後」では12.7％に減少、「親・親族宅に同居」22.3％と民間賃貸46.5％が上昇し、「現在」では、民間賃貸45.0％、持家18.0％、「親・親族宅に同居」13.1％、市・府営住宅12.1％、UR・公社4.2％という構成である。住居費（平均値）は、UR・公社7万9000円、持家6万9000円、民間賃貸6万7000円、親・親族宅に同居3万2000円、市・府営住宅2万6000円となっている（大阪市, 2009, pp.89, 93）。

図2-3は「ひとり親になってから住居に関して困ったこと」を集計したものである。とくに母子家庭で家賃（48.2％）、公営住宅への入居（33.2％）、敷金（19.4％）などについてポイントが高く、具体的には「家賃が高く家計を圧迫する」は、民間賃貸の居住者で72.1％、UR・公社の居住者で69.6％と7割前後に達し、「なかなか公営住宅に入居できない」についても民間賃貸の居住者で49.1％、UR・公社の居住者で43.5％にのぼっている。また「敷金等の一時金が確保できない」は、母子生活支援施設の入居者で30.8％、民間賃貸の居住者で26.5％という状況にある。

「大阪市調査」には、居住水準に関するデータはない。調査の対象となっ

第2章　無視されている子どものアフォーダビリティ　　81

図2-3　「ひとり親になってから住居に関して困ったこと」への回答（2009年）

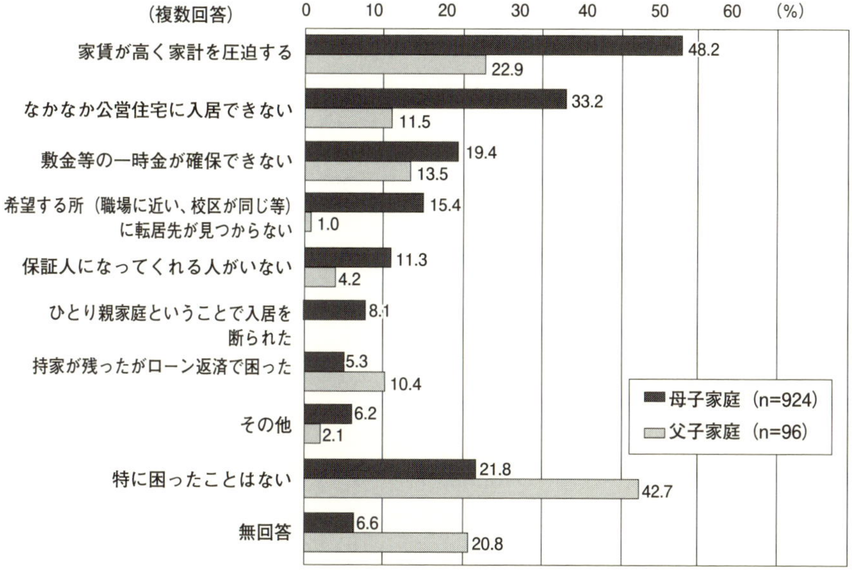

（複数回答）

項目	母子家庭 (n=924)	父子家庭 (n=96)
家賃が高く家計を圧迫する	48.2	22.9
なかなか公営住宅に入居できない	33.2	11.5
敷金等の一時金が確保できない	19.4	13.5
希望する所（職場に近い、校区が同じ等）に転居先が見つからない	15.4	1.0
保証人になってくれる人がいない	11.3	4.2
ひとり親家庭ということで入居を断られた	8.1	―
持家が残ったがローン返済で困った	5.3	10.4
その他	6.2	2.1
特に困ったことはない	21.8	42.7
無回答	6.6	20.8

出所：大阪市（2009）p.96.

ている母子家庭は、子ども1人47.1％、2人39.7％、3人10.0％という構成で、子どもの就学状況は、就学前（保育所、幼稚園）17.1％、在学中（小学校）32.3％、在学中（中学）17.3％、在学中（高校）17.2％、在学中（大学）3.4％、「学校に通っていない」5.9％、無回答10.3％である（同上, pp.14, 16）。

すでに言及したように、日本では社会手当としての住宅手当が不在であり、生活保護の一部としてのみ住宅扶助が機能している。「大阪市調査」の「就労収入以外の収入」で生活保護を受給している者は15.3％であり、「家賃が高く家計を圧迫する」と訴えている母子家庭の大部分は住宅扶助を受給できていない。留意すべきは、住宅扶助では、所得レベルに応じて家賃負担を軽減できても、家族数に応じた居住水準の確保という機能を果たせない、という点である（この点、詳細は第3章・第2節を参照）。

たとえば東京都の単身世帯の住宅扶助基準は5万3700円（2009年時点）で

あり、2〜6人の複数世帯の場合、特別基準の6万9800円が上限として設定され、7人以上の世帯は8万3700円に固定されている。こうした状況における住宅扶助の問題性について稲葉剛氏（住まいの貧困に取り組むネットワーク世話人）は、以下のように指摘している（稲葉, 2009, p.209）。

> 東京23区の住宅事情をふまえれば、6万9800円以内で2人世帯が入居できる物件を探すのも地域によっては困難である。まして3〜5人世帯となれば、非現実的と言わざるをえない。そのため、ひとり親家庭などの複数世帯の多くは、仲介業者や貸主に話をして家賃の一部を「管理費」等の名目に振り替えてもらい、生活扶助費のなかからその分を自己負担する、という方法をとらざるをえなくなっている。

以上のような事態は、単身高齢者であれ複数世帯であれ、世帯数にふさわしい居住レベルが規定されないまま、扶助レベルの上限が設定されている日本の住宅扶助に、通常、欧州における社会手当としての住宅手当がもつ「良質な住宅に居住可能」という機能が欠落していることから生じている。

この点、北欧諸国における住宅手当額は、収入が多いほど手当は減額されるものの、世帯数に応じた居住スペースを保障するように、その上限が規定されている。デンマークでは、1人世帯で65㎡が上限、世帯数で1人増加するごとに20㎡が加算される。フィンランドでは1人世帯で37㎡、2人世帯で57㎡、3人世帯で77㎡、4人世帯で90㎡、5人世帯で105㎡、さらに世帯数で1人増加するごとに10㎡が加算される。スウェーデンでは、1人世帯と子どもが1人の世帯で80㎡が上限、子どもが1人増加するごとに20㎡の加算（5人まで）がなされている（Ahren, 2004, p.192）。

第2節　子どもの貧困は、どのように論じられているか

1　「逆機能」による子どもの貧困と住宅手当

『生活保障のガバナンス』の著者である大沢真理氏は、「逆機能する生活保障システム」という項目で「逆機能」について以下のように述べている（大沢, 2013, pp.321-322）。

> ……2000年代半ばの時点でOECD諸国のなかで日本でのみ、税・社会保障による再配分が（間接税とサービス給付を除く）、人口の相当部分について貧困率をかえって高くする。「現役世代の格差是正」に「限界がある」どころではない、驚くべき逆機能である。……市場所得レベルよりも、再分配後の可処分所得レベルにおいて相対的貧困率が高くなるのは、日本の労働年齢人口のうち、成人の全員が有業である世帯（夫婦共稼ぎ世帯、有業のひとり親世帯、有業の単身世帯）である。子どもについても同様である。片稼ぎカップル、つまり「男性稼ぎ主」世帯の場合には、再分配によりわずかながら相対的貧困率がさがる。繰り返しになるが、日本の生活保障システムはOECD諸国きっての「男性稼ぎ主」型である。

共稼ぎでも貧困から脱出しにくい事情は、**図2-4**が示しているように、日本の貧困削減率はメキシコについで低く、しかも日本でのみ成人が全員で就業する世帯（共稼ぎ、ひとり親、単身）でマイナス7.9％となっていることに関係している。なおカップルの1人が就業している世帯は、「男性稼ぎ主」とみなされる。以上から大沢氏は「やや乱暴に表現すると、稼ぎが悪いためよりも、税・社会保障制度によって冷遇されているために、貧困に陥るのだ。対照的に、男性稼ぎ主世帯では貧困率が6.7％軽減されている」と結論づけている（大沢, 2013, p.379）。

以上のような展開の帰結として、日本では子どもの貧困にも「逆機能」が作用することになる。**図2-5**に明らかなように日本の市場所得レベルの貧困率

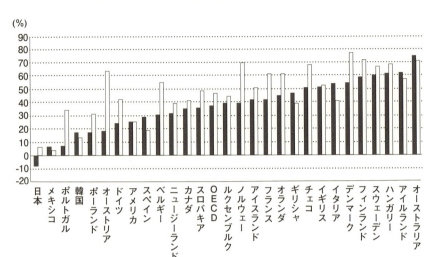

図2-4 労働年齢人口にとっての貧困削減率（世帯の就業状態による。2005年）

注：成人全員が就業する世帯にとっての貧困削減率が低い順に日本から配列。
資料：OECD（2009：Figure3-9）のデータより作成。
出所：大沢（2013）p.378.

はスイスと並んでもっとも低い。しかしながら貧困削減率はマイナス11％であることから、可処分所得の貧困率が市場所得レベルのそれを上回る事態が生じている。

では、「逆機能」の要因はなにか。この点、大沢氏は「日本の貧困の特徴」を以下の3点にまとめている（大沢, 2013, pp.395-396）。

1）女性、とくに母子世帯においてワーキングプアとなるリスクが高いこと、ワーキングプアの一定部分は、政府の所得移転、とくに社会保険料負担によってつくり出されている「官製」ワーキングプアである。
2）貧困者にしめる高齢者の割合が、人口構成の変化以上に上昇するという「貧困の高齢化」。
3）高齢者の貧困が女性に集中し、高齢単身女性の貧困率が主要国に比べ

第2章　無視されている子どものアフォーダビリティ　85

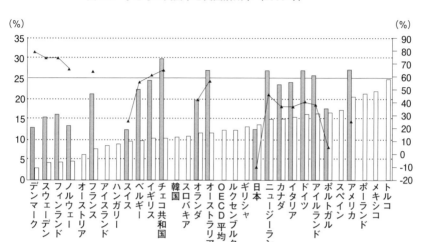

図2-5　子どもの貧困率と貧困削減率（2005年）

注：可処分所得レベルの数値が低い順に、デンマークからトルコまで配列。
資料：可処分所得レベルの数値は、OECD、StatExtracts。貧困削減率はOECD（2008：Figure 5.12）のデータにより、両数値から市場所得レベルの数値を試算。
出所：大沢（2013）p.380.

て断然高いこと。

1）については、慶應大学を中心とした「日本家計パネル調査」（2009年）をもとに、駒村康平氏らの分析に依拠して、就業者では当初所得レベルよりも可処分所得レベルにおいて相対的貧困率が高いこと、このマイナスの効果が社会保険料負担によって生じていることが指摘されている。さらに「男性稼ぎ主」、社会保険制度、女性雇用者問題の連関性については以下のように要約されている（同上, p.396）。

　「男性稼ぎ主」が相対的に温存されつつ、とくに女性と若年男性の雇用が非正規化するなかで、「段差がある縦割り」の社会保険制度では、女性雇用に対するカバリッジが低下してきた。逆進的な社会保障負担はますま

す重くなって制度からの脱落を招いている。

　大沢氏によれば、「男性稼ぎ主」を支えてきたのは、「日本型雇用慣行」であり、長期安定雇用、年齢・勤続に応じて昇給・昇進する年功制をその特徴としていた。ただし長期安定雇用や年功制を適用されたのは大企業や官公庁の男性正規雇用者であり、中小企業や非正規雇用者はべつとなっていた。しかも大企業でも女性社員は、年功賃金のもとで賃金が低い若年のうちに補助的な仕事を担当し、(結婚ないしは出産のおりに)退職するものと位置づけられてきた。労働市場はジェンダーや企業規模によって分断されてきたのであり、これに対応して社会保険制度も分立し、「段差がある縦割り」の構造をもつことになった。なお、ここでいう「段差」とは、制度によって拠出や給付の条件が異なり、大企業の正規雇用者がより軽い負担でより厚い給付を受けられるような構造を指している(同上, pp.136, 139)。

　ただし年功制をその特徴としてきた「男性稼ぎ主」型にともなう弊害は、社会保険制度の問題に集約されるわけではない。欧州との比較で、しばしば指摘されるのは社会手当の脆弱性ないしは不在であり、このことがワーキングプア問題への対応を困難にしていると考えられる。

　さきの駒村氏は、『最低所得保障』という編著において、社会手当の重要性に論及している。そこでは「最低所得保障の根幹となるべき生活保護」について、「生活保護では、保護を受けること自体が困難であって、さらに運用は法を逸脱する危険をはらんでおり、最低所得保障制度の包括性を確保するものとなっていない」、このため「働いている世帯と生活保護受給世帯との間の不公平感、現役世代と高齢世代との間の不公平感、また非正規雇用という働き方に対応していない社会保障制度や将来の年金への不信感が語られている」と問題状況を指摘している。

　そして、この問題解決には「生活保護、最低保障年金、雇用保険、失業扶助、最低賃金、社会手当により、整合性と包括性を兼ね備えた多層構造」の制度が要請され、「たとえば、低所得者向けの住宅手当や子どものための社会手当を

導入し、非正規雇用の低所得カップルでも無理なく子育てができるよう支援すべき」と主張している（駒村, 2010a, p.2；2010b, pp.225-226）。

　また福祉国家の比較研究に精通している埋橋孝文氏は、日本におけるワーキングプア問題に関連して、税で賄われるが公的扶助のような厳しい所得・資産調査を必要としない社会手当が未整備で、しかも、その給付水準が低いこと、「これはワーキングプアに対する所得の下支え機能が弱いことを意味する。具体的には、失業扶助、住宅手当、家族（児童）手当のことである」と言明している（埋橋, 2011, p.168）。

　すでに言及したように、男性稼ぎ主に従属する配偶者の低賃金と女性がワーキングプアであることによる共稼ぎ世帯の貧困、さらにはワーキングプアに陥りやすいシングルマザーの状況は、それぞれ相関している。そして日本のワーキングプア問題を直視するならば、住宅手当や家族（児童）手当などの社会手当の重要性が浮かびあがってくる。しかしながら大沢氏は、「女性、とくに母子世帯においてワーキングプアとなるリスクが高いこと」を指摘しながら、「ワーキングプアの一定部分は、政府の所得移転、とくに社会保険料負担によってつくり出されている「官製」ワーキングプアである」と主張、共稼ぎ世帯、母子世帯について「稼ぎが悪いためよりも、税・社会保障制度によって冷遇されているために、貧困に陥るのだ」と結論づける。

　こうしたことから『生活保障のガバナンス』では、社会手当についても言及されているが、その「生活保障」への積極的な意義づけは希薄となっている。

　児童手当や住宅手当をふくむ社会手当が論じられているのは、「第4章　生活保障システムの3類型と日本」である。そこでは、「男性稼ぎ主」に付随する配偶者や子どもの扶養について税制における控除は小さくないが、反面、児童手当は桁違いに小さく、共稼ぎ世帯はもちろん、子どもが3歳まで夫が片稼ぎで妻が家庭で育児する「男性稼ぎ主」世帯も、薄い支援しか受けられないことが指摘されている（大沢, 2013, p.147）。

　他方、住宅手当についてはOECDの社会支出（1985年）が提示され、日本については、「住宅支出を代表する統計数値が未整備なため不計上（住宅扶助

については、生活保護その他に計上)」との OECD の付説、他方、通常の住宅手当（Regular housing benefit）が存在しない国は、29ヵ国中、ベルギー、カナダ、日本、韓国、ルクセンブルク、スロバキア、スペイン、スイス、及びアメリカの９ヵ国（トルコについては記載なし）である、との OECD の見解が紹介されている（同上, pp.150-151）。ただし、以上についての大沢氏によるコメントはない[1]。

2 子どもの貧困への対策────給付つき税額控除か住宅手当か

『子どもの貧困』の著者である阿部彩氏も、さきの図2-5に示された再配分後の可処分所得の貧困率が再配分前の市場所得レベルのそれを上回る事態＝「逆機能」を問題にし、フランス、北欧諸国、イギリス、アメリカの状況（2000年、OECD 調査）について以下のように言及している（阿部, 2008, p.98）。

　たとえば、出生率が上昇に転じたことで有名なフランスをみてみよう。再配分前の子どもの貧困率は 25％ 近いが、再配分後は６％ となっている。デンマーク、ノルウェー、スウェーデンなどの北欧諸国は平等で子どもの教育レベルも高いと認識されているが、再配分前の子どもの貧困率は日本とさして変わらないか、多いくらいである。しかし、再配分後の貧困率では、日本を大きく下回り、先進諸国でも最低レベルの２〜４％ となっている。先にもふれたが、北欧諸国では、家族関連や教育に対する公的支出が非常に大きい。つまり、それだけのサービスを国民が享受しているはずなのであるが、それを賄うための「負担」が大きくて、貧困率が上がっているということはない。
　子どもの貧困を 2020 年までに撲滅すると公約したイギリスでは再配分前の子どもの貧困率は 25％ であるのに、再配分後は 14％ まで下げることに成功している。「貧困大国」と悪名高いアメリカでさえ、約５％ の貧困率を減少させている。

こうした「逆機能」の問題に対して、阿部氏は「貧困率の逆転現象を是正しただけでは、子どもの貧困は解決されない。……貧困率を政府の介入によって減少させるためには、子どものある貧困世帯の税や社会保険料による負担を軽減するだけでなく、負担を上回る額の給付を行わなければならない」と、大沢氏とは異なる主張をしながら、現在、子どものある世帯に給付されている児童手当、児童扶養手当、生活保護について、「これらの制度は、現在、子どもの貧困率を減少させることに充分な役割を果たしていない」と言明する（同上, p.223）。

　まず児童手当であるが、その対象年齢は、6歳未満（2000年）から12歳未満（2006年）へと徐々に引き上げられ、所得制限も引き上げられた。これにより12歳未満の児童をもつ世帯の約90％は児童手当を受けることができるようになり、その受給者数も221万人（1999年）から960万人（2006年）へと激増した。阿部氏は、この「薄く、広い」手当について、以下のようにコメントしている（同上, pp.84-85）。

> しかし、2000年以降の児童手当の拡充は、一人あたりの給付額が据え置かれたままで行われたことを忘れてはならない。一人あたり月5000円という額は、フランスの月1万8000円（第2子の場合）、イギリスの月1万7000円（第1子の場合）という国際比較からみても、見劣りするといわざるをえない額である。また、先進諸国の多くは、普遍的な児童手当の他にも、子どものある貧困世帯を対象とした税額控除制度を設けており、手当と税額控除を合わせると、相当の額の支給を行っている。日本の児童手当は、ほとんどの場合は年間でみても6万円に過ぎず、当然のことながら、児童手当や税制が子どもの貧困率に与える影響は微小である。

　すべての母子世帯を対象とする現金給付制度である児童扶養手当の給付額は、世帯の所得水準によって異なり、最高月4万1720円（2008年度、2人目はこれに5000円の加算、3人目以降は1人あたり3000円の加算）からゼロ円まで段階的

に設定されている。2007年2月現在、約99万人が児童扶養手当を受給、これは母子世帯の約7割となる。母子世帯の増加にともなって受給者数は1999年の66万人から2008年の99万9000人へと拡大している。

こうした状況のもと、2002年には児童扶養手当を満額で受け取ることができる所得基準は、年205万円から130万円まで引き下げられた（母と子1人世帯の場合）。これにより満額を支給されていた受給者の比率は85％前後から60％台まで減少した。さらに児童扶養手当の有期化も法文化された。その内容は、受給期間が5年を超えた世帯、あるいは母子世帯になって7年経過後の世帯に対して、その時点の所得が基準を超える、超えないにかかわらず、支給額を最大2分の1まで減額するというものであった（関係団体の反対運動から、とりあえず凍結）。

こうした施策は、1990年代の欧米における「福祉依存」への批判に同調したものであったが、阿部氏は、それを日本に当てはめることへ問題性を以下のように指摘している（同上, pp.86, 132-136）。

　　……欧米においては、母子世帯に対する福祉給付の額が潤沢であるため、それに「依存」して（＝就労せずに）生活することができた。しかし、日本においては、児童扶養手当は満額もらえたとしても、月4万円程度であり、それだけで生活するのは無理である。日本の母子世帯の就労率が他の先進諸国に比べて高い理由はここにある。つまり、働かなければ生きてゆけないのである。彼女らは、すでに目いっぱい働いており、その状況を無視して、欧米で行われたように福祉給付を強制的に削除することは、母子世帯に育つ子どもの健やかな成長に悪影響を与えるものである。

最後に生活保護制度は、子どもがいる世帯もその対象となっている。しかしながら生活保護の運用は非常に厳しく、貯蓄や財産はひと月の生活費の半分以下、頼れる親や親戚もいない、稼働能力もない、と判断されない限り、ほとんど保護の対象とはならない。2005年に生活保護の対象となっている母子世帯

は、約9万世帯、母子世帯の約7％にとどまり、9割以上の世帯は勤労収入や児童扶養手当のみで生計をたてている（同上, pp.90, 131）。

以上のような状況のもとで、阿部氏は、「子どもの貧困削減を目的とした所得保障の制度を考えるとき、給付つき税額控除という手法は有力な候補である」と述べている。

税額控除であれば、所得税の金額を直接減額する制度なので、所得階層にかかわらず同じ便益をえることができる。税額控除が10万円であるとすれば、100万円の所得税を納めるべき人は所得税が90万円に、10万円の所得税を納めるべき人は所得税がゼロ円となる。これに対して給付つき税額控除は、納めるべき税金の額が税控除額より少ない場合、その差額分を「給付」として受け取ることができる制度である。阿部氏は、この制度の特徴を以下のように説明している（同上, pp.90, 131）。

　制度の対象は、国によって、勤労していることが義務付けられていたり、子どもの数によって給付額が異なったりと差があるものの、共通なのは、主に、子どものある貧困世帯を対象としていることである。たとえば、一番古くからあるアメリカの勤労所得税額控除（EITC）は、17歳未満の子どものある勤労世帯を対象とし、子どもが2人の場合、最高4714ドル（55万2000円、1ドル＝117円）、1人の場合、2853ドル（33万4000円）が税額控除される。実際に、総控除額の約80％は給付されており、EITCによって、アメリカの子どもの貧困率は大幅に改善されている。アメリカには、このほかにも、所得制限がより緩やかで中所得層をも対象とする児童税額控除（CTC）や保育控除など、税制による給付の制度が整備されている。

2000年代の中頃に税・社会保障の「逆機能」を指摘したのは、OECD（2008b）のレポート『格差は拡大しているか：OECD諸国における所得分布と貧困』であり、大沢氏と阿部氏の主張も、このレポートに依拠している。

その第4章「政府はどの程度の再分配を達成するのか？：世帯に対する現金給付と税制の役割」では、世帯の税負担（所得税と社会保険の従業者負担）の集中度係数に言及している。ここでいう集中度係数とは、世帯所得のジニ係数と同様に計算され、その係数がゼロであることは、すべての所得階層が世帯の稼得所得を等しい割合で受け取っていることを、逆に集中度係数が高いほど世帯の税負担がより累進的になっていることを意味している。レポートは、世帯の税負担の集中度係数が高いアメリカについて以下のように述べている（OECD, 2008b, 邦訳, p.115)。

　　税負担だけをみれば、それが最も累進的となっているのはアメリカであり、おそらく勤労所得税額控除（Earned Income Tax Credit）や児童税額控除（Child Tax Credit）のように給付つきの税額控除が大きな役割を果たしていると考えられる。全体的にみてOECD加盟国の間での税負担の累進性の相違は、所得移転の累進性の相違よりも小さい。アメリカの他に、税負担の累進性は、アイルランド、オーストラリア、イギリス、ニュージーランドとカナダのような英語圏で大きな傾向があり、それについでオランダ、イタリア、チェコ、ドイツで累進的である。

　図2-6は公的な現金給付と世帯の税負担について集中度係数の変化に着目することで、各国の格差の縮小度を示している。公的な現金給付の効果は、市場所得の集中度係数と所得移転後の総所得の集中度係数との差として、世帯の税負担の効果は、所得移転後の集中度係数と可処分所得の集中度係数との差として測定されている。
　明らかなように韓国と日本では、税制を通じて達成される格差の是正割合は非常に低い。これに対してアングロサクソン諸国では税額控除が大きな役割を果たしていることから、阿部氏による「子どもの貧困削減」を目的とした「有力な候補」としての給付つき税控除の提案は、それなりの説得性をもっている。
　しかしながらレポートは、図2-6から「アメリカでは税制を通じた再配分

の方が所得移転の再配分よりも大きいが、OECD加盟国の平均でみると、公的な所得移転で達成された再配分は、世帯に対する税負担で達成された再配分の2倍である」と指摘している。さきに阿部氏は、再配分後の貧困率が北欧とフランスで大きく下降していることに言及している。それは公的な現金給付による格差の縮小によるところが大きい。

では、公的な現金給付は、従ってまたOECDの社会支出の各メニューは、再配分にむけて、どのような作用をしているのか。OECDのレポートでは、

図2-6 公的な現金給付と世帯の税負担による格差の縮小
集中度係数の変化

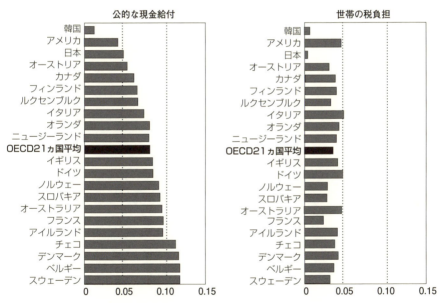

注：所得格差を縮小させることにおける公的な現金給付の効果は、市場所得の集中度係数と所得移転後の総所得の集中度係数との差として測定され、世帯の税負担の効果は、所得移転後の集中度係数と可処分所得の集中度係数との差として測定される。集中度係数は、世帯の等価可処分所得の水準によって順位づけられている個人を、順序づけて並べることによって求められる所得割合の情報に基づいて計算される。
資料：OECD所得分布調査に基づく試算。
出所：OECD（2008，邦訳）p.123．

「社会保障のプログラム別にみた現金給付の累進性」(現金給付に対する税の集中度係数)を推計している。ここでの社会保障のプログラムとは、高齢、障害、遺族、家族手当、失業、住居、その他である。これによると「住居」(住宅手当)は、社会扶助をふくむ「その他」、「家族手当」より累進的であり、欧州(東欧をのぞく)では、デンマーク(-0.58)、フィンランド(-0.61)、フランス(-0.55)、オランダ(-0.65)、ノルウェー(-0.65)、スウェーデン(-0.66)が高い値を示している。これに対して「家族手当」は、カナダ(-0.46)、イタリア(-0.52)、ニュージーランド(-0.43)、アメリカ(-0.56)の累進性が大きい。OECDのレポートは、以上の推計から現金給付の再配分効果について、以下のように要約している(同上, p.116)。

「住居」(所得に連動する傾向があるので)が最も累進的であり、ついで「その他」(社会扶助をふくんでいる)、「家族手当」、「失業手当」の順に累進性が大きくなっている。「住居」は北欧諸国で最も累進的に分配されており、「家族手当」は、(所得・資産調査がより一般的である)英語圏で累進的な分布となっている。

さきの図2-5において北欧諸国は、再配分後の子どもの貧困率がもっとも低位となっている。そこには、家族手当のみならず住宅手当が大きく作用して

表2-2 北欧3ヵ国における世帯類型別の住宅手当受給率と家賃負担の変化(%)

	デンマーク		フィンランド		スウェーデン	
ひとり親	63		45		82	
単身	9		39		4	
子どものいる家族	4		4		9	
年金生活者	39		14		23	
	Before	After	Before	After	Before	After
ひとり親	31	16	54	28	35	26
子どものいる家族	23	15	41	22	37	30
年金生活者	33	14	36	20	54	41

出所:Ahren (2004) pp. 184, 193.

いる。とくに所得の低いひとり親世帯がその恩恵を受けており、**表2-2**に示されるように、住宅手当（2002年）の受給者全体におけるひとり親世帯は、デンマーク63％、フィンランド45％、スウェーデン82％と、いずれの国においても高い比率をしめている。住宅手当により、ひとり親世帯の所得にしめる家賃の割合は、デンマークで31％から16％に、フィンランドで54％から28％に、スウェーデンで35％から26％へと低下している。

また**図2-5**では、フランスも再配分前の貧困率が高いにもかかわらず、再配分後にはその比率を大きく下降させている。ここにも住宅手当が大きく作用している。**表2-3**は、公的な現金給付と世帯の税負担による再配分が、子ども（18歳未満）の貧困率にもたらしているインパクトを調査したものである。子どもをもつカップル世帯と比べてひとり親世帯への住宅手当のインパクトは

表2-3 所得の再配分が子ども（18歳未満）の貧困率に与える効果（2010年度）

	当初所得の中央値（ユーロ）	当初所得における貧困率（％）	直接税支払後の貧困率（％）	家族手当受給後の貧困率（％）	公的扶助受給後の貧困率（％）	住宅手当受給後の貧困率（％）	再配分後の所得の中央値（ユーロ）
子どものいる世帯全員		32	32	24	23	20	
子どものいないカップル世帯	25,190						24,160
子ども1人のカップル世帯	21,390	11	11	10	9	8	22,200
子ども2人のカップル世帯	19,450	16	16	11	11	9	20,810
子ども3人以上のカップル世帯	13,460	44	43	27	27	24	16,810
子どものいない単身世帯	18,600						18,100
子ども1人のひとり親世帯	12,200	50	50	46	42	32	14,000
子ども2人以上のひとり親世帯	8,150	71	71	59	56	46	12,560

資料：Etudes et Résultats, n° 788, janvier 2012, DREES.
出所：井上（2012）p.166.

大きい。子ども1人のひとり親世帯の場合、家族手当により50％から46％へと4ポイント、公的扶助により46％から42％へと4ポイント、住宅手当により42％から32％へと10ポイント、貧困率は下降している。さらに子ども2人以上では、家族手当により71％から59％へと12ポイント、公的扶助により59％から56％へと3ポイント、住宅手当により56％から46％へと10ポイント、貧困率は下降しているのである。

第3節　子どもの居住水準向上と住宅手当（その1）
　　　　──スウェーデン

　さきに言及したように日本における男性稼ぎ主型の生活保障システムに付随する家族賃金と、子育てと住宅にかかわる社会手当の脆弱性は相関しており、このことがシングルマザーの貧困と子どもの居住水準の低下をもたらしている。欧州では、家族への「生活保障」にかかわる「賃金依存主義」をどのように相対化し、国家による住宅手当を制度化したのか、そしてそのことは、なぜ、子どもの居住水準向上に繋がっているのか。
　本節ではスウェーデンをとりあげたい。同国では家族手当が手厚いばかりでなく、住宅手当の対GDP比が高く（0.57％、2006年）、5世帯に1世帯（20％）が住宅手当を利用、家族数に応じた居住スペースが保障されている。そもそも、この国の住宅手当は、家族成員への所得保障（1936年の家族補助）としてスタートしている。

1　ミュルダールによる住宅手当の実験

　1936年、スウェーデンでは3人以上の家族に対して所得審査つきの住宅手当（家族補助、family grants）が導入された。1946年には、国民老齢年金の受給者に付加される一般住宅手当が制度化された。現在、スウェーデンでは子どものいる世帯、年金生活者、若者を対象に、3つの住宅手当が並存している。いまスウェーデンの住宅手当・受給者を世帯分類別にみると（データ

は2002年)、ひとり親世帯22％、年金世帯61％、子どものいる家族世帯10％、単身世帯（年金世帯以外）7％（Ahren, 2007, p.216）となっている。全世帯にしめる住宅手当の受給率（2006年）は20％で、受給額はGDPの0.57％である（Kemp, 2007b, p.272）。

19世紀の終わりから20世紀の初頭にかけて、スウェーデンでは急激な都市化と人口増が生じた。1870年代の同国は、農業人口が70％を超えていたが、1910年には50％を切った。都市の貧困と劣悪な環境のなかで、1870年から1930年までの間に約110万人がアメリカに移住するという事態も生じた。同時に同国を襲ったのは出生率が急速に低下するという現象であった（宮本, 1999, pp.70-71）。

いま1933年時点での居住状況を確認すると、台所のない1室住居が53.2％、台所付きの2室住居25.9％、台所付きの3室住居10.3％、台所付きの4室以上の住居10.6％という過密居住となっており、1945年時点でセントラルヒーティングは45.5％、風呂ないしシャワー付きは21.3％、住戸内のトイレは35.6％しか普及していなかった（Headey, 1978, p.51）。

19世紀から家族と子どもの幸福と健康が住宅状況と関係していることは、認識されていた。しかし1930年代にミュルダールの著作と思案が出現するまで、この2つの問題群は、理論的にも政治的にも接合されてこなかった。グンナー・ミュルダールは政治経済学者であり、アルヴァ・ミュルダールは、社会政策と家族問題に興味をもっていた。共著『人口問題の危機』において、彼らは、当時の出生率の低下が狭小、不良、過密という住宅の欠陥にあると主張した。さらに女性は出産後、乳母と女中を雇うことができない限り、労働市場を離れて家庭に拘束されるという実態を問題にした（Sahlin, 2011, p.99）。アルヴァが事務局長を担当した「女性の就労委員会」の報告書（1938年）では、女性が結婚し母親となることと就労への渇望を接合させるべく、社会と雇用の仕組みを変革することの重要性が確認された（Carlson, 1990, p.150）。

共著での多くの示唆と勧告は、その後の法改正により実現した。普遍的な児童手当、無料の学校給食、無料の医療、無料の公的な保育所などがそれであり、

さらにその影響は、住宅手当の導入と住宅水準の向上にまで及ぶことになった。

1935年、政府は都市自治体が公的住宅を建設するための融資プログラムを認可した。同時に3人の子どもをもつ家族は家賃からその30％相当額を、4人については40％を、5人については50％を割り引くよう国からの補助が決定された。政府は、こうした家族補助により、部屋のサイズ、設備、そしてコーポラティブ住宅組織のテキストを手本とした遊戯場や保育施設など高いレベルの建築水準を要請した。このプログラムは、1935年度から39年度にかけて4085万クローナの資金助成を受け、2万の有資格世帯のうち6000～7000家族が補助された。

スウェーデンにおける住宅政策の形成過程をイギリス、アメリカと比較検討したブルース・ヘディは、「したがって、そのインパクトは控えめなものであった。しかしながら、その意義は所得と家族規模に対応した、より精巧な戦後の住宅手当の先駆けとなったことである」と評価している（Headey, op. cit., pp.68-69）。他方、大家族向け住宅（ミュルダール住宅とも呼称）は、新たに設立された公的な住宅会社によって建設、管理された。これはのちにスウェーデンのすべての都市に普及した、市の住宅公社（MHCs, Municipal Housing Companies）の先駆けとなるものであった（Sahlin, op. cit., p.99）。

2　家族向け共同住宅によるソーシャル・マーケット

第2次大戦後のスウェーデンの住宅テニュアは、1945年の持家38％、借家人組合4％、市の住宅公社（MHCs）6％、民間賃貸52％から、1990年の持家40％、借家人組合15％、MHCs 25％、民間賃貸20％へと大きく変化し、とくに民間賃貸の減少とMHCsの伸長が際立っていた（Turner, 2007, p.148）。

すでに1942年に家賃統制が敷かれ、住宅への建設補助（Bricks-and-mortar subsidies）が開始されていたが、**図2-7**に明らかなように、家族向け共同住宅の建設は1950年度の3万戸台から1970年度の8万戸まで増大し、その後、急速に低下している。これに代わって1970年代に入ると、戸建て持家の建設が高い伸びを示すようになる。1950年代以降の新築の動向をみると、1975年か

ら借家人組合が増加へと転じ、1980年代に入ると民間賃貸も漸増しているが、それまではMHCsが家族向け共同住宅の建設をリードしていたことが判明する（この点、第4章の**図4-1**を参照）。

ここで留意すべきは、1942年以降、原価賃貸（後述）のMHCsと同様の家賃規制、住宅基準、借家人の保護を受け入れる見返りに、民間家主も補助された国の住宅ローンを利用できるようになったことである。その後、1967年に家賃統制は廃止され、1968年から原価賃貸の家賃は需要レベルに対応し、団地の利用価値を反映するようになり、民間賃貸もこれに倣った（Kemeny, 1995, pp.115-116）。このような原価賃貸と民間賃貸を包摂する住宅市場は、ソーシャル・マーケットとしての性格を有している（この点、詳細は第3章・第1節を参照）。

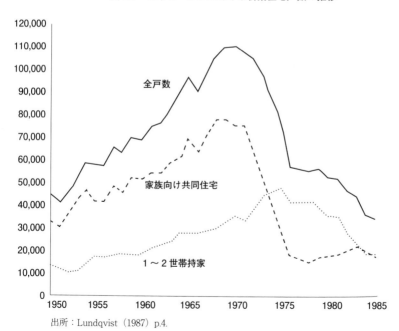

図2-7　スウェーデンにおける新築住宅戸数の推移

出所：Lundqvist (1987) p.4.

3 ひとり親世帯の居住状況と住宅手当

　MHCsには、すべての世帯が申請でき所得制限はない。MHCsは、広範な階層へのアフォーダブルな社会住宅として原価家賃を適用し、全体の家賃市場をリードしている。従って低所得の子どもをもつ世帯や高齢世帯は、住宅手当により家賃負担を軽減させる必要がある。ここでは住宅手当の利用世帯の22％をしめるひとり親世帯について、その状況を把握してみたい。

　2004年時点での住民テニュア構成は、持家40％、借家人組合19％、MHCs 20％、民間賃貸21％である。それぞれのテニュアについて、その世帯構成比を示したのが**表2-4**である。借家と持家では世帯特性に大きな違いがみられ、借家人組合、MHCs、民間賃貸では単身世帯（64歳以下、65歳以上）が高い比率を示し、ひとり親世帯は民間賃貸7.8％、MHCs 9.4％に特化している。これに対して持家では、子どものいないカップル世帯（夫婦・同棲64歳以下、65歳以上）、子どものいるカップル世帯が主流となっている。

　当初、MHCsを中心として大量供給された家族向け共同住宅は、子どものいるカップルをふくむすべての世帯に開かれていた。これが1980年代以降の持家の普及とともに共同住宅における子どものいる夫婦世帯は減少し、単身世帯とひとり親世帯などに特化していく傾向がみられる。

　いま子どものいるカップル世帯とひとり親世帯のうち、持家と3階以上の共同住宅に居住する割合（2009年）を検討すると、夫婦世帯の場合、子ども1人（持家56％、共同住宅27％）、子ども2人（持家68％、共同住宅13％）、子ども3人（持家74％、共同住宅16％）に対し、ひとり親世帯では、子ども1人（持家26％、共同住宅53％）、子ども2人（持家29％、共同住宅41％）、子ども3人（持家32％、共同住宅50％）という状況にある（Sahlin, 2011, p.103）。

　ただし、ひとり親世帯の大多数は住宅手当を利用することで、子ども数に見合った居住水準を確保している。子どものいる夫婦世帯に比べてひとり親世帯の所得が低いことから、ひとり親世帯の82％（子どものいる夫婦世帯の9％、年金利用者でない単身の4％、年金生活者の23％）は住宅手当を利用している。

　子どものいる世帯への住宅手当は、1948年に2人以上の子どもへ、1969年

表2-4 スウェーデンにおける住宅テニュア別の世帯特性（2004年）

世帯のタイプ	住宅テニュアの形態（%）				平均
	持家	借家人組合	民間賃貸	MHCs	
子どものいない単身（64歳以下）	9.1	35.3	46.7	40.0	29.3
子どものいない単身（65歳以上）	8.4	19.9	14.9	18.5	14.5
子どものいない夫婦（64歳以下）	23.8	15.8	12.7	10.1	16.6
子どものいない夫婦（65歳以上）	13.8	8.8	4.8	5.4	9.2
子どものいるひとり親	2.5	5.4	7.8	9.4	5.5
夫婦（子ども1人）	9.7	5.6	4.6	5.5	6.7
夫婦（子ども2人）	17.2	4.7	4.2	3.7	9.0
夫婦（子ども3人以上）	7.4	1.6	1.7	2.8	4.0
その他	8.0	2.9	2.6	4.6	5.1
合計	100.0	100.0	100.0	100.0	100.0

出所：Turner（2007）p.154.

に子どものいるすべての世帯にまで拡大され、現在に至っている。その目的は、居住水準の向上、過密居住の解消、地域や同じ広さの住宅の新旧による支出格差の是正、家計が逼迫している世帯の居住支援にあり、つまりは「低所得世帯に充分なスペースのある良好な居室を与える」ことにある。子どものいる世帯への住宅手当が適用にあたって勘案される項目は以下の通りであり、ひとり親世帯にも同様の規定が適用されている（Ahren, 2007, pp.216-224）。

・世帯の人数：結婚もしくは同棲しているカップルと18歳以下の子ども
・世帯の所得：雇用と自営業からの世帯所得、資産などからの所得
・住宅への支出：賃貸アパート（暖房費をふくむ家賃）、コーポラティブ住

宅（暖房費をふくむコーポラティブへの年間料金とアパートが担保となっている場合のローン利子の一部）、持家（固定資産税、借地料の70％、暖房費、住宅ローン利子の70％）
・床面積：子ども数による床面積（子どもが1人の場合の1家族の最大床面積は80㎡で、5人目の子どもまで1人当たり20㎡が加算）

　住宅手当を利用しているひとり親世帯（12万1251）と子どものいる夫婦世帯（3万3991）について利用状況（2004年、月額、平均値）を検討すると、総所得は前者が14万1057クローナ、後者が118万8810クローナである。ひとり親世帯は、住宅手当2万664クローナによって家賃支出を5万9844クローナから3万9180クローナへ、子どものいる夫婦世帯は、住宅手当2万2200クローナによって家賃支出を6万3108クローナから2万2200クローナへ、従って所得比では前者は42％から28％へ、後者は53％から34％へと大幅に減額させている（ibid., 225）。

第4節　子どもの居住水準向上と住宅手当（その2）
　　　──フランス

　主要先進国について、GDPにしめる住宅手当への支出（2006年）を検討すると、フランスは0.92とイギリス1.10についで高く、全世帯におけるその利用者は23％と第2位のスウェーデン（20％）を凌駕し（Kemp, 2007c, p.272）、住宅手当が家族手当とともに社会手当として重要な機能を果たしていることが判明する。
　フランスにおける子育て支援のための家族手当は、19世紀末から20世紀初頭にかけて、一部の企業で子どもを養育する労働者に賃金への上乗せの手当として給付されたことに始まる。これが個別企業を超えて、業種ごと、地域ごとの企業間協定で「金庫 Caisse」による給付へと発展、さらには1939年の家族法典では国家の制度としての家族給付が確立した。

以下で述べるようにフランスの住宅手当も、ほぼ同様の経路、すなわち賃金への上乗せの手当から「金庫Caisse」による給付を経て、全国的に適用される家族住宅手当（1948年）として制度化された。その目的は、子どもをふくめた家族の居住水準の向上にあり、その恩恵は専業主婦のいる世帯のみならず母子世帯にも及ぶことになった。

1　家族住宅手当の導入から社会住宅の大量建設へ

　現在、フランスでは3つの住宅手当が作動している。まず1948年に制度化された家族住宅手当（ALF）であり、その後、子どもをもつ家族から老齢の扶養家族、子どものない夫婦もふくむことになった。さらに1971年の社会住宅手当（ALS）は年金生活者、25歳以下の雇用者、成人の障害者にまでその対象を拡大した。これに対して1977年の対人住宅補助（APL）は、ALFとALSに付随していた属人的な制約をはずし、すべての国民を対象とする一方、住宅の質を向上させるため、受給対象となる住宅には一定の要件を設定している。2001年には3つの住宅手当の算定方式は統合された。そこには「低所得であっても良質な住宅を適正な負担で確保する」という原則が貫かれている。

　家族住宅手当の導入背景には、スウェーデンと同様、少子化による人口減少という事態があった。第1次大戦中に出生率は急激に低下、大戦後も若者の結婚と出産が減少したことから、出生数は1930年に75万人、1935年に64万人、1940年には56万人へと減少した。

　こうした問題への対応として最初に実施されたのは、家族への給付であり、まず1918年にグルノーブルで企業間協定による家族手当保償金庫が設立された。民間のこの動きは、第1次大戦後に急速に広がり、個別企業を超えて業種ごと、あるいは地域ごとの企業間協定で「金庫Caisse」が設置され、同種・同地域の企業間で公平な手当給付が行われるようになった。1932年に家族手当法が制定され、給付は県ごとの額に統一され、1938年時点で加入企業数45万、適用労働者数540万人、受給家族数165万世帯という状況であった。手当額は県内の平均賃金をもとに定められ、第1子は基準額の5％、第2子は10％、

第3子以降は15％と、子どもの数が増えるに従って給付も増加した。

1939年には、上院に人口問題高等委員会が設置され、同年7月、家族法典を制定、それまで付加賃金という形で支給されていた家族手当は、被用者のみならず、使用者や自由業・自営業者へもその適用が拡大された。ただし、その内容は、産前手当ての新設、結婚後早期の第1子出産に出産奨励金を創設するが第1子への手当ては削除、出産によって所得を失う主婦への専業主婦母親手当の創設など、とくに専業主婦のいる多子家庭（3人以上の子どものいる家庭）を支援することで出生率の回復を図ろうとするものであった（柳沢, 2007, pp.86-87）。

出生率の回復にとって、いま1つ重要な課題となったのは、居住状況の改善である。1914年以降の家賃統制（rent controls）は、経済の停滞と相俟って建設活動の低迷と既存の構築物の荒廃をもたらした。家賃統制とインフレーションのもとで家主は住宅の改修費を償還できない状況になっていた。家賃統制のもとで、多くのフランスの世帯は、他のヨーロッパ諸国に比較して住宅への支出を抑制でき、可処分所得にしめる家賃への支払いは、1914年の16％から1938年の7％へ、1940年代末には2％以下というレベルまで下降した。しかしながら同時に、多くの子どもをもつ世帯は、極端な過密居住を余儀なくされていた。

フランスの場合、戦後の復興において優先されたのは、石炭、電気、鉄鋼、セメント、農業機器、輸送という6分野への投資であった。このため家賃統制による民間賃貸の荒廃という状況に対して、社会住宅の大量建設による住宅市場への介入は遅延した。むしろ新築の民間賃貸について家賃統制を解除することで、住宅建設の促進と居住レベルの向上が意図され、これにより上昇する家賃を補填すべく住宅手当が導入されたのである。

1948年の借家法改正により、既存の借家については、賃金水準の動向をみながら「経済家賃」（economic rent）へと徐々に上昇させること、1948年以降に政府の助成なしで建設された新築賃貸住宅については、家賃を自由化させることが認可された。同時に議論されたのは、家族への特別な住宅手当の給付で

あり、そこには家賃を上昇させるとともに住宅手当を充当することが、居住水準の向上を促す、という認識があった。こうしたキャンペーンは、雇用主団体と労働組合との労働協約に基づく地域レベルでの家族手当保償金庫の設立に触発された、1930年代末の自発的な住宅手当への運動の影響をうけていた。

そのうち全国から着目され、国レベルの住宅手当の原型となったのは、ルベ＝トゥールコワンにおける繊維産業の労働者のため、企業間住宅委員会（経営陣と労働組合の代表がそれぞれ同数で委員として選出）の主導で1944年に創設された住宅資金拠出制度であった。その趣旨は、雇用主が借家人と持家所有者のため特別な住宅手当を工面すべく、家族手当保償金庫に付加的な支払い（従業員給与の2％相当額を限度に集められた雇用主による自発的な拠出）をするというもので、これにより雇用者は、子どもをふくめた家族の居住レベルの向上のために、必要な付加的な住宅コストを償還できるようになった。その給付は、雇用者の住宅が一定の衛生基準を満たし、かつ過密にならない場合にのみ支払われた。

以上の方式は、1948年の家族住宅手当で全国的に採用されることになった。拠出制度に基づく世帯負担金は、所得レベルに関係なく、家族の大きさで決定され、実際のコスト（上限あり）とその負担金の差が住宅手当として支出された。手当を利用する世帯は、充分な暖房と換気、飲料水の供給、良好な排水とトイレが完備された住宅への居住が義務づけられた。さらに居住者数に応じた最低限の部屋数も要請された。引っ越しへの助成金も支出され、住宅改良（持家と借家）へのローンも供給された。

では、家族住宅手当はどの程度、効果があったのか。1950年に実施された手当への申し込み調査では、60％以上が受諾されておらず、うち48％は住宅の規模と標準設備の不適合、42％は要請された最低家賃を下回る支払い、という理由からであった。他方、1948年から予定されていた家賃の値上げは、借家人組織の圧力によって遅延される場合があった。さらに1958年までのインフレーションにより認可された値上げは、その効力を削がれることになった。さらに効果的な住宅建設プログラムの遅延が、住宅手当の役割を制約していた。

表 2-5　社会住宅建設戸数の推移

	建設戸数	累積戸数
Pre-1945	148,000	148,000
1945-1950	12,000	160,000
1951-1955	97,000	257,000
1956-1960	324,000	581,000
1961-1965	410,000	991,000
1966-1970	625,000	1,616,000
1971-1975	682,000	2,298,000
1976-1980	394,000	2,692,000
1981-1985	272,000	2,964,000
1986	66,000	3,030,000

資料：UNFOHLM, 'Aide-Mémoire Statistique' for 48th National Congress. Table 3.2.
出所：Emms（1990）p.67.

　1950年代、フランスは、ヨーロッパにおいて最低レベルの住宅建設を記録していた。たとえば1955年度の住民1000人当たりの建設戸数は、イギリス6.4、ドイツ10.7に対し、フランスは3.8にすぎなかった（Lowson and Stevens, 1974, pp.224-229）。

　こうした状況のもとで政府は、1950年代後半から、適正家賃住宅組織（HLM、地方自治体の設置した公社、株式会社、協同組合を供給主体とする）による住宅市場への公的な介入を開始する。このHLM組織の資金的バックボーンとなったのが、ルベ＝トゥールコワンから出来した企業間住宅委員会制度であった。委員会の数は1952年に130に達し、政府はこれをベースに翌年、雇用主住宅協力金拠出制度を創設、これにより従業員10人以上を有する企業は、給与総額の1％を住宅建設のために拠出することが義務づけられた（通称1％住宅）。集められた資金は、企業間住宅委員会を介して持家を建設する従業員に貸付されるかHLM組織に融資され、社会住宅の建設を促進することになった（檜谷, 1999, pp.196-198）。

　表2-5は、1986年までの社会住宅の建設状況を5年ごとに示している。1945～1950年は1万2000戸、1951～1955年は9万2000戸にとどまってい

たのが、1950年代後半は30万台、1960年代前半は40万台、その後1960年代後半の60万台を経て、1971〜1975年には68万2000戸にまで達している[4]。

2 「人への援助」への転換とソーシャル・ミックス

序章で述べたように、ピーター・ケンプは住宅手当の導入＝普及の背景を、社会住宅に対する建設補助の減少と市場家賃への移行、という文脈で説明していた。

フランスにおける1977年の対人住宅補助（APL）は、建設補助（物への助成）から「人への助成」への転換を目指していた。社会住宅の中核をなす適正家賃住宅組織（HLM）建設融資への当初（1947年の法律）の利子率は1%、65年の償還となっていたが、その後、1966年には3.5%、40年へと変更された。これが1977年には5.5〜6.6%へと上昇、これにともなって新規もしくは改修される住宅の家賃も上昇、低所得階層には、対人住宅補助が適用されることになった（Em ms, 1990, pp.82-83）。以上は、ケンプの説明と符合している。

フランスの住宅市場は一般的にソーシャル・マーケットに該当するとみなされている。たとえばイギリスの住宅政策をヨーロッパ大陸と比較しているマーク・ステファンらは、全世帯の所得平均を100とした場合、イギリスの社会住宅の所得水準は49.6（1997年）であるのに対し、フランスは76.2（1996年）、ドイツは76.7（1999年）、オランダは72.2（1998年）、スウェーデンは76.5（1997年）と、広範な階層により平準化されていると指摘する（Stephens et al., 2003, p.783）。

では、フランスの社会住宅ではソーシャル・ミックスが実現したのか、というとそうではなかった。フランスの社会住宅は、そもそも国からの助成融資のタイプにより、低レベル、標準、上層の3つのタイプに区分され、空間的な分離（segregation）が生まれやすい状況にあった。

戦後成立した左派連立内閣は、1947年、それ以前の区分を廃止し、助成融資を一本化することで社会住宅＝国民住宅時代を到来させた。しかし、その後の経済成長とともに台頭してきたホワイトカラーの増大と工場で働くブルーカ

ラーの減少を背景に、前者を支持基盤に取り込もうとするドゴール右派内閣は、1958年、階層別対応における差別化政策を復活、上層タイプには通常の適正家賃住宅（HLM）より広く、入居申請では通常の50％割り増しの所得上限額が設定された。他方、低レベルのタイプは、「非常に社会的な住宅」と呼称され、主に都市再開発事業によって住まいを失った労働者やフランスに新たに流入してきた移民労働者向けに供給された（檜谷、前掲、pp.200-201）。

表2-6は、社会住宅についてタイプ別、建設時期別の戸数を示している。1977年まで建設された住戸の81.3％をしめていた標準タイプはしだいに減少し、代わって上層タイプが増大傾向にあり、2000年から2004年までに建設された29万7760戸のうち25.5％は上層タイプである。他方、1977年以前に建設された標準タイプの多くは、老朽化などのために「非常に社会的な住宅」より質の低い荒廃団地となり、現在、除去や大規模改修の対象となっている。

入居申請基準は、標準タイプで子ども2人の世帯について年収約4万ユーロ（2006年）が限度とされており、全世帯の71％は申請可能となる。これが上層タイプでは2分され80％と85％にアップ、困窮者向けの下層タイプでは35％まで下降する。いまパリ都市圏（人口1000万人の範囲）で平方メートル当たりの家賃（月額、2005年）を比較すると、下層タイプ4.82ユーロ、標準タイプで5.43ユーロ、上層タイプで8.14と大きな開きがある（Levy-Vroelant, 2007, pp.74-79）。

では住宅手当は、社会住宅の空間的な分離の状況にどう関係しているのか。1948年に家族住宅手当（ALF）は、その後、子どもをもつ家族から老齢の扶養家族、子どもがいない夫婦にまで拡大され、さらに1971年の社会住宅手当（ALS）は、年金生活者、25歳以下の雇用者、成人の障害者まで、その対象を拡大することになった。しかし、これらの住宅手当では、融資条件の異なる「物への助成」にともなう入居者の所得に応じた区分、というハードルを乗り越えることができなかった。この点、1977年に導入された対人住宅補助（APL）と、細分化された融資カテゴリーを一本化した賃貸住宅助成貸付（PLA）が同時に創設されたことは、重要な意義をもっていた。

第2章　無視されている子どものアフォーダビリティ　109

表2-6　社会住宅のタイプ別、建設時期別の戸数

	Pre1977		1977-2000		2000-2004	
	戸数	%	戸数	%	戸数	%
下層タイプ	186,977	7.9	106,567	7.6	26,690	9.0
標準タイプ	1,930,580	81.3	1,014,568	73.3	194,899	65.5
上層タイプ	92,244	3.9	94,228	6.8	76,171	25.5
その他	164,422	6.9	169,736	12.3		
合計	2,374,223	100.0	1,384,098	100.0	297,760	100.0

資料：PLS 2004 and DGUHC
出所：Levy-Vroeiant（2007）p.72.

　一連の改革のメリットについてバール委員会は、「所得の変化に応じて助成額が調整でき、低所得者に厚い応能援助であること、また、社会住宅を入居者の所得に応じて建設する必要がなく、居住空間による社会隔離を抑制すること、新設住宅（フロー）だけでなく、既存住宅（ストック）にも助成が及ぶこと」を指摘していた（檜谷, 前掲, pp.211-212）。

　こうした施策は、ソーシャル・ミックスを意図していたが、逆の効果も生み出した。応能化にともなって社会住宅の家賃レベルは上昇し、住宅手当を利用できない中産階級の世帯は持家へとシフトし、かれらが離脱することで、残された住宅に低所得者が参入することになったからである。

　いま図2-8で持家の趨勢をみると、1963年の40％台から2006年には50％台後半に到達、これに対して民間借家は1988年まで減少、代わって社会住宅が上昇し、その後、両者は20％前後で安定的に推移している。2001年時点でのフランス全世帯（学生を除く）の平均所得は月額1449ユーロ、社会住宅の居住世帯1062ユーロ、民間賃貸の借家世帯1410ユーロ、持家世帯1606ユーロという状況である。社会住宅における世帯の所得レベルを4区分し、その割合を1973年と2002年とで比較すると、もっとも低い第1分位は12％から35.6％へ、第2分位は29％から32.3％へ、第3分位は35％から22.9％へ、第4分位は24％から9.2％へと、貧困世帯が増加しつつある。このため社会住宅の居住世帯の半数は、住宅手当の受給者となっている（Levy-Vroelant, op. cit.,

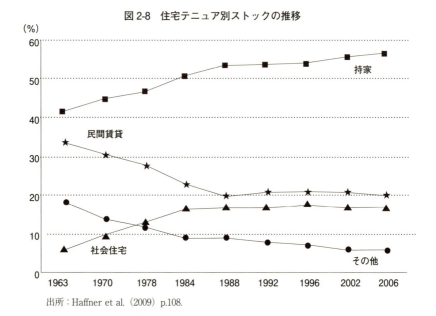

図2-8 住宅テニュア別ストックの推移

出所：Haffner et al. (2009) p.108.

pp.74-75)。

3 ひとり親世帯、単身世帯の居住状況と住宅手当

　住宅手当別の利用状況（2010年）を検討すると（**表2-7**）、全利用者488万1458世帯のうち52％（253万8645世帯）は単身世帯であり、その65％（163万9701世帯）はALSを、35％（89万4955世帯）はAPLを利用している。つぎに多いのはひとり親世帯であり、全利用者の21％（102万5532世帯）をしめ、その56％（57万4023世帯）はAPLを、44％（45万1509世帯）はALFを利用している。

　ここで住宅手当の種別とテニュアとの関係について付言しておくと、1977年に導入されたAPLでは、家賃レベル、入居者の所得などについて、家主と政府との契約（conventionnement）が前提となっている。その家主の大半は適正家賃住宅組織（HLM）である。契約の目的は、住宅手当の導入により家賃が

表 2-7 住宅手当別、世帯構成別の受給世帯数(借家のみ)

	ALF	ALS	APL	小計
単独世帯	3,989	1,639,701	894,955	2,538,645
ひとり親+子ども1名	239,719		286,607	526,326
ひとり親+子ども2名	141,903		182,972	324,875
ひとり親+子ども3名	50,892		72,893	123,785
ひとり親+子ども4名以上	18,995		31,551	50,546
ひとり親+子どもの小計	451,509		574,023	1,025,532
夫婦のみ	26,795	210,433	159,492	396,720
両親+子ども1名	131,019		131,733	262,752
両親+子ども2名	135,571		168,466	304,037
両親+子ども3名	86,848		139,882	226,730
両親+子ども4名以上	45,044		81,998	127,042
両親+子どもの小計	398,482		522,079	920,561
合計	880,775	1,850,134	2,150,549	4,881,458

出所：CNAF (2010) pp.113-114 より作成。

高額化していくことを防ぐことにある。こうした契約は民間賃貸の一部にも存在するものの、大部分の民間賃貸には、AL 系の住宅手当（ALF と ALS）が適用され、そこでは住宅の設備と居住水準にかかわる一定の基準が要件となっている（Levy-Vroelant, 2007, p.137）。

　では、住宅手当は、それを利用する単身世帯とひとり親世帯にどのようなインパクトを及ぼしているのか。**図 2-9** は住宅手当を利用する借家世帯の家族構成別の住居費負担率（2006 年）を示している。受給世帯全体の平均居住負担率は、手当がない場合が 53％であり、住宅手当はこれを 25％まで軽減している。その効果は低所得層ほど大きいが、世帯構成も影響を及ぼしている。たとえば 3 人以上の子どもをもつひとり親世帯（社会住宅の居住者が多い）の負担率は、給付の前後で 40％から 7％と大幅に軽減されている。単身世帯（民間賃貸の居住者が多い）は 68％から 36％へと、住宅手当の受給後も高い住居費負担率となっている。こうした状況は、基本的には、単身世帯の場合、適用される上限家賃が家族世帯のそれに比べて著しく低いことからきている。

　と同時に、以上のような高い負担率からは、要支援世帯のうち、とくに

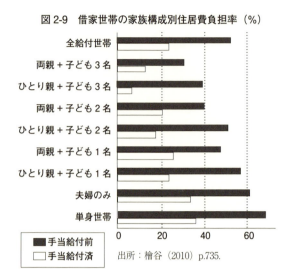

図2-9 借家世帯の家族構成別住居費負担率（%）

出所：檜谷（2010）p.735.

　ALSを利用する単身世帯が上限家賃の範囲内で適当な物件を見いだすことができず、これを上回る借家に居住し、給付でカバーされない家賃を自己負担せざるを得なくなっている状況が推察される。実際、2006年に実施された調査によれば、実質の住居費負担率が28.5%以上となる世帯は42.6%にのぼり、民間賃貸の世帯では5割以上がこれに該当することが判明している（檜谷, 2010, pp.735-736）。

　こうした問題を生み出す背景には、そもそもフランスの場合、社会住宅と民間賃貸との制度的なギャップが大きく、居住状況、家賃レベルで両者に開きがある、という状況がある。

　平均の居住面積に着目すると社会住宅70.5㎡、民間賃貸65.8㎡とそれほど格差はないが、前者の多くは子どもをもつ家族向けに設計され、3〜4部屋からなるのに対して、後者は比較的大きめの一家族世帯用の住戸か、学生、単身者向けの1〜2部屋からなる小さなアパートからなる（Haffner, et. al., p.109）。

　表2-8に示されるように、全国平均で社会住宅の家賃（2002年）は、民間賃貸のそれの64%という状況であり、両者の格差は大きい。家賃レベルは都市規模により異なり、規模の大きい都市ほど両者の格差が増大する。たとえ

表 2-8 都市規模別、社会住宅・民間賃貸セクターの家賃比較（平方メートル当たり）

都市人口規模	社会住宅	民間賃貸	（社会／民間）
<2,000	3.8	4.3	0.88
<5,000	4.2	4.8	0.87
5,000-9,999	3.6	5.0	0.72
10,000-19,999	3.9	5.6	0.70
20,000-49,999	3.8	5.6	0.68
50,000-99,999	3.9	5.9	0.66
100,000-199,999	3.9	6.4	0.61
200,000-1999,999	4.0	6.8	0.59
パリ	5.2	11.4	0.46
平均	4.2	6.6	0.64

出所：Haffner et al.（2009）p.111.

ばパリの場合、民間賃貸の平方メートル当たり 11.4 ユーロは、社会住宅の 5.2 ユーロに比べて 2 倍以上となっている。民間賃貸では、新規契約の家賃は市場の需給状況により決まるのに対して、社会住宅の家賃は、当該の住戸に投入された融資条件に依拠しているからである。

注

1 「第 5 章 失われた 20 年のガバナンス」においても、日本、アメリカ、ドイツ、スウェーデンについて OECD の社会支出（1980、85、95、09 年）が提示され、日本の社会支出では年金を中心とする老齢合計の構成比が上昇し、遺族・医療費をあわせて 90％に近づいていること、逆にいえば労働年齢人口および子ども向けの社会支出は極小であることが指摘されている（大沢, 2013, p.203）。ただし、ここでは住宅手当についての論及はない。

「第 8 章 生活保障システムの比較ガバナンス」では、ふたたび日本、アメリカ、ドイツ、スウェーデンについて OECD の社会支出（2005、09 年）が提示され、支出額の規模が低い日本とアメリカでは、年金（老齢・遺族）と医療がその大部分をしめていること、これに対しスウェーデンでは、年金と医療のシェアは 60％以下であり、家族や労働不能（障害・業務災害・傷病）のための現金給付、

積極的労働市場政策、住宅手当、そして多様なニーズに応ずるサービス給付などに公的社会支出の大きな部分が当てられていることが指摘されている（同上, p.355）。

　他方、税制上の優遇措置による社会支出について、谷氏らの研究に依拠し、アメリカでは現金給付類似の措置の代表例は勤労所得税額控除や児童のいる世帯の税控除であって、中・低所得層向けであること、しかしながら同国の税制優遇措置では、持家担保ローンの利子控除やキャピタルゲインの優遇税率など社会的目的以外のそれが大きいことを指摘、大沢氏は「アメリカの貧困率が高いことは、まことに当然である」と結論づけている（同上, p.359）。

2　スウェーデンでも1920年代までは、しばしば経営者が賃金に家族手当を上乗せする慣行があり、児童手当についても保守派は、これを家族賃金のかたちで導入することを主張した。しかし、これは出産手当制度で実現した母親を対象とした給付という原則からの逸脱であり、女性団体が強く反対したほか、労働組合もこれを口実にして賃金そのものが圧縮されることを恐れて反対、社民党政権もまた、家族賃金は中小企業従業員や未就業者などが対象から脱落しがちであり普遍主義的な観点から承認できないとした。

　つぎに浮上したのは児童手当を税制上の所得控除というかたちで行うか、それとも現金給付を行うか、という争点であった。これについての社民党政権の方針は、「児童手当問題についても、同時に議論のすすんでいた住宅手当 bostadbidrag や国民年金の改正という課題と一体のものとして位置づけること、垂直的再分配の機能も併せて追求することを打ち出していく。このような観点からすれば、所得控除という選択肢は対象となり得ない」というものであった（宮本, 1999, pp.90-91）。

3　宮本太郎氏は、共著『人口問題の危機』における「ミュルダール戦略」の「新しいとらえ方」について、「二人は、その徹底した合理主義的と社会工学的な思考においてスウェーデン社会党周辺の思想家のなかでも異彩を放っていた。二人がこの著書で目指したことは、人口問題をめぐる保守派と労働運動の分裂を架橋していわば社会民主主義的なプロナタリズム＝出産奨励主義ともいうべきまったく新しい構想を提起し、それを軸として福祉国家形成へのコンセンサスをつくり

だすことであった。それは、従来の救貧的な体制を超えた新しい福祉国家へのコンセンサスであった」と評価している（同上, pp.73-74）。

4 こうした社会住宅の伸長にとってスムーズな土地供給が重要な課題となった。この点、1958年の政令によって公共団体の先買権が付与された優先市街化区域（ZUP）が設定され、大都市周辺部におけるスプロール開発や投機的な土地の取り引きを抑制できることになり、大規模開発を進めるための制度的な枠組みが整備された意義は大きかった（檜谷, 1999, p.201）。

第3章

「終の住み処」を
どう再構築するのか

　序章で言及したサービス付き高齢者向け住宅（サ高住）に関連して、井上由紀子氏は、「日本は施設に対しては介護保険施設には補足給付があります。住宅系サービスには、今のところ補足給付や家賃補助に該当するものはありません。家賃補助がないのは日本だけでして、これなくして本来的な高齢者住宅の普及はないのではないか、と思うわけです」と語っていた（井上, 2013, pp.36-38）。

　ここでいう家賃補助とは、OECDの社会統計に掲載されている単給としての住宅手当であり、生活保護に内包されている住宅扶助ではない。しかしながらサ高住は生活保護を受給する高齢者も利用しており、住宅扶助は、一般の民間賃貸における家賃補助として一定の役割を果たしている。とすれば高齢者住宅にとっての住宅扶助の意義が問われるべきであろう。

　ここでは、「終の住み処」として施設から高齢者向け住宅への転換について欧州と日本を比較するとともに（第1節）、高齢者向け住宅の居住水準の向上に住宅扶助が有効な機能を果たし得ないこと（第2節）、社会手当としての住宅手当の導入には年金改革が重要な課題となること（第3節）、を指摘しておきたい。

第1節　「住まい」と「ケア」の分離と日本の課題

1　エイジング・イン・プレイス（その1）――サ高住の背景と事業状況

　これまで日本では、介護施設と比較して高齢者住宅の整備割合が低いと指摘されてきた。2010年時点で高齢者施設である施設系85万9000床（特別養護老

人ホーム、介護老人保健施設、介護療養型医療施設）と介護型・居住系 39 万 3000 床（認知症グループホーム、介護型・有料老人ホーム、ケアハウス、介護型・高齢者専用賃貸住宅）に対して、自立型・高齢者住宅 12 万 8000 床（シルバーハウジング、住宅型・有料老人ホーム、高齢者向け優良賃貸住宅、自立型・高齢者専用賃貸住宅）は、かなり少なかった。65 歳以上の高齢者人口について高齢者施設の充足率は 4.5%であるのに対して、自立型・高齢者住宅は 0.5%という整備状況にあった（松岡, 2011, p.204）。

　2011 年 10 月には、従前にあった高齢者向け優良賃貸住宅、高齢者専用賃貸住宅、高齢者円滑入居賃貸住宅は制度として廃止され、サ高住として一本化された。高齢者が住みやすくなるよう要件が厳格化される一方、補助金等を整備することで供給促進が図られた。

　サ高住とは、安否確認・生活相談等の生活支援サービスが付いた、国交省と厚労省共管の高齢者向けのバリアフリー住宅である。2012 年度の介護報酬改定で新設された「定期巡回・随時対応サービス（24 時間の訪問サービス）」との連携が想定されており、入居者の要介護度が重度化しても住み続けられる住宅となることが期待されている。2013 年 4 月時点での登録件数は 3425 件、11 万 134 戸にのぼっており、今後 10 年間で 60 万戸の整備が計画されている。

　みずほ銀行・産業調査部のレポート（2012 年 9 月 3 日）は、サ高住・制度化の背景について、以下のように述べている（みずほ銀行・産業調査部, 2012）。

　　高齢化の進展及びそれに伴う要介護者の増加により、介護費用は介護保険制度が導入された 2000 年の 3.6 兆円から 2010 年には 7.9 兆円に増加しており、2025 年には 19 〜 23 兆円に達すると推計されている。
　　介護サービスは大きく分けると、在宅系サービス（訪問介護や通所介護等）と、施設系サービス（特別養護老人ホームや介護老人保健施設等）に分けられる。厳しい介護保険財政を背景に、特養や老健などの介護保険施設は実質的な総量規制下にある。また、在宅系サービスに分類される特定施設入居者生活介護（≒介護付有料老人ホーム）も、介護報酬が月額定額の

ため財政負担が重くなることから、実質的な総量規制下にある。

そのため、これらの施設整備には限界があるが、要介護者の施設への入所ニーズは高く、特養の待機者は全国で42万人にのぼるとされている。これらの受け皿としての機能を期待されているのが、介護保険外の「住宅」（介護サービスは外付け）である。

レポートは、サ高住への供給サイドの具体的な動向について、「サ高住事業の参入障壁は低く、事業拡大を狙いさまざまな事業者が参入を検討している。介護事業者の他、医療機関や異業種からの参入も活発化しており、当面は多様なサ高住が乱立する」と予測し、他方、需要サイドについて、「厚生年金平均受給月額である16万円前後を受給する高齢者が入居できる施設が大きく不足しているといわれている。サ高住は、この不足ゾーンを主な対象として整備されることが期待されている」（この点、序章の**図3**を参照）と分析している。

こうした予測は、高齢者住宅財団が2014年に実施したアンケート調査（1141件）によっても、ほぼ裏付けられている。

同調査によると事業主体の事業種別は、「介護サービス関連法人」によるものが34.3％ともっとも多く、次いで「不動産・建設業」18.3％、「医療法人」17.9％、「社会福祉法人」7.7％、「NPO法人」5.3％であった。

住戸数は、「10戸以上20戸未満」25.2％、「20戸以上30戸未満」21.5％、「30戸以上40戸未満」18.8％と、「10戸以上40戸未満」の物件が多く、約66％をしめた。また、全住戸6万5647戸のうち「18㎡以上20㎡未満」が53.8％をしめ、「25㎡未満」の住戸は全体の70.4％、「25㎡以上」は29.6％で、平均面積は23.0㎡であった。

食費込みの月々の支払い総額は、「12.5万円以上15万円未満」24.8％、「10万円以上12.5万円未満」24.1％と、10〜15万円の範囲で約半数をしめ、平均金額は13万1615円であった（食事の提供なしの物件は除いて集計）。登録事業者が想定する入居者の所得層は、「10万円以上15万円未満」が28.7％ともっとも多く、次いで「15万円以上20万円未満」が25.3％、「10万円未満」を想

定しているものは9.8％にとどまっていた。

　他方、サ高住全入居者の要介護度は「要介護1」20.1％、「要介護2」が18.3％と多く、要支援1から要介護2までの軽介護度の入居者が全体の54.6％をしめ、「要介護3」12.6％、「要介護4」9.6％、「要介護5」6.1％と中～重度の要介護度の入居者は28.3％、「自立」入居者12.8％、平均要介護度は1.8であった（高齢者住宅財団, 2014, pp.11-39）。

2　エイジング・イン・プレイス（その2）——オランダ、デンマーク、スウェーデン

　全高齢者（65歳以上）にしめる介護施設・高齢者住宅等の定員数の割合は、デンマーク（2006年）では、施設（プライエムなど）2.5％、住宅（プラエボーリ・エルダボーリなど）10.7％、スウェーデン（2005年）では、施設（ナーシングホーム、グループホームなど）4.2％、住宅（サービスハウスなど）6.5％、イギリス（2001年）では、施設（ケア・ホーム）3.7％、住宅（シェルタード・ハウジング）8.0％という状況である（国土交通省, 2010, p.9）。

　留意すべきは、これらの国々においても1980年代頃までは施設が主流であり、居住施設は生活・介護サービスと一体化され、高齢者は心身の状況に応じて施設を移動する必要に迫られていた、という点である。これがオランダでは「住まいとケア革新プロジェクト」（1984年）、デンマークでは高齢者・障害者住宅法（1987年）、スウェーデンではエーデル改革（1992年）を画期として、エイジング・イン・プレイス＝「高齢者が虚弱化とそれに伴う問題にもかかわらず、住み慣れた自分の家や地域において、できるだけ長く住むことで、施設への入所を遅らせたり避けたりすることができる」（松岡, 2011, p.15）へと方向転換していくことになる。

（1）オランダの高齢者住宅

　1980年代初頭まで、他の欧米諸国と同様に、オランダでも特定のニーズをもつ高齢者に特定の住まいを提供する伝統的な「段階モデル」に依拠した政策

が展開されていた。在宅で暮らしていて介護ニーズが高まるとケア・ホームへと転居し、さらに介護ニーズが重度になるとナーシング・ホームへと転居していた。ちなみにケア・ホームは、簡易キッチンとバス・トイレ付きの15㎡ほどの住まいで、ナーシング・ホームに併設されるケースが多かった。

1980年代後半から莫大な費用を必要とする施設ケアに代わって、財政負担のより少ない自立型住宅への模索がなされるようになった。「住まいとケア革新プロジェクト」(1984年) のもとで、さまざまな組織が政府のプロジェクトに参加、1990年代には、「住まい」は社会住宅として住宅協会を中心に、「ケア」はAWBZ (介護保険に似た長期医療保険) に登録している事業者から提供されるようになった。この結果、住まい提供の担い手とケアの担い手は分離され、金銭的な面でも家賃とケア費用が分離され、住人は2枚の請求書を受けとることになった。

たとえばロッテルダム市を中心に19の施設と高齢者住宅を運営している「ヤンメルス」(NPO法人) では、「住まいとケア革新プロジェクト」に依拠して、ケア・ホームの3つの部屋を1つの住戸にする手法がとられ、13.5㎡のワンルームが、トイレ・シャワー、キッチン付で居間と寝室が別室の34㎡の住宅へと転換された。これにより、かつての共同の居間は多目的室となり、訪問看護師を受け入れるためナース・ステーションがつくられた。

同じくロッテルダム市の「アクロポリス」は、高齢者住宅 (約200戸) とナーシング・ホーム (約260戸) から構成され、前者の住戸は75㎡、居間と寝室は別室で、フル装備のキッチン、バス・トイレが付いている。

「アクロポリス」におけるケア・センターの提供対象は、近隣の集合住宅をふくむ地域のケア拠点としても機能しており、在宅ケアの利用者は約110人、週の利用時間による内訳は、週2時間 (45.5%)、週5時間 (27.3%)、週10時間 (18.2%)、週20時間以上 (9.1%) という状況にある。週20時間の利用者は、1日8回の訪問を毎日受ける最重度グループ (日本の要介護4〜5に相当) である。

こうした最重度グループの状況から、松岡洋子氏は、「そうした利用者が

9.1％いるということから、最後までの住居を十分支えていると推察できる。ターミナルケアも行っており、その場合は住人の家庭医（ホームドクター）と連携してその指示のもとに動くことになる。いずれにせよ、エイジング・イン・プレイス（地域居住）を支える高齢者住宅である」と評価している（松岡, 2011, pp.123-137）。

（2）デンマークの高齢者住宅

デンマークでは、1960年代に入ると、経済成長とともに女性の社会進出がすすみ、それにともない高齢者の介護問題は社会化された。さらに老人ホーム居住者の要介護度の上昇により、プライエム（特別養護老人ホーム）化が進行した。同時にプライエムのガイドラインには、「居室は入居者の自宅である」と明記され、居住スペース（15㎡以上）、玄関ホール（3.5㎡）、シャワー室（4㎡）と規定されるなど、施設の「住まい」としての整備も進んだ。

さらに高齢者・障害者住宅法（1987年）を画期として、それまで「施設」内で行われていた「生活・介護サービス」を建物から切り離し、「住宅」という概念が明確化された。この改革後は、どのような「住宅」に居住していても、地域で提供されているさまざまな「サービス」を必要に応じて選択することで、住み慣れた環境で継続的に生活できるようになった。その背景には、在宅生活を支える在宅訪問介護や24時間介護をふくむ在宅福祉サービスが、多くの自治体（コムーネ）で進展したことがある。

この住宅法の第1条では、自治体は住居を必要とする高齢者などに賃貸の住宅（高齢者住宅、エルダボーリ）を供給する義務があること、第3条では、各戸にはバス・トイレ、キッチンが付くこと、共用部分をふくめて1戸当たり延べ面積は平均67㎡を超えないこと、が定められている。従って高齢者住宅は、公的な賃貸住宅であり、計画・建築・維持管理の責任は自治体にあるが、実際には非営利住宅協会が自治体と協定を結び、建築・管理を行っている。

同じく1987年には、居住水準の低いプライエム、「保護住宅」の新設は禁止され、2000年前後からは以前のプライエムの住戸を2戸1化する改築がなさ

れ、1987年時点で4万9000戸あったプライエムは、2009年には9400戸まで減少、これに対して3300戸しかなかった高齢者住宅は7万5600戸まで増加している。

なお、高齢者住宅は1997年の非営利住宅法により、一般家族向けと若者向けとが統合されて非営利住宅となった。これにより入居する世代が異なる種類の住宅を併設したり、混在させることで世代をミックスさせた住宅地の形成が可能となり、近隣関係に配慮してデザインした意欲的な住宅計画が行われるようになった（小川, 2014, pp.100-107）。

（3）スウェーデンの高齢者住宅

スウェーデンでの脱施設化は、すでに1970年代後半から1980年代にかけて、施設の減少とサービスハウス（高齢者向け賃貸住宅）の増加というかたちで進行していた。また伝統的な施設が見直され、老人ホームや長期療養病院（ナーシングホームをふくむ）などの介護単位は従来の20〜25人から、10人前後の小グループに変更され、この結果、グループ・ホームとの差はほとんどなくなった。

1990年代から脱施設化はさらに進捗し、1992年のエーデル改革において、「特別な住居」という概念が社会サービス法に導入された。その結果、サービスハウス、老人ホームだけでなく、県から市に移管されたナーシング・ホーム、グループ・ホームも「特別な住居」とみなされ、形態別の区別がなくなった。奥村芳孝氏は、この改革により、第1に「特別な住居」という呼称により施設ではないということを明確にし、入居者の介護度に応じて施設を替える制度から入居者が住み続けられる制度に変わったこと、第2にナーシング・ホームなども市に移すことにより、これらの住居の供給責任は市にあり、市は総合的に施設計画ができるようになったこと、第3に居住形態にかかわらず費用体系が統一化されたこと、を指摘している（奥村, 2008, p.28）。

エーデル改革以降、「特別な住居」の住宅としての水準向上に力が入れられている。スウェーデン政府は、「特別な住居」としての新築および改築に対し

て補助金を出し（2007年から2011年まで）、新築の場合、1平方メートル当たり2600クローナが補助され、居住面積については入居者1人当たり最大50㎡で、このうち居室は35㎡、共有面積は15㎡と算定されていた。

「特別な住居」は住宅公社（MHCs）によって管理され、入居者は家賃をMHCsに支払う。「特別な住居」が住居化されることによって住宅政策の対象となり、賃貸法、家賃補助法の適用を受け、年金などの所得が低い場合、一般住居と同じように社会保険庁から住宅手当が給付されている。

サービスハウスは「特別な住居」にふくまれるが、入居と介護サービスは別々に決定され、介護は在宅の場合と同様に扱われてホームヘルプが行われる。ただし介護住宅は24時間介護であり、介護と入居はセットになっている。「特別な住居」の自己負担は、家賃、食費、介護費に分けられ、介護費についてはホームヘルプの自己負担額表に統合されている（同上, p.32）。

3 サ高住の狭小性を規定する住宅政策をめぐる論点

デンマークの高齢者住宅に詳しい小川正光・祐子の両氏は、日本のサ高住について、「入居者が高齢化した際に十分な生活・介護サービスと連携を図れるかという懸念がある点と、小規模の住戸が高い割合をしめている点（住宅規模の最低は25㎡/戸、共用の食事室を確保した場合には18㎡/戸）は大きな問題である」と述べている。

デンマークで「施設」から「住宅」へと転換したのとほぼ同時期の1988年から、日本でも高齢者の生活に適応したバリアフリー住宅で見守りサービスを設けた「シルバーハウジング」の供給を始めているが[1]、現在のサ高住は、その住宅規模（40〜50㎡/戸）から半減し、デンマークのプライエムに該当するレベルで、ようやく「施設」の個室化の段階にある。両氏は「施設」を個室化しても、独立した生活が可能な規模と設備を確保しなければ「住宅」にはならないこと、サ高住の住宅規模は、1986年に設定された高齢単身世帯の最低居住面積水準を引き継いでいるが、その後、すでに約30年が経過しており、今日の居住水準との間に齟齬を生じ、時代遅れとなっていること、などを指摘して

いる（小川, 2014, pp.142-143）。

　欧州と日本のギャップは、どこから来ているのか。この点、さきの井上氏は、「住宅政策には、2つの考え方があって、1つは公的住宅を社会の多くの人が利用する政策であり、これをユニタリズムといいます。もう1つは、公的住宅を低所得者向けに限定して、それ以外は持家政策とするタイプで、これをデュアリズムといいます。日本は典型的なデュアリズムです。スウェーデンでは公的住宅を社会賃貸住宅と呼び、中堅所得者層でもこれを利用するのが一般的です。この国には普遍的な家賃補助制度がありますが、高齢者向けのサービスハウスや介護住宅は、社会福祉施設ではなく、住宅として整備されています。社会賃貸住宅に家賃補助が適用になるのと同じ仕組みでサービスハウスや介護住宅に家賃補助が適用されます」と説明している（井上, 2013, p.35）。

　また松岡氏は、「デンマークは、ユニタリズムにのっとって公的住宅の整備を行い、一般住宅の住戸面積や設備の良さにおいては世界の最上位にある」と指摘しつつ、「住宅政策は、大きくユニタリズム（普遍主義）とデュアリズム（2元主義）に分けられる。ユニタリズムはすべての国民を対象に質の高い公的住宅を供給する普遍主義的な政策で、北欧諸国、オランダがこれに属する。デュアリズムは、持家促進などで民間主導とし、そこから落ちこぼれた層に救貧策として公的住宅を提供する政策である。イギリス、南欧諸国、日本などがこれに属する」と言及している（松岡, 2008, pp.54, 64）。

　欧米の住宅政策を2つに分類し、説得的な論旨を展開してきたのがジム・ケメニーである。ケメニーは、欧米の住宅政策をユニタリー（unitary）モデルとデュアリスト（dualist）モデルの2つに分類する。前者は非営利セクターの原価賃貸（cost renting, 家賃を経常費補填に必要なレベル＝費用家賃に設定）と民間賃貸とが競合し、かつ併存しうる市場メカニズム（ソーシャル・マーケット）を有するのに対し、後者は利潤目的の借家市場に依拠しながらも、結果的には住宅テニュア（tenure、不動産などの保有条件）を持家と公営賃貸に収束させてしまう（Kemeny, 1995, pp.51-60）。

　デュアリスト・モデルにおいては、非営利セクターを中心とした原価賃貸の

ストックは過少であり、民間賃貸は利潤目的の借家市場としてのみ作動している。このため住宅不足のときは法外な利潤を獲得し、住宅過剰の場合は極端に投資を控えることになる。政府は、住宅供給を市場メカニズムにゆだねることを意図しつつ、皮肉にも市場の欠陥を是正するため国家による公営賃貸の供給を余儀なくされる。しかし、この供給によって民間借家市場がもたらす問題は十分に解決されえない。このため国家は、限定された公営賃貸のシェアを手堅くガードし、その機能を全うさせるため所得により入居者を制限（strict means-tested access）していく。同時に公営賃貸は、国家により一元的に供給されることから画一的なものとなりやすく、そこに入居することは低所得者として烙印を押される（stigumatize）ことにもなる。こうしたことから、大多数の世帯にとってテニュアの選択肢は、民間賃貸か持家しかなくなってくる。ただし、前者には高家賃と居住不安がつきものである。かくて利潤目的の借家市場に依拠しようとする戦略は、結果的には持家需要を煽ることに繋がっていく、というのである（ibid., pp.16-17）。

　ケメニーは、デュアリスト・モデルにおける社会住宅の供給のされ方をコマンド（命令）方式と呼んでいる。国家所有による管理のもとで低所得世帯をターゲットとし、価格メカニズムは作動せず、住戸の配分が官僚的になっていることを意味している。家賃は、その住宅への需要に関係なく一定以下に抑制され、社会住宅はセーフティネットとして機能している。これに対してユリタリー・モデルは、ソーシャル・マーケット方式のもとで、国家以外の非営利セクターによる低廉な住宅の供給がなされ、消費者の選好に適応する価格メカニズムをもっている。家賃は市場家賃より低く設定されるとしても、その住宅の相対的な価値（従って住宅への需要）を反映しており、広範な階層へのアフォーダブルな社会住宅として機能している。

　スウェーデンの住宅政策は、典型的なユニタリー・モデルとして把握される。そのことはソーシャル・マーケットを通じて原価賃貸と民間賃貸とが競合し、それぞれの居住水準と家賃レベルを平準化させていることに表出されている。

　表3-1に明らかなように台所付きで4室以上の大家族向け住宅（1980年）

表3-1 スウェーデンにおける住宅テニュア別の部屋サイズ分布（1980年）

テニュア	部屋のサイズ					
	1rk	2rk	3rk	4rk	5rk	6rk
持家	3	7	17	31	23	17
借家人組合	19	35	32	11	2	1
住宅公社	23	31	31	11	1	-
民間賃貸	28	32	24	10	3	1

注：データの欠落のため合計は100％となっていない。
出所：Lundqvist（1987）p.8.

表3-2 20万人以上の都市における住宅公社と民間賃貸の家賃（2004年）

建設時期	平方メートル当たりの家賃（民間賃貸）	平方メートル当たりの家賃（住宅公社）
1995-2004	1,233	1,156
1985-1994	1,082	993
1975-1984	914	877
1965-1974	905	814
1955-1964	848	868
1940-1954	953	855
-1939	1,001	929

出所：Turner（2007）p.159.

は、持家で71％と賃貸住宅（借家人組合14％、住宅公社12％、民間賃貸14％）を凌駕している。ただし賃貸住宅について台所付き3室（3rk）以上に着目すると、借家人組合55％、住宅公社（MHCs）43％、民間賃貸48％と3つのテニュアにそれほど大きな格差は存在しない。

表3-2は、20万人以上の都市についてMHCsと民間賃貸の平方メートル当たりの家賃（2004年）を比較したものである。両者について若干の格差はあるものの、それは民間賃貸住宅の立地状況が良いこと、民間賃貸はMHCsの家賃より5％まで高くできることが要因となっている。MHCsの家賃はコストを回収する原価賃貸が原則であり、団地の位置や住宅の質を反映させながら調整されている。民間賃貸の家賃は、当該地域の借家人協会（MHCsの借家人も参加）と家主協会との交渉事項であり、MHCsの家賃設定が民間賃貸をふくめた

表3-3　オランダにおける住宅テニュア別のサイズ（2006年）　（%）

	持家	社会住宅	民間賃貸
部屋数			
1または2	2	17	24
3	12	30	30
4	31	39	26
5以上	55	14	20
合計	100	100	100
床面積			
60㎡未満	6	33	31
60-100㎡	23	46	40
100-150㎡	35	17	19
150㎡以上	36	4	10
合計	100	100	100

出所：Haffner et al.（2009）p.210.

表3-4　イギリスにおける住宅テニュア別の床面積分布（2010年度）

	50㎡未満	50-69㎡	70-89㎡	90-109㎡	110㎡以上	全戸数
						（1,000戸）
持家	626	2,706	4,236	2,476	4,467	14,511
社会住宅	1,008	1,356	1,049	210	65	3,688
民間賃貸	717	1,090	872	340	382	3,401
合計	2,351	5,152	6,157	3,026	4,914	21,600
						（%）
持家	4.3	18.7	29.2	17.1	30.8	100.0
社会住宅	27.3	36.8	28.4	5.7	1.8	100.0
民間賃貸	21.1	32.0	25.6	10.0	11.2	100.0

出所：DCLG（2012）p.44.

全体の家賃市場をリードできる状況となっている。

　いま表3-3と表3-4でユニタリズムに該当するオランダとデュアリズムのイギリスについて、テニュア別の床面積分布を検討すると、持家については、オランダで100㎡以上が71%、イギリスは90㎡以上が47.9%と、それ以外のテニュアの床面積を引き離している。これに対して社会住宅と民間賃貸

に着目すると、オランダは60㎡未満で社会住宅33％、民間賃貸31％、60㎡以上100㎡未満で社会住宅46％、民間賃貸40％、イギリスは50㎡未満で社会住宅27.3％、民間賃貸21.1％、50㎡以上69㎡以下で社会住宅36.8％、民間賃貸32.0％、70㎡以上89㎡以下で社会住宅28.4％、民間賃貸25.6％と、社会住宅と民間賃貸の床面積分布に大きな格差はみられない。

日本の場合、持家については70㎡以上が85.5％をしめているのに対して、借家は70㎡以上が12.2％と大きな開きがある。さらに借家の内訳をみると、公営住宅は29㎡以下が4.8％、30～49㎡は37.5％、50～69㎡は46.1％、UR・公社の借家は、29㎡以下が5.8％、30～49㎡は49.1％、50～69㎡は32.9％であるのに対して、民営借家（木造）は29㎡以下が25.6％、30～49㎡は31.4％、50～69㎡は20.9％、民営借家（非木造）は29㎡以下が36.6％、30～49㎡は33.0％、50～69㎡は22.6％と、29㎡以下の狭小な住宅は民営借家に偏在しており、公的な住宅との間に大きな格差がみられる（国土交通省, 2015c, 第10表）。

なお65歳以上の単身者について最低居住面積水準（25㎡）未満の割合を検討すると、全国レベルで民営借家の26.3％（木造24.7％、非木造28.3％）であり、東京都の民営借家では45.1％（木造56.4％、非木造34.7％）という状況である（厚生労働省社会・救護局保護課, 2014d, p.9）。さきの小川氏は、サ高住に適用される高齢単身世帯の最低居住面積水準それ自体を問題にしていたが、その問題は、日本の民営借家全体の狭小性から派生していると考えられる。

さてケメニーは日本について直接、言及していない。かりにその議論を日本に援用する場合、まず留意すべきは、その住宅モデルは、住宅供給（建設）のあり方に焦点がおかれ、これと住宅手当との関係には論及していない、という点である。

序章で紹介したように、ピーター・ケンプは「遅れた福祉国家」（rudimentary welfare state）と呼称されている南ヨーロッパ諸国（ギリシャ、ポルトガル、スペイン、イタリア）について、国の制度としての住宅手当の不在を指摘し、その理由として広範囲な社会保障システムが未発達なこと、そうしたシステムに代替する家族支援のネットワークに過度に依存していること、かなりの若年者

が30歳まで両親の家に居住していること、自力による持家所有が支配的であること、を指摘している（Kemp, 2007a, pp.4-5）。

パラサイト・シングルという文言が喧伝されるように、日本も家族支援のネットワークに依拠しながら、国の制度としての住宅手当が不在となっている点では、南ヨーロッパ諸国と類似した性格をもっている。「物への助成」から「人への助成」への転換により、エンタイトルメントとしての住宅手当が作動し、住宅確保の社会的責任を保持してきたイギリスをふくむ欧州諸国（南欧を除く）と、こうした転換がなされないまま、男性稼ぎ主型の生活保障システムのもとで、住宅確保を個人的責任のもとにおいた日本との差異は大きい。

第2の論点は、民間賃貸の居住水準についてである。ケメニーによれば、ユニタリー・モデルは、非営利セクターの原価賃貸と民間賃貸とが競合し、かつ併存しうる市場メカニズム（ソーシャル・マーケット）の一環として機能している。これに対してデュアリスト・モデルにおける民間賃貸は、利潤目的の住宅として機能し、借家人は高家賃と居住不安に晒され、国家は、この市場の欠陥を是正するため公営住宅の供給を余儀なくされる、と説明されている。

この点、民間賃貸の家賃を統制しながら公営住宅について「物への助成」を本格的に展開したイギリスと、脆弱な「物への助成」のもとで、基本的には民間賃貸に依拠しながら、持家への傾斜を強めていった日本との相違が留意されるべきであろう。

以上から、かりに日本をイギリスと同様、デュアリズムに該当させるとしても、どのようなデュアリズムであるのかが問われることになる（この点は、次章で展開）。

第2節　最低居住面積水準を充足できない住宅扶助

この章の冒頭で言及したように、サ高住を利用する高齢者について住宅手当の必要性が強調されていた。しかしながら実際には、国民年金でも満額受給していない人や無年金者も存在しており、雇用の不安定化と非正規化にともなっ

て、そうした人びとは拡大しつつある。このため高齢者を中心に生活保護の受給者が拡大し、住宅扶助を利用する高齢者も増えている。また、サ高住の一部の入居者も生活保護の受給者となっている。

そこで本節では、すぐれて所得補填として機能している生活保護の住宅扶助は、居住水準の確保（最低居住面積水準の遵守をふくめて）という機能が脆弱であることに言及しておきたい。

1 住宅扶助の拡大とその特性

生活保護費の住宅扶助をめぐる問題は、社会保障審議会・生活保護基準部会（以下、基準部会と略記）において議論されている。

第1回目の基準部会（2011年4月）に提出された資料によれば、保護費の総額は、2000年に1兆9393億円であったのが、2009年には3兆4235億円まで拡大した。その内訳は、医療扶助48.3％（55.2％、2000年）、生活扶助33.8％（33.1％）、住宅扶助14.7％（10.3％）、介護扶助2.0％（0.7％）、その他1.2％（0.6％）となっており、増大する保護費において住宅扶助の比率は上昇傾向にある。

OECD基準による社会支出によれば、日本は欧米諸国と異なり、住宅手当を単独の社会支出として計上していない。それは「生活保護その他」に内包され、各種の扶助は「単給」として機能しておらず、パッケージ化されている。表3-5は、この10年間余りの扶助別の世帯数の推移を示している。教育、介護、出産、生業、葬祭など特定階層への特定時点での扶助（その他に計上）をのぞいて、生活扶助、住宅扶助、医療扶助の利用世帯は、ほぼ重複しており、2011年ではそれぞれ133万5819世帯、124万8694世帯、129万617世帯という状況にある。従って住宅扶助を受給する世帯構成と年齢階層は、生活保護のそれらとしてのみ把握されている。

この10年間余りに生活保護世帯は急増し、1995年に60万世帯（高齢者世帯42.3％、傷病・障害者世帯42.0％、母子世帯8.7％、その他6.9％）であったのが、2009年時点で約127万世帯、その内訳は高齢者世帯44.3％、傷病・障害者世

表 3-5　扶助別被保護実世帯数の年次推移

	被保護実世帯数	生活扶助	住宅扶助	医療扶助	その他
2000 年度	751,303	635,634	554,313	672,676	128,310
2001	805,169	685,794	601,189	720,153	149,976
2002	870,931	748,553	659,143	775,570	176,560
2003	941,270	816,363	723,287	832,931	203,417
2004	998,887	869,384	778,456	886,678	227,942
2005	1,041,508	908,232	820,009	927,945	271,459
2006	1,075,820	940,074	855,552	944,574	284,408
2007	1,105,275	968,017	885,362	971,581	298,010
2008	1,148,766	1,008,080	924,698	1,003,847	311,436
2009	1,274,231	1,127,178	1,039,643	1,098,796	339,058
2010	1,410,049	1,254,992	1,163,183	1,210,389	372,477
2011	1,498,375	1,335,819	1,248,694	1,290,617	399,124

出所：国立社会保障・人口問題研究所（2013）により作成。

帯34.3％、母子世帯7.8％、その他13.5％という状況にある。**図3-1**は、年齢階層別被保護人員の推移を示している。これによると70歳以上の伸びがもっとも高く、ついで60から69歳、さらに50から59歳までとゼロから19歳までの年齢層がこれに続いている。これに対して20から29歳までの年齢層は、微増にとどまっている。

尾藤廣喜氏（生活保護問題対策全国会議代表幹事）は「生活保護バッシングを超えて」という論考で、**図3-1**の推移から、喧伝されているような「若者が働くよりも楽と考えて生活保護を利用している」という類型とはほど遠く、「年金の額が不十分であるために生活保護に頼らざるを得ない高齢者」の類型、あるいは「高年齢となり働く場が得られず、生活保護に頼らざるを得なくなった」類型が被保護人員の増加を招いている状況がある、と論じている（尾藤, 2012, pp. 74-75）。

2　基準部会のねらい——生活保護の「適正化」

では、厚労省は、社会保障審議会・生活保護基準部会の役割をどのように考

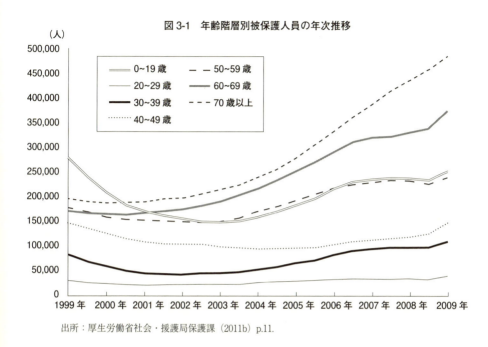

図3-1 年齢階層別被保護人員の年次推移

出所：厚生労働省社会・援護局保護課（2011b）p.11.

えているのか。この点、まず注目すべきは、第1回社会保障審議会・生活保護基準部会の開催にあたっての岡本厚生労働大臣政務官による主旨説明である（厚生労働省社会・救護局保護課, 2011a）。

> いわゆる生活保護の基準をどう設定するのかといったことについては、これまでは全国消費実態調査等をもとに5年に一度の頻度で定期的に検証は行ってまいりましたものの、やはり昨今、生活保護受給者数が200万人を超える勢いをみせるなか、戦後直後と同程度の受給者数になっているという現状、また、いわゆる生活保護の元手となります税金を納めていただいている納税者の皆様方から見ても理解いただける制度にしていかなければならないという観点、こういった点を踏まえますと、幅広い国民の皆様の御理解を求めていかなければならないと考えています。

ここでは生活保護受給者と納税者との分断、すなわちオール・オア・ナッシングという状況を前提にしながら、「200万人を超える勢いを見せ」、「戦後直後と同程度の受給者数になっているという現状」をふまえ、「納税者の皆様方から見ても理解いただける制度」にするための生活保護基準の見直しが言明されている。

　さらに岡本政務官が「今、社会保障と税の一体改革の中でも、貧困対策をどうするかというのは本当に大きな議論でして、先ほども冒頭にお話しさせていただきましたが、やはり納税者の皆さん方が一定程度納得する話にしていかないと、これから増税の議論が出てくるときに耐えられない制度であってはいけない」と発言しているように、基準の見直しは、「社会保障と税の一体改革」のもとで増税が意図されていることにも関係していた。

　その後、2011年5月12日、厚労省は、「税と社会保障の抜本的改革調査会中間整理」における議論のたたき台として、「社会保障制度改革の方向性と具体策」を発表、そこでは「最後のセーフティネットの適正化」という項目において、「生活保護基準については、低所得の勤労世帯、満額の基礎年金水準等との整合性に関する指摘や、自立の助長を損なうことのない水準、体系になっているかなど様々な意見があることも踏まえ、客観的データに基づく専門的な検証を行う」ことが明記された（尾藤・小久保・吉永編, 2011, p.145）。

　この「低所得の勤労世帯、満額の基礎年金水準等との整合性」は、前年（2010年10月）に提出された指定都市市長会が提出した「社会保障制度全般のあり方をふくめた生活保護制度の抜本的改革の提案」を反映したものであった。そこでは、「一般世帯との均衡を考慮した保護費の見直し」という項目で、生活保護費と年金、最低賃金との均衡を図るよう、国へ社会保障制度等の改革を強く要望する」との主張がなされていた（同上, p.118）。

　この点、さきの生活保護基準部会で三石保護課長は、「昨年10月に指定都市市長会、いわゆる政令市の市長会がまとめた提案が私どもに出されておりますけれども、その中では、就労支援や生活保護の適正化とかいろいろなことが盛り込まれておりますが、この生活保護基準につきましても提言がございまして、

……年金や最低賃金と生活保護費とのバランスを考えるべきではないかというような御提言もございます」と、生活保護基準にかかわる指定都市市長会の政治的な圧力に言及している。

以上のような「適正化」に反対運動を繰り広げている生活保護問題対策全国会議は、「社会保障審議会・生活保護基準部会設置に当たっての意見書」（2011年7月6日）を公表、「今回、基準部会を設置した厚生労働省の意図は、単なる5年に1回の定期的検証の枠を超え、増税の布石として、最低賃金と年金額との逆転現象を解消するために生活保護基準を引き下げる点にあることが明確である」と論定している。

第1回の基準部会で三石保護課長は、「中心は生活扶助の基準をどうするかということになろうかとは思いますが、それ以外にも住宅扶助の基準あるいは勤労控除のような仕組み、こういったものも含めまして、多方面のアプローチにより生活保護の有するさまざまな基準について御議論・検証をいただければと考えております」と述べている（厚生労働省社会・援護局保護課, 2011a）。

生活扶助のみならず住宅扶助をふくめて「多方面のアプローチにより生活保護の有するさまざまな基準について御議論・検証」するのは、駒村康平部会長をはじめとする各委員である。ここにはオール・オア・ナッシングという状況を改変すべく、住宅扶助の単級化、社会手当化を主張する委員も参画していた。しかしながら、住宅扶助にかかわる基準部会での作業のフレームワークは、生活扶助と同様、「生活保護基準引き下げ」という厚生労働省の方針のもとに、政官主導によりトップダウンで決定されていく。

3　住宅扶助にかかわる基準引き下げの意図

住宅扶助については、第16回の基準部会（2014年3月4日）から議論が開始された。伊沢保護課長補佐により住宅扶助の現状や関連する制度の説明がなされ、その最後で他の審議会から2つの意見が以下のように紹介されている（厚生労働省社会・援護局保護課, 2014b）。

1）昨年5月に出ました財政制度等審議会の財政健全化に向けた基本的考え方における、「住宅扶助も含め、生活扶助以外の扶助制度について、生活保護の一層の適正化に向け、生活保護基準部会において、さらなる検討が行われることが期待される」との意見
2）社会保障審議会の生活困窮者の生活支援の在り方に関する特別部会で、平成25年1月にまとめた報告書における「生活保護の住宅扶助を生活保護制度から切り離し、恒久的な住宅手当として再編し、公営住宅などの公的賃貸住宅や、民間賃貸住宅の家賃を補助することや、住宅手当の充実も検討すべき」との意見

特別部会では、連合を代表して参画していた委員から「私どもは住宅扶助というものを生活保護制度から外しまして、恒久的な住宅手当制度として再編することができないだろうかと考えております。そのことをもって、公営住宅、あるいは民間アパートの家賃の補助にできないかということです」との要請が出されていたのである（厚生労働省社会・援護局総務課, 2012）。

さて2014年5月に入って住宅扶助基準をめぐる議論は急ピッチで進められ、5月16日（第17回）には住宅扶助に関する論点、検証手法について議論、5月30日（第18回）には住宅扶助に関する論点、検証手法を整理、さらに「平成20年住宅・土地統計調査」の個票データの特別集計方法について整理、6月以降には、以上の特別集計を開始、7月から10月まで特別集計結果を基準部会に報告し、住宅扶助特別基準額の水準、住宅扶助の改定方法について議論・検証、11月には、住宅扶助に関する検討結果のとりまとめを行う予定になっていた（厚生労働省社会・救護局保護課, 2014c, p.5）。

では、財政制度等審議会の財政健全化の意向をくみ、生活保護の「適正化」を実施しようとしている厚労省は、住宅扶助にどのように切り込もうとしているのか。5月30日（第18回）の基準部会には、住宅扶助に関する4つの論点が提起された。その内容は以下の論点1に集約されている（厚生労働省社会・救護局保護課, 2014d, p.3）。

[論点1：住宅扶助特別基準額（家賃）の水準について]
現行の都道府県、指定都市、中核市別に定めている住宅扶助の特別基準額の水準は妥当か。
① 住宅扶助特別基準額の妥当性を検証するにあたって、健康で文化的な最低限度の住生活を営むことができる住宅かどうかをみるための尺度は、住生活基本計画（全国計画）（平成23年3月閣議決定）において定められている最低居住面積水準（設備条件をふくむ）でよいか。

　※全国の民営借家では、約3分の1の世帯で、最低居住面積水準（設備条件をふくむ）が未達成の状況にある。

② 生活保護受給世帯において、最低居住面積水準を満たしている世帯の割合はどの程度か。
③ 住宅扶助特別基準額は、健康で文化的な最低限度の住生活の確保の観点及び低所得層の世帯における住宅水準との均衡という観点から、どの程度を妥当なものとするべきか。

　最低居住面積水準の達成状況を踏まえると、低所得層の世帯との均衡の観点から、住宅扶助特別基準額の妥当性を評価することも必要ではないか。

④ 住宅扶助特別基準額は、どのような区分で設定することが妥当か。また、検証にあたって、調査世帯をどのようなカテゴリーで分類するべきか。
⑤ 生活保護受給世帯の家賃額は、一般世帯における近隣同種の住宅の家賃と比較して、高く設定されている場合があるのではないか。また、家賃額に差が生じるのは、生活困窮者であるが故の特別な理由があるのではないか。
⑥ 住宅扶助特別基準額は上限額のみを設定しているが、現に最低居住面積水準を達成していない世帯が一定割合あることを踏まえ、上限額の範囲内で床面積や築年数など住宅の質に応じた基準額を設定すること

についてどう考えるか。
⑦ 住宅・土地統計調査による検証時点と検証結果を反映させる時点とでタイムラグが生じるのをどうするべきか。
⑧ 住宅扶助の検証にあたっては、民間の分析手法等も参考にしてはどうか。

ここで問題となっている特別基準額とは、「家賃、間代、地代等については、当該費用が上記の額（基準額）を超えるときは、都道府県、指定都市、中核市ごとに、厚生労働大臣が別に定める額（限度額、1級地及び2級地、3級地に区分）の範囲内の額とする。ただし、限度額によりがたい家賃、間代、地代等であって、世帯員数、世帯員の状況、当該地域の住宅事情によりやむを得ないと認められるものについては、限度額に1.3を乗じて得た額（7人以上の世帯については、この額にさらに1.2を乗じて得た額）の範囲内において、特別基準の設定があったものとして、必要な額を認定することができる」との規定にもとづく。なお、特別基準額の見直しについては、「家賃物価の動向や被保護世帯の支払家賃の実態等を勘案して改定」することになっている（厚生労働省社会・援護局保護課, 2013, p.1）。

たとえば東京都の特別基準額（2014年）は、1級地及び2級地で限度額（単身世帯）5万3700円、1.3倍額（2～6人世帯）6万9800円、1.3×1.2倍額（7人以上世帯）8万3800円、大阪市の場合、1級地及び2級地で限度額（単身世帯）4万2000円、1.3倍額（2～6人世帯）5万5000円、1.3×1.2倍額（7人以上世帯）6万4000円という状況にある（同上, p.3）。

表3-6は、生活保護受給世帯の居住状況を公営、民営とそれ以外に区分し、前者について世帯人数別の推移をみたものである。2011年時点で16.9％は公営住宅等に、67.6％は民営住宅（この定義は、出所文献を参照）に居住しており、後者の内訳は1人世帯52.1％、2～6人世帯15.4％、7人以上世帯0.1％となっている。趨勢的には、借家・借間世帯数の割合が増加傾向にあるとともに、そのうち公営住宅等の世帯は減少、民営住宅の世帯は増加している。また世帯

表 3-6 生活保護受給世帯の居住状況　　　　　　　　　　(%)

	借家・借間世帯							
	公営住宅等				民営住宅			
	計	1人世帯	2-6人世帯	7人以上	計	1人世帯	2-6人世帯	7人以上
2005年	18.8	11.2	7.5	0.1	61.6	45.6	15.9	0.1
2006	18.6	11.2	7.3	0.1	62.5	46.6	15.8	0.1
2007	18.5	11.3	7.1	0.0	63.0	47.4	15.6	0.1
2008	18.1	11.3	6.7	0.0	63.8	48.4	15.3	0.1
2009	17.2	10.8	6.4	0.0	65.1	49.6	15.7	0.1
2010	16.8	10.5	6.3	0.0	67.4	51.6	15.7	0.1
2011	16.9	10.6	6.3	0.0	67.6	52.1	15.4	0.1

出所：厚生労働省社会・援護局保護課（2014a）p.6.

人数別にみると、単身世帯は増加傾向にある一方、複数人世帯は漸減している。

表3-7は、論点1の①にかかわる資料として提出され、最低居住面積水準（設備等の条件をふくむ）が未達成である世帯の割合は、全国の民営借家では約3分の1となっており、東京都の民営借家では4割を超えることが判明する。なお、ここでいう最低居住面積水準とは、「世帯人数に応じて健康で文化的な住生活を営む基礎として必要不可欠な住宅の面積に関する水準」であり、その面積（住戸専用面積・壁芯）は、以下のように算定されている。

（1）単身者 25㎡
（2）2人以上の世帯 10㎡×世帯人数＋10㎡
　　　注1：上記の式における世帯人数は、3歳未満の者は0.25人、3歳以上6歳未満の者は0.5人、6歳以上10歳未満の者は0.75人として算定する。ただし、これらにより算定された世帯人数が2人に満たない場合は2人とする。
　　　注2：世帯人数（注1の適用がある場合には適用後の世帯人数）が4人を超える場合は、上記の面積から5％を控除する。
　　　注3：次の場合には、上記の面積によらないことができる。
①単身の学生、単身赴任者等であって比較的短期間の居住を前提とした面

表3-7 最低居住面積水準の達成状況について（2008年）

(%)

		民営借家（合計）			民営借家（木造）			民営借家（非木造）		
		最低居住面積水準以上の世帯	最低居住面積水準未満の世帯	最低居住面積水準未満または設備等の条件を満たしていない世帯	最低居住面積水準以上の世帯	最低居住面積水準未満の世帯	最低居住面積水準未満または設備等の条件を満たしていない世帯	最低居住面積水準以上の世帯	最低居住面積水準未満の世帯	最低居住面積水準未満または設備等の条件を満たしていない世帯
全国	総数	80.4	19.6	33.7	81.0	19.0	46.2	80.1	19.9	27.5
全国	1人	76.2	23.8	40.2	76.3	23.7	56.0	76.2	23.8	34.0
全国	2-5人	85.9	14.1	25.2	85.5	14.5	37.2	86.1	13.9	17.6
全国	6人以上	59.9	40.1	49.5	69.6	30.4	44.7	45.1	54.9	56.9
東京都	総数	67.9	32.1	41.9	58.8	41.2	58.4	71.2	28.8	36.0
東京都	1人	63.2	36.8	48.0	53.0	47.0	65.4	66.8	33.2	41.7
東京都	2-5人	77.5	22.6	29.9	70.2	29.8	44.6	80.0	20.0	24.7
東京都	6人以上	50.0	51.7	53.3	63.0	40.7	44.4	39.4	60.5	60.6

出所：厚生労働省社会・援護局保護課（2014d）p.8.

　　積が確保されている場合
　②適切な規模の共用の台所及び浴室があり、各個室に専用のミニキッチン、水洗便所及び洗面所が確保され、上記の面積から共用化した機能・設備に相当する面積を減じた面積が個室部分で確保されている場合

　基準部会・資料では、論点1に提起されている②～⑥について、それぞれ具体的な「検証手法」（案）が説明され、そのための調査方法（生活保護受給世帯の居住実態に関する調査の実施について（案））が提案されている。ここでの厚労省の意図は、一般低所得者世帯と住宅扶助世帯との「均衡」を計るべく、住宅扶助受給世帯に対し、特別基準額を減額すると同時に居住面積水準も下降させることにある、と考えられる。逆に低所得者世帯の所得に対する家賃負担の割合、こうした人びとが最低居住面積水準を確保するためにどの程度の家賃補助が必要か、という論点は提起されず、従ってまた調査も実施されていない。
　基準部会では、国交省の管轄となる最低居住面積水準（住生活基本法、2006

年に依拠）を援用し、「最低居住面積水準の達成状況を踏まえると、低所得層の世帯との均衡の観点から、住宅扶助特別基準額の妥当性を評価することも必要ではないか」という設問のもとに、これから特別集計結果が参照されることになっていた。なお、最低居住面積水準は「ストックの質の向上を誘導する上での指針」であり、強制力をもっているわけではない。

4　居住実態調査が反映されない住宅扶助基準の見直し

論点1②「生活保護受給世帯において、最低居住面積水準を満たしている世帯の割合はどの程度か」との設問を受けて、2014年8月に生活保護受給世帯の居住実態にかんする調査（同月に福祉事務所の訪問対象となった11万611世帯を対象）が実施された。その結果は、基準部会に提出された「社会保障審議会生活保護基準部会報告書」（厚生労働省社会・援護局保護課, 2015a）に所収されている。

調査では、まず居住状況について、1）生活保護受給世帯が居住する民営借家における最低居住面積水準の達成率は、単身世帯で46%、2人以上世帯で67%となっており、一般世帯（生活保護受給世帯をふくむ）の達成率は単身世帯で76%、2人以上世帯で86%となっているのと比較すると、大きく下回っていること、2）住宅所有関係別にみると、生活保護受給世帯が居住する民営借家の達成率は41%、給与住宅で34%であり、公営借家の71%、UR等賃貸住宅の68%を大きく下回っており、居住する住宅の所有関係によって、住宅水準は大きく異なっていることが明らかとなった。

これを受けて報告書は、「生活保護受給世帯において、より適切な住環境を確保するための方策を検討することが必要である」と提言している。

以上に対して最終的に厚生労働省社会・援護局保護課が提出した結論（施行時期、2015年7月予定）は、① 単身世帯の住宅扶助上限額の適正化：各地域における家賃実態を反映し、最低居住面積水準を満たす民営借家等を一定程度確保可能な水準としつつ、近年の家賃物価の動向（全国平均▲2.1%）等も踏まえて適正化、② 2人以上世帯の住宅扶助上限額の適正化：世帯人数区分を細分

化し、人数別の上限額を適正化、③ 地域区分の細分化：都道府県の地域区分を2区分（1・2級地、3級地）から3区分（1級地、2級地、3級地）に見直し、④ 床面積別の住宅扶助上限額の新設：床面積に応じて上限額を減額する仕組みを導入し、より適切な住環境を備えた住宅へ誘導しつつ、劣悪な住宅にもかかわらず、上限額で家賃を設定し、生活保護受給世帯を居住させる貧困ビジネスを是正、というもので、「適正化」により住宅扶助への支出は、2014年度のマイナス30億円程度から2018年度のマイナス190億円程度まで拡大されるものと算定されている（厚生労働省社会・援護局保護課, 2015b）。

問題は、以上の結論が「より適切な住環境を確保するための方策」をほとんど考慮していない、という点である。

①のように「最低居住面積水準を満たす民営借家等を一定程度確保」するためには、とくに大都市、地方中核都市において住宅扶助上限額を引き上げる必要も出てくる。報告書の調査によれば、床面積25㎡以上を満たす賃貸物件は、都道府県1級地で4％しか存在していない。最低居住面積水準を満たす民間の賃貸物件が過少であるとすれば、水準達成率の高い公営住宅の増設なども射程に入れるべきであろう。

②では、現行の2人世帯の上限額が単身の1.3倍となっているのを1.2倍に引き下げている。そもそも現行の規定が大都市の賃貸市場の実態を反映していないのに、減額はさらに問題状況を悪化させることになる。さらに④では、上限額の減額により「劣悪な住宅」の利用が容認されてしまうことになる。

筆者は、山谷で簡易宿泊所、民間アパートを居所として生活保護を受けている高齢者を対象として、マンションの一室での共同リビングサービス（食事・家事援助、安否確認などデイ・サービスの提供、会員制で月4000円）を行ってきた「NPO自立支援センターふるさとの会」（代表・水田恵）の活動を紹介しつつ、以下のようにコメントした（小玉, 2003, p.49）。

> ところで山谷の高齢者が居住する簡易宿泊所は、台所・居間のない2畳半ほどの寝所のみの居室である。この居室に台東区は1日当たり2200円

（最高）の住宅扶助を支給している。まったく狭小な住居に高額の住宅扶助がなされているのである。この点、水田さんは「65歳以上の高齢者で、1人2畳の部屋・簡易宿泊所で人生の最後の時を過ごすその「心情」を思うとき、かれらの過度の飲食による自堕落を、本気でしかることのできる人はいないだろう。われわれは、住宅条件の改善こそが、生活の自立に向けたこころの癒しの基本条件になると考えている」と述べている。

結論④は、「貧困ビジネス」の是正という名目のもとに、「住宅条件の改善」を放棄しているのである。

以上のような事態は、単身高齢者であれ複数世帯であれ、世帯数にふさわしい居住レベルが規定されないまま、扶助レベルのみを基準としている日本の住宅扶助に、通常、欧州における社会手当としての住宅手当がもつ「低廉で良質な住宅に居住可能」（アフォーダビリティの確保）という機能が欠落していることから生じている。

第3節　住宅手当と最低保障年金の連携にむけて

年金制度の不備のため国民年金でも満額を受給していない人や無年金者が存在し、さらに雇用の不安定化と非正規化にともなって、こうした人びとが増大するという状況のもとでは、高齢者を中心とした生活保護の受給者が拡大し、そのことによる住宅扶助への参入を防遏（ぼうあつ）することはできない。

従って住宅扶助を単給化させ社会手当として作動させるためには、生活保護の生活扶助を上回る給付を可能とする年金改革により、住宅手当と最低保障年金を連携させることが重要となる。

1　高齢単独世帯の年金問題

表3-8は、『国民生活基礎調査』に依拠して65歳以上の高齢者について世帯形態別にその所得分布を示したものである。この表から、1）年収170万円

表 3-8　65 歳以上の高齢者のいる世帯の所得階層分布（2009 年）

(%)

所得階層	三世代	夫婦と未婚子	単親と未婚子	夫婦のみ	単独(男性)	単独(女性)	その他	計
50万円未満	-	0.3	1.5	0.5	2.7	8.1	0.3	2.0
50-100万円未満	0.4	1.6	6.6	3.0	10.9	22.8	2.1	6.6
100-150万円未満	1.7	2.5	5.6	5.7	17.4	21.5	4.6	8.1
150-200万円未満	0.8	2.8	7.6	6.6	12.0	18.4	6.1	7.7
200-250万円未満	1.5	5.4	11.6	9.4	19.5	12.8	6.1	8.7
250-300万円未満	2.5	7.3	8.1	12.7	14.1	7.6	7.3	8.7
300-350万円未満	3.2	6.0	7.1	15.7	10.9	3.4	7.3	8.6
350-400万円未満	3.4	6.3	9.1	13.0	4.9	0.7	7.0	7.0
400-500万円未満	9.4	13.8	8.1	12.8	3.3	2.0	12.5	9.4
500-700万円未満	17.4	22.4	13.6	11.7	3.8	1.5	15.5	12.0
700万円以上	59.7	31.5	21.2	8.9	0.5	1.1	31.3	21.3
計	100.0	100.0	100.0	100.0	100.0	100.0	100.0	100.0
世帯数(万世帯)	351.8	233.8	139.2	599.2	128.5	334.6	225.4	2,012.5
構成比	17.5	11.6	6.9	29.8	6.4	16.6	11.2	100.0

出所：唐鎌（2012）p.213.

未満の1人当たり平均生活保護基準以下の貧困層は女性の単独世帯に集中し、その59.8％、199万9000世帯が年収170万円未満の階層に分布していること、2）男性の単独世帯も35.8％は貧困層に該当しているが、その存在は46万世帯と女性の単独世帯の4分の1程度にとどまっていること、3）「高齢単親と未婚子の世帯」と「高齢夫婦と未婚子」に着目すると、前者のうち30.6％、42万5000世帯、後者のうち19.0％、44万5000世帯が貧困基準以下となっていることが判明する。

　サ高住は、厚生年金層を中心とした「負担力のある高齢者」の需要を想定しているが、以上の推計をした唐鎌直義氏は、高齢者世帯の約半数をしめる夫婦世帯と単独世帯の状況から、以下のように総括している（唐鎌, 2012, p.215）。

　　高齢者世帯の「一人当たりの平均所得」を高める方向に作用しているのは、最大多数派を構成する夫婦世帯において年収250万円から400万円の

中所得層が、その41％をしめているためである。400万円以上の高所得層の比率も32.8％と高い。高齢期の生活は様々な面において、夫婦世帯と単独世帯では劇的に変化することを認識しておかなければならない。「負担力のある高齢者」論の主張は、高齢者世帯の約半数をしめる単独世帯、とくに「女性の単独世帯」と「単親＋未婚子世帯」の高い貧困発生率を見落とすことになる。

高齢女性の高い貧困発生率は、低所得高齢世帯の主要な生活保障を担っている年金の状況と関係している。2010年3月時点で厚生年金の受給者は1385万人と公的年金全体の36％、国民年金のそれは954万人で25％であり、各種共済年金の受給者を除いた厚生年金と国民年金の受給者は全体の61％に達している。さらに老齢年金受給（月額、2010年3月末）の分布を検討した唐鎌直義氏は、1）男性で月額8万円以上の厚生年金受給層は、月額25万円を超える階層まで、各々3～5％の比率でフラットに分布しており、「厚生年金の定額受給層の問題も、国民年金層の問題と同様に重視されなければならない」こと、2）女性では月額3～4万円の国民年金の受給者が、女性の年金受給者の17％をしめ、厚生年金ですら月額10万円に達しない受給者が圧倒的多数であり、「結婚や出産により、雇用の不安定性の影響を男性以上に被ってきた」こと、を指摘している（同上, pp.201-203）。

ところで、65歳以上の高齢者世帯の住宅テニュア（2008年）を夫婦（511万2000世帯）と単独（413万8000世帯）で比較すると、前者は持家86.1％、借家13.6％であるのに対し、後者は持家64.8％、借家34.2％と大きな開きがある。後者の借家について、その内訳を検討すると公営9.8％、UR・公社3.0％、民営借家・木造11.6％、民営借家・非木造9.6％、給与住宅0.3％という状況にある。いうまでもなく民営借家の場合、その居住面積水準は劣悪であり、木造の19.1％、非木造の23.0％は最低居住面積水準未満、木造の74.1％、非木造の67.9％は誘導居住面積水準未満である（総務省・統計局, 2008, 表7-3, 表7-4を参照）。

表 3-9 高齢単独世帯における男女別の住宅テニュア別・居住状況 (2008 年)

区分・性別	年齢区分	総数	持家	借家	うち公的借家	うち民営借家
世帯総数	総数（主世帯数）	49,598,300	30,316,100	17,770,000	3,006,900	13,365,500
高齢単独	高齢単独世帯	4,137,900	2,679,700	1,413,100	527,300	874,800
	前期 (65-74 歳)	1,995,900	1,175,000	799,900	285,200	507,100
	後期 (75 歳以上)	2,142,000	1,504,700	613,200	242,100	367,700
男性	高齢単独世帯	1,243,900	740,200	488,000	144,500	337,500
	前期 (65-74 歳)	733,800	386,300	338,810	91,000	242,600
	後期 (75 歳以上)	510,100	353,900	149,900	53,500	94,900
女性	高齢単独世帯	2,893,900	1,939,500	925,200	382,700	537,300
	前期 (65-74 歳)	1,262,000	788,700	461,900	194,200	264,600
	後期 (75 歳以上)	1,631,900	1,150,800	463,300	188,500	272,700

注：本表では、全項目を掲載していないため、総計と各項目の合計が一致していない。所有関係別にみると、持家と借家の他に不詳値があり、持家においては、戸建て住宅と共同住宅の他に長屋建てがあり、借家では、公的借家と民営借家の他に給与住宅があるためである。長屋建てや給与住宅は、全体にしめる比率が小さいため、本表では省略している。
出所：竹内（2010）p.6.

表 3-9 は高齢単独世帯を、さらに男性、女性に区分し、それぞれのテニュア内訳（2008年）を検討したものである。民営借家に居住する男性33万7500世帯の割合は、当該総世帯124万3900世帯の27.1％と、女性の18.6％を上回っているが、絶対数では、女性の53万7300世帯は、男性の33万7500世帯を凌駕している。その要因は、女性の場合、75歳以上の後期高齢者が27万2700世帯と、男性の9万4900世帯を大きく引き離していることにある。

以上に指摘した女性を中心とした高齢世帯の低年金、さらには無年金の問題は、当然のことながら生活保護受給高齢者の増大に繋がっていく。この辺の事情を小越洋之助氏は、「とくに低年金・無年金者層ではそのことによる生活不安を引き起こしている。とりわけ女性の低年金・無年金問題は男性以上の平均余命であるがゆえに一層深刻である。家族によるサポートの条件が喪失すれば、最後の手段は生活保護しかない」と述べている（小越、2010, p.216）。

ややデータは古いが、2006年における生活保護の被保護人員151万3892人において、65歳以上は58万8130人、そのうち年金受給者は27万5140人と

46％をしめ、1人当たりの年金受給額は月4万6144円であった。年金受給者の逆数31万2990人は無年金者であり、生活保護を受給せざるをえない高齢者の半数以上が無年金者となっている（同上, p.217）。

2　年金改革と住宅手当の導入

　山田篤裕氏は、「最低所得保障、大改革の時」（『日本経済新聞』2012年10月23日）という論考で、「諸外国の多くには、社会扶助以外にも社会保障として一般低所得世帯向けの住宅手当（家賃補助）」が作動していることを指摘、老齢最低所得保障と住宅手当の重層的な制度連携を主張している。

　そこでは、日本の生活保護が生活扶助のみならず住宅扶助、医療扶助などもパッケージ化されている統合的な生活保障となっており、最低賃金と生活保護基準の逆転現象、さらには国民年金が生活保護を下回るという事態が生じていることから、こうした問題への対応策として、最低賃金＞最低保障年金＞社会扶助への是正が主張され、1）就労者あるいは高齢者それぞれの実態的な生活費に基づき、それぞれの「あるべき生活水準」を定め、それらを社会扶助より上の基準として、最低賃金や老齢最低所得保障水準に反映させること、2）社会扶助以外の社会保障としての一般低所得世帯向けの住宅手当などによる重層的な制度連携で最低所得保障機能を強化することが提唱されている。

　他方、駒村康平氏は、『最低所得保障』という編著において、やはり住宅手当の重要性に論及している。そこでは「最低所得保障の根幹となるべき生活保護」について、「生活保護では、保護を受けること自体が困難であって、さらに運用は法を逸脱する危険をはらんでおり、最低所得保障制度の包括性を確保するものとなっていない」、このため「働いている世帯と生活保護受給世帯との間の不公平感、現役世代と高齢世代との間の不公平感、また非正規雇用という働き方に対応していない社会保障制度や将来の年金への不信感が語られている」との問題状況が指摘されている。

　この問題解決には「生活保護、最低保障年金、雇用保険、失業扶助、最低賃金、社会手当により、整合性と包括性を兼ね備えた多層構造」の制度が要請さ

れ、「たとえば、低所得者向けの住宅手当や子どものための社会手当を導入し、非正規雇用の低所得カップルでも無理なく子育てができるよう支援すべき」と主張している（駒村, 2010a, p.2；2010b, pp.225-226）。

また駒村氏は、とくに高齢者の最低所得保障を確保するために年金改革の重要性を以下のように述べている。

今後、マクロ経済スライドが適用され、同時に医療・介護の保険料が急上昇する2015年ごろには、手取り基礎年金は月額5万1000円相当まで低下、生活保護の生活扶助水準を大きく下まわることが予想され、「結果として高齢者の生活保護受給者を増やすことになる。従って当面の対応が急がれる」として、「基礎年金に年金加算をただちにおこなうこと」（北欧のような最低保障年金）か、「公費財源で最低所得保障をおこなう選択肢」（ドイツ、フランスのような高齢者向け扶助制度）を提示、以上に加えて「借家で困窮している単身の高齢者などには住居費の補助も必要である」と指摘しているのである（駒村, 2014, pp.238-239）。

これまで論じてきたように、住宅手当は、ワーキングプアの若者、ひとり親世帯にとって重要な意義をもつ。ただし世帯数でみると住宅手当の恩恵をうけているのは高齢者が多く、北欧の場合、表3-10で見られるように年金生活者は、デンマーク64％、フィンランド35％、ノルウェー75％、スウェーデン61％のシェアとなっている。またイギリスでは、住宅手当の受給者（2014年8月時点、493万162件）のうち、年金クレジットの利用者は19.3％に達している（第1章・第1節を参照）。

表3-10　住宅手当・受給者の世帯類型別内訳（2002年）
(%)

	デンマーク	フィンランド	ノルウェー	スウェーデン
ひとり親	13	10	13	22
単身	16	47	3	7
子どもあり家族	4	5	5	10
年金生活者	64	35	75	61
その他	3	3	0	0

出所：Ahrem (2004) p.184.

スウェーデンでは1999年からの新制度により、現役時代の給与・所得の合計に比例して給付額が決まる所得比例年金と、年金の給付額が一定水準に満たない低所得者のために国税を財源として最低保障年金が設定された（湯元・佐藤, 2010, p.177）。イギリスではブレア政権時代の1999年、貧困者への公的扶助の改革により最低所得保障（MIG, Minimum Income Guarantee）を導入、これは60歳以上の高齢者を対象に非拠出制で最低限の所得（通常の所得補助よりも給付水準はアップ）を保障するものである。2003年、MIGは老後のために貯蓄したものが不利になっているとして、年金クレジット（Pension Credit）に変更された。この結果、年金クレジットは、60歳以上の最低所得を保障する給付（保障クレジット）と、貯蓄額に応じて65歳以上に支払われる「貯蓄クレジット」へと分かれることになった（小越, 2010, pp.240-41）。

このようにスウェーデンでは最低保障年金、イギリスでは年金クレジットにより、老齢最低所得保障水準が担保され、これに住宅手当による重層的な制度連携を付加している。

スウェーデンの借家において単身世帯（64歳以下）につぐ高い比率を示しているのは、高齢の単身世帯（65歳以上）であり、かれらは借家人組合の19.9％、民間賃貸の14.9％、MHCsの18.5％をしめている（2004年、前掲、**表2-4**を参照）。すでに言及したようにスウェーデンの住宅手当の受給者を世帯分類別にみると（データは2002年）、年金世帯が61％ともっとも多く、年金世帯全体の23％は住宅手当（年金世帯への住宅補足）を受給している。

1946年、政府は国民老齢年金への住宅補足（supplement）として、地方自治体の負担による住宅手当を制度化した。当初、1945年以降に建築された賃貸住宅のうち、国家の助成を受けた特定のタイプが対象となっていた。1988年以降、国家の負担による住宅補足手当を部分的に導入、すべての住宅テニュアが対象となった。1995年には年金世帯への住宅補足手当が地方自治体のそれに取って代わった。これにより住宅補足手当の支出に適用されるルールは、全国一律となった。

1995年以降、年金世帯への住宅補足手当についての支出額は、年間100億

図 3-2 単身者の年金給付レベルにともなう住宅補足手当の変化

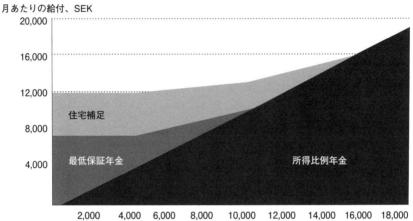

出所：Nordic Social-Statistical Committee (2008) p.111.

クローナ前後と安定しているが、受給者は 56 万 3000 世帯（1995 年）から 44 万 7000 世帯（2004 年）へと減少傾向にある。減少の理由は、1999 年からの新制度により、現役時代の給与所得の合計に比例して給付額が決まる所得比例年金と、年金の給付額が一定水準に満たない低所得者のために国税を財源とする最低保障年金が設定され、一部の年金世帯が住宅補足手当にかかわる所得制限を超えたことにある（Ahren, 2007, pp.219-221）。

最低保障年金は所得比例年金が一定水準を下回るときに、その不足分を補い、単身者で 7526 クローナ（9 万円）、同居であれば 1 人当たり 6713 クローナ（8 万 1000 円）に設定されている。財源は年金保険料でなく国税である。年金世帯への住宅補足手当は、最低保障年金のみの場合、**図 3-2** に示されるように単身者で 4452 クローナ（5 万 3000 円）が支払われ、所得比例年金が 4452 クローナ（5 万 3000 円）まで、この水準は保たれ、それを超えると最低保障水準が徐々に上昇することで、住宅補足手当も逓減し、所得比例年金が 1 万 6000 クローナ（19 万円）以上になると受給資格はなくなる。

2008 年時点で 65 歳以上の単身女性は約 50 万人（男性 21 万 4000 人）であ

る。通常、単身女性の年金所得は、より長い期間就労し、より高い賃金を得ている男性と比べて低い。2007年12月現在で170万人以上が老齢年金を受給し、その92％は所得比例年金を、他方でその半数の約80万人は最低保障年金も利用、そのうち14万世帯は最低保障年金のみの世帯であった（Nordic Social-Statistical Committee, 2008, p.111）。2008年12月時点では、40万8566世帯が年金世帯への住宅補足手当を利用、うち72％は女性であった（Sahlin, 2011, p.110）。

従って所得の低い高齢の単身世帯、とくに女性は、年金世帯への住宅補足手当を利用することでアフォーダブルな住宅を確保している。「住宅補足手当の目的は、年金生活者に一定水準ないしは新築の住宅を確保する」ことにあり、「ナーシング・ホーム、高齢者ホーム、サービス付き住宅など、すべてのタイプの住戸とテニュアに適用可能」となっている（Ahren, op. cit., pp.226-227）。

注
1 シルバーハウジングは、建設省（現、国土交通省）と厚生省（現、厚生労働省）が連携し、介護付き高齢者向け賃貸住宅モデル事業のシルバーハウジング・プロジェクトとして開始された。高齢者世帯が地域社会のなかで自立した生活を快適に送れるように、住宅の安全や利便性を考慮した設計や設備を施すと同時に、福祉サービスなども受けやすく配慮した公的な賃貸集合住宅である。

　供給主体は地方公共団体、都市再生機構、住宅供給公社であり、入居高齢者に対して、約30戸に1人の割合で生活援助員（ライフサポート・アドバイザー）が配置され、生活援助員は必要に応じ、生活指導や相談、安否確認、一時的な家事援助、緊急時対応などを行い、高齢者の生活を支えている。2011年時点で900カ所、約2万3000戸が供給されている。

2 民主党政権における生活保護基準の引き下げの動きは、2012年の年末に成立した第2次安倍政権のもとで具体化されていく。2013年1月29日、政府は生活保護費のうち生活扶助費を2013年8月から3年間かけて、段階的に740億円削減することを閣議決定、その内訳は月々の生活扶助費の基準額を2013年度から3年間で670億円、年末に支給する「期末一時扶助金」も70億円のカットとなっ

ていた。

　この670億円の引き下げの根拠として厚労省は2つの理由をあげている。第1は、生活保護基準部会における検証結果をふまえた年齢・世帯人員・地域差による影響の調整（90億円）である。第2は、2008年以降の物価の動向を勘案（580億円）した、という点である（稲葉, 2013, pp.7-9）。

　第1にかかわる基準部会の作業について、三石保護課長は、5年に1回の全国消費実態調査の生データから特別集計をし、「現行の生活扶助基準あるいはその他の基準と一般低所得者世帯の消費実態との均衡が適切に図られているか否かなどの検証をお願いしたい」と述べていた（厚生労働省社会・援護局保護課, 2011a）。

　この検証結果の報告書は2013年1月18日に提出されており、そこでは第一10分位（もっとも所得の低い10％の層）の消費実態と生活扶助基準を比較した場合、子育て世帯を中心に生活扶助基準が相対的に高くなることが示された。

　ただし、報告書には、「現実には第一10分位の階層には生活保護基準以下の所得水準で生活している者もふくまれることが想定される点についても留意が必要である」とのコメントが付されていた。もっとも所得の低い10％の階層には、生活保護の「受給漏れ」の人びとが多数ふくまれていることが推測され、第一10分位レベルの比較という手法では、現行の生活扶助費が相対的に高いという結論が導き出されるからである。

　生活保護の現場と制度に詳しい稲葉剛氏（住まいの貧困に取り組むネットワーク世話人）は、以上の作業について「それは生活扶助費の引き下げという政策を導き出すための検証手法である」と批判している（前掲, 稲葉, p.9）。

　他方、60歳以上の世帯については、生活扶助基準が第一10分位の消費実態よりも低いことが示された。そこには小泉政権における老齢加算廃止の影響が指摘されているが、報告書では、「引き下げありき」の政府方針とは逆に、高齢者の基準の引き上げの必要性を示唆することになった。この結果、政府は各委員の意向や報告書とは無関係に、2008年から2011年にかけて生活扶助に相当する消費者物価指数（生活扶助相当CPI）が4.78％下落していることを理由に580億円を削減する、という第2の根拠を提示することになる。

このCPIの算定には、物価下落の主な要因となっているパソコンやテレビなどの電気製品も入れられていた。この点、さきの稲葉氏は、「電気製品の価格が下がったから生活扶助費を下げると言われても、そうした物品を購入する頻度がきわめて低い生活保護世帯にはまったく説得力がありません。厚労省が引き下げの根拠としているデータは虚構の産物であり、生活扶助費の大幅削減という政治方針に従うために統計データをつまみ食いしたものと言えるでしょう」と酷評している（同上, pp.10-17）。

第4章

住宅政策としての住宅手当の不在
―― 日本型デュアリスト・モデル

　「はじめに」で言及したように日本の雇用慣行と持家取得（経済成長、終身雇用・年功序列の賃金体系、社宅等に支えられながら、最終的には持家取得に至る）の変容という認識のもとに、国交省において家賃補助が検討されたのは、2003年（社会資本整備審議会「新たな住宅政策のあり方について」）である。ここでは、同時に公的な住宅のみならず民営借家にまたがる「重層的なセーフティネット」が提起され、それをめぐる論議はいまだに継続されつつ、国の制度としての家賃補助（住宅手当）は導入されないまま、現在に至っている。

　この「重層的なセーフティネット」をめぐる一連の動向の評価は終章に譲るとして、ここではそうした評価をめぐる議論の前提として、旧建設省から国交省に至るまで、民間賃貸住宅市場への適切な介入、大規模な公的住宅の供給にむけた建設補助、住宅政策としての住宅手当の不在、つまりは日本におけるアフォーダビリティを担保する福祉国家的な住宅政策の不在という状況を再確認すべく、欧州における福祉国家としての住宅政策を歴史的に振り返り（第1節）、日本との比較を試みることで（第2節）、イギリスとは異なる日本型デュアリスト・モデルの性格を明らかにしたい（第3節）。

第1節　住宅政策としての住宅手当――その歴史的な経路

1　混成的 (hybrid) な性格をもつ住宅手当

　数年前、生活保護受給者の増大とその「適正化」をめぐる議論がマスコミを賑わした。これに対して岩田正美氏は、「生活保護を縮小すれば、本当にそれで済むのか」というタイトルで、「生活保護制度だけに負担がかかるような社

会保障全体の構造」を問題にしている。岩田氏が提唱しているのは、生活保護に取り込まれている高齢者、稼働年齢層、母子家庭への最低生活保障機能のバージョンアップであり、以下のように述べている（岩田, 2012, p.64）。

　……生活保護層の拡大が問題なのだとすれば、高齢期の貧困や稼働層の貧困に対して、別の生活保障が用意されねばならないことは容易に想像がつく。ここで特に注意しておきたいのは、高齢期の貧困は一般に長期貧困の形態を取る可能性が高く、他方で稼働年齢期の場合は景気変動によって短期に貧困に流入・流出するケースを含んでいる。したがって、これへの対策は当然異なったものであるべきである。実際、筆者があらためて指摘するまでもなく、高齢期の年金制度による最低生活保障や、稼働年齢層への第2のセーフティネットの必要性は、すでに政治課題となっている。母子世帯に対しては、児童手当＋児童扶養手当が、少なくとも子どもの扶養費の基礎的な支えとなる必要があろう。

　稼働年齢層については、不十分ながら第2のセーフティネットとして「職業訓練受講給付金」と「住宅手当」（現在は住宅確保給付金）が制度化されている。とすれば高齢層と母子世帯についても最低生活保障＋住宅手当というフレームワークが要請され、以下に主張されているように「生活保護における住宅扶助の単給化」が重要な課題となってくる（同上, p.67）。

　このため、オールマイティの生活保護の八つの扶助の一部を、とりわけ住宅扶助の単給化が大きな課題となっていく。この単給化は、先に述べた第2のセーフティネットの「住宅手当」の低所得者層への拡大を意味しており、高齢層だけでなく、稼働年齢層に拡大している貧困対策として、また離別後に転居を迫られることが少なくない母子世帯に対しても、極めて効果が高いと考えられる。

以上の言説は、ポスト工業化社会への移行にともなう新しい社会リスクとの関連で、不安定な労働市場にある若者、ひとり親世帯、高齢者は、いずれも正規雇用にある現役世代と比べて収入が少ないため、おしなべて住宅手当が所得補塡として重要な意義をもつことになってきた、というピーター・ケンプの説明（この点、序章を参考）と符合する。

　ここで留意すべきは、新しい社会リスクに直面している大部分の先進諸国において、住宅手当が「生活保護（社会扶助）における住宅扶助の単給化」という経路から発出しているわけではない、ということである。

　表4-1は、住宅手当の支出タイプとして社会扶助の住宅付加給付（Social assistance: housing addition）、独立した住宅手当（Separate housing allowance scheme）、社会（公営）住宅への家賃割引（Rent rebates）を住宅テニュアとの関係において国別に類型化したものである。社会（公営）住宅の家賃を所得に相関（家賃割引）させているのは、アングロサクソン諸国に該当するオーストラリア、ニュージーランド、カナダ、アメリカであり、このうちニュージーラ

表4-1　諸外国における住宅手当の支出タイプ

	社会扶助の住宅付加	独立した住宅手当	公的住宅への家賃割引
オーストラリア	○家賃補助		○
ニュージーランド	－	○住居補足手当	○
カナダ	○住宅付加給付	－（連邦レベル） ○住宅手当（州により）	○
アメリカ	－（一定の住宅費をカバー）	○住宅バウチャー（予算枠あり）	○
イギリス	－	○住宅給付	
フランス	－	○ALF（有子世帯対象）／ALS（高齢者・障害者対象）／APL（社会住宅居住者対象）	
ドイツ	○住宅付加給付	○住宅手当	
オランダ	－（最低限の住宅費をカバー）	○対人家賃補助	
スウェーデン	○住宅付加給付	○住宅手当（有子世帯対象／若年層対象）　住宅補足手当（年金受給者対象）	
チェコ共和国	－	○住宅手当	

出所：Kemp（2007c）p.271、斉藤（2013）p.8. などにより作成。

ンド以外は、独立した住宅手当をもたず（アメリカは限定的であるが、民間賃貸について住宅バウチャーをもつ）、日本のように社会扶助から住宅への支出（住宅付加給付など）がなされている。これに対して欧州の場合、基本的には独立した住宅手当が、社会住宅と民間賃貸の両方に適用され、これによる所得補塡が不十分であれば、社会扶助から付加できるように設計されている。

　欧州の場合、住宅手当は、もともと低所得世帯に対して最低水準（minimum standards）の居住スペースを保障するために家賃の一部を補塡する住宅政策（housing policy）の一環として導入されてきた、という経緯がある。これが1950年代、60年代と比較して住宅の質が向上したこと、さらには構造的な失業などに付随する「社会リスク」の発現という新たな状況のもとで、むしろ所得に対して家賃を支払い可能なレベルまで引き下げる、という社会保障（social security）の一環としての住宅手当の役割が重要視されてくる（Kemp, 2007a, p.5）。この２つの機能は必ずしも対立するものではなく、住宅手当は混成的（hybrid）な性格をもっているが、その目的をめぐって管轄する省庁間で見解の相違が生じる場合もある[1]。

　欧州の場合、国によって若干のヴァリエーションはあるものの、住宅政策としての機能をもつ住宅手当は、そのまま社会保障のそれとして作動している。従って、いま日本で叫ばれている「生活保護における住宅扶助の単給化」は、最低生活保障の拡充という文脈で主張されているが、そのことは混成的な住宅手当が定着していないことから、それを援用できない状況にあることを物語っている。

　いずれにしても、欧州と同様に新しい社会リスクに直面しながら、住宅政策としての住宅手当が不在となってきたことは、日本でのその対応に大きな困難をもたらしている。

2　欧州における家賃統制、建設補助から住宅手当までの経路

　欧州における住宅政策としての住宅手当は、どのように構築されてきたのか。ここではスウェーデン、オランダ、ドイツについて、民間賃貸住宅市場への介

入、大規模な社会住宅の供給にむけた建設補助、住宅手当の導入を歴史的にトレースしてみたい。

(1) スウェーデン——家賃統制、建設補助、住宅手当

第2次大戦後のスウェーデンの住宅テニュアは、1945年の持家38％、借家人組合4％、市の住宅公社（MHCs）6％、民間賃貸52％から、1980年に持家41％、借家人組合14％、MHCs24％、民間賃貸21％、2004年では持家40％、借家人組合19％、MHCs 20％、民間賃貸21％へと大きく変化した。とくに民間賃貸の減少とMHCsの伸長が際立っていたが、前者はそれ以降20％台をキープし、MHCsは逓減傾向にある（Turner, 2007, p.148）。

スウェーデンでは、1942年に家賃統制（rent control）が敷かれ、住宅への建設補助（Bricks-and-mortar subsidies）も開始されていた。住宅建設の内訳において家族向け共同住宅は1950年度の3万戸台から1970年度の8万戸まで増大し、その後、急速に低下している。これに代わって1970年代に入ると戸建て持家の建設が高い比率を示すようになる。**図4-1**は新築の家族向け共同住宅におけるテニュア別の割合を示している。1975年から借家人組合が増加へと転じ、1980年代に入ると民間賃貸も漸増しているが、それまではMHCsが家族向け共同住宅の建設をリードし、逆に民間賃貸は1949年の35％から1980年代には10％を切る状況まで下降している。

民間賃貸への家賃統制は1967年まで継続した。1942年以前の住戸の家賃は、国内に分布する656の家賃裁判所のもとで最終的に固定され、他方、1942年以後の物件では、戦後のインフレから家賃が上昇した。このため、とくに2人以上の子どもをもつ貧困な家族と高齢の年金生活者については、地方自治体により一定の水準を満たす住宅に居住していると判断された場合、住宅手当が給付されることになった。

1967年に家賃統制が廃止されたことで、当初、35％もの家賃上昇が見込まれ、これにともなって拡大された住宅手当のスキームが導入された。人口の40％に該当する60万世帯の子どもをもつ家族と70万世帯の年金生活者の利

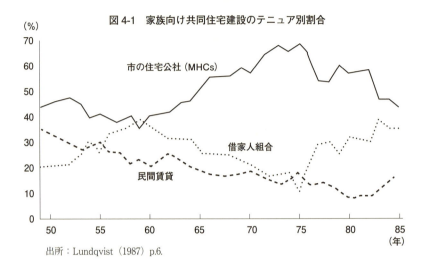

図4-1　家族向け共同住宅建設のテニュア別割合

出所：Lundqvist (1987) p.6.

用が想定された。自治体の補足的なプログラムとして、子どもをもつ非婚のカップルも有資格となり、1974年には子どものいない単身者も対象となった。1974年の住宅手当・給付額は26億クローナにのぼった（Headey, 1978, p.85）。

　家賃統制の廃止後、民間賃貸の家賃は、当該地域の借家人協会（MHCsの借家人も参加）と家主協会との毎年の交渉事項（annual negotiations）となり、MHCsの家賃水準が民間賃貸をふくめた全賃貸ストックの家賃市場をリードできる状況となった。1968年から原価賃貸としての住宅公社の家賃は、需要レベルに対応し、団地の利用価値を反映できるようになり、民間賃貸もこれに倣うことになった（Kemeny, 1995, pp.115-116）。このような原価賃貸と民間賃貸が共存する住宅市場は、ソーシャル・マーケットとしての性格を有している（この点、詳細は、第3章・第1節を参照）。

（2）オランダ——家賃統制、建設補助、住宅手当

　オランダでは、1940年から政府の賃金政策の一環として家賃は凍結され、第2次大戦後、住宅協会への建設補助が開始された。また1960年代には、社会住宅への建設補助を商業的な賃貸セクターにも適用できるようになった。

社会住宅を建設する住宅協会は民間の非営利組織であり、その起源は20世紀初頭にまで遡る。1998年には791の住宅協会が活動、その後2005年までに合併を通じて492まで数を減らしている。当初、住宅協会はローカルなレベルで活動していたが、合併の結果、州、国レベルで活動する組織も出現している。これらの大部分は、オランダ住宅協会を統括するアエデス（Aedes）のメンバーとなっている（Haffner, et. al., p.206）。

　表4-2は、住宅ストックの比率の推移をテニュア別に示している。1947年に60％をしめていた民間賃貸は、1975年に3分の1の20％まで低下し、その後も縮小に歯止めがかからず、2005年には11％のシェアとなっている。民間賃貸を代替したのは、当初は主に社会住宅であり、1975年に全ストックの41％に達している。1995年以降、社会住宅の逓減とともに、持家が伸長しているのは、前者の一部が売却されたことによる。

　さて1960年代には、家賃設定の自由化、建設補助の縮減、旧西ドイツに倣った所得と相関させた住宅手当の制度化が議論された。この結果、1970年には家賃を市場レベルまで上昇させていくことが意図され、低所得世帯への住宅手当が導入された。ただし2つの石油危機の影響から住宅のアフォーダビリティが政治的なテーマとなり、住宅手当とともに建設補助も継続された。建設

表4-2　オランダにおけるテニュア別住宅ストック

	持家（％）	社会住宅（％）	民間賃貸（％）	総戸数（×1,000）
1947	28	12	60	2,117
1956	29	24	47	2,547
1967	32	35	33	3,450
1971	35	37	28	3,729
1975	39	41	20	4,281
1981	42	39	19	4,957
1985	43	41	16	5,384
1989	45	41	14	5,802
1995	48	39	13	6,192
2000	51	36	13	6,590
2005	55	34	11	6,859
2006	56	33	11	6,914

出所：Haffmar, et al.（2009）p.207.

補助は 1980 年後半から減少し、1995 年にようやく廃止された。

1980 年代には家賃政策に住宅評価システムが導入された。そのシステムは、家賃レベル決定のベースとして質的な評価を導入しようとするものであり、住宅の質はポイントで示され、最高家賃額がそのポイント数で決定される。この評価になじまない贅沢で高価な住宅は、家賃規制から除外された。こうした変化は、家主による市場指向の家賃設定を可能にした。

市場指向の家賃設定のもとで低所得者のアフォーダビリティを確保する、というのが住宅手当の目的であるが、1997 年には都市再開発にともない新たに造成された居住地と新築住宅での空間的な分離（segregation）を防止し、ソーシャル・ミックスを促進するために住宅手当の増額という項目が付加された。この施策の対象者には、全世帯の 30％が該当している（Priemus and Elsinga, 2007, pp.194-197）。

（3）ドイツ――家賃統制、建設補助、住宅手当

ドイツでは敗戦直後から占領軍により家賃統制、強制住宅割当などが実施され、州・自治体も破損した建物の修理、再建に着手していた。発足直後の連邦政府は、1949 年 9 月における最初の声明で住宅政策に言及、国家の助成による住宅建設が急速に進展した（大場, 1999, p.113）。**図 4-2** にあるように、住宅建設総戸数は 1953 年から 67 年まで年間 60 万戸にせまるレベルで推移し、総戸数にしめる社会住宅の比率は、1950 年代で 60～80％台、1960 年代に入ると 30～40％台へと大幅に下降している。住宅不足の収束とともに統制されたセクターは、徐々に社会的市場経済へと再統合されていく。1950 年に 1948 年 6 月 20 日以降建設された社会住宅を除くすべての住宅は家賃統制から除外され、1960 年の統制解除法により、それ以外の 1948 年以前に統制された住宅もしだいに減少していった（Kemp and Kofner, 2010, p.387）。

一般的に住宅のテニュアは、持家、民間賃貸、公営住宅の 3 つに分類されているが、住宅の所有形態でなく供給（市場）形態に着目するとき、こうした 3 分類方式は必ずしも有効でなくなる。というのも、ドイツで社会住宅という場

合、所有と管理は民間（ノンプロフィットをふくむ）にあって、公共サイドが建築費や家賃を補助するのと引き替えに、住宅の質、入居者資格、家賃などを一定期間拘束する制度をいうからである。社会住宅というと公営住宅と民間のノンプロフィット住宅をイメージしがちなのに対し、ドイツでは、この２つの供給主体にくわえて拘束を受けた民間賃貸も社会住宅にふくめなければならない。

この拘束システムは、1950年の第１住宅建設法（第１助成）により制度化された。その主旨は、配当制限会社（株式配当を４％に制限）、営利企業、個人のいずれの建築主体に対しても平等に政府資金の配分を行う、ということであり、住宅建設は３つのカテゴリーに分類されることになった。1）政府資金の直接的貸し付け（無利子、元本返済年１％）と税制優遇措置によって助成される社

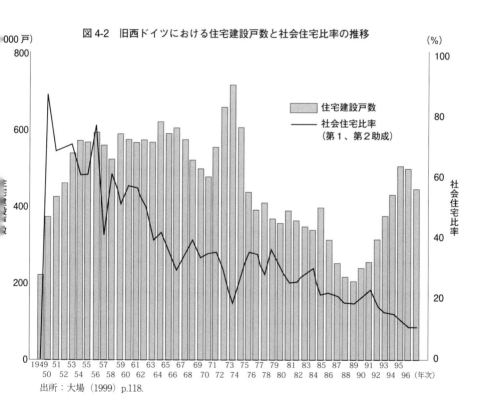

図4-2　旧西ドイツにおける住宅建設戸数と社会住宅比率の推移

出所：大場（1999）p.118.

会住宅、2）政府貸し付け金なしに特定の租税軽減措置（10年間の固定資産税免除）によって助成されるもの、3）政府資金も税制優遇もうけない自由金融による住宅建設、がそれである。

こうした助成形態によって家賃は、それぞれ「標準家賃」（Richtsatzmiete）、「原価家賃」（Kostenmiete）、そして政府の規制がかからない「市場家賃」（Marktmiete）に分類された。その後、第2住宅建設法（1956年、第2助成）のもとで、政府資金の減少とともに民間資金の借入が増大したことを背景に、1）の家賃システムは「原価家賃」に変更された。かくて1）と2）の区別はなくなり、両者が社会住宅として認定されていくことになった。

留意すべきは、こうした社会住宅はとくに貧困者を対象としたものではなかった、という点である。社会住宅のコスト（家賃ないしモーゲージの支払い）は、通常、貧困者の財力を超えており、このセクターは、中核的な労働者（key workers）と下層中産階級（lower middle classes）への質の良い住宅供給を目的としていた。1970年代の大規模開発にともなう質の劣化を除外すれば、旧西ドイツの社会住宅は、建築と都市のデザイン面で常にリーダーとなっていた（Droste and Knorr-Siedow, 2007, p.92）。

さて第2住宅建設法のもと「原価家賃」が適用されたことで、利子率の上昇による家賃上昇が見込まれ、家賃を年間世帯所得の10〜18％に押さえるため、「家賃支払いないしは持家費用への補助」（Miet-order Lastenbeihilfen）が導入された。ただしその適用期間と対象とするグループは限定されており、規模の大きい社会住宅の借家人のみが対象とされていた。1965年には第1次住宅手当法が制定され、新法の適用基準を満たすならば、すべての種類の借家人と持家所有者が住宅手当を利用できることになり、地方の住宅手当局（多くの場合、自治体の福祉事務所に置かれる）が適用基準をチェックし、通常1年間（その後再申請）支払われることになった。ただしその目的は、経済的に基本的な住宅スペースを充足することにあり、受容される家賃負担は依然として世帯の年収に依拠し、そのレベルは12〜22％とされた。家賃補助は、平方メートル当たりの価格と広さという点で制約されていた。

1970年の第2次住宅手当法は、住宅政策担当者により構想され、貧困な窮乏者への給付から経済的な助成と家族向けの住宅を充足する方向への転換という点で、より野心的なものとなった。同法は、補助額を直截にしめす住宅手当表を導入した。この表は家族世帯の所得が高いほど手当てを低くし、家賃が高額となるほど手当ても上昇し、世帯規模が多いほど補助も増えるように設計されていた（Kofner, 2007, pp.162-167）。

第2節　福祉国家的な住宅政策の欠如と企業主義社会
——イギリスとの比較で

以上のように欧州では、戦時中の家賃統制を戦後も継続しながら社会住宅建設を推し進め（第1ステップ）、社会住宅の家賃上昇とともに低所得階層を対象とした住宅手当を導入、この住宅手当は民間賃貸にも適用されていった（第2ステップ）。このように住宅政策としての住宅手当は、福祉国家的な住宅政策の一環をなすものであった。こうした施策は、「下から」の圧力の結果でもあり、それは貧困な借家人というよりは、組織労働者と暮らし向きの良い（better-paid）労働者階級からきていた。

第1次大戦後の日本でも都市部の住宅ストックの大半は、民営借家でしめられていた。第2次大戦中の家賃統制にともない民営借家は大幅に減少した。さらに戦後は、いわゆる住宅政策の3本柱といえる住宅金融公庫（1950年）、公営住宅（1951年）、公団住宅（1955年）が制度化された。しかしながら日本では、そもそも家賃統制を継続しながら社会住宅の大量建設を推し進めるという最初のステップが実現されず、従ってまた住宅政策としての住宅手当も導入されなかった。

労働組合運動の中核であるべき大企業の「暮らし向きの良い労働者」は、企業別の企業内福利厚生の一環としての社宅、持家の奨励策に絡め取られ、福祉国家的な住宅政策の実現にむけた運動主体となりえなかったのである。

1 家賃統制の緩和と過少な公的住宅政策

「大都市住宅調査」(1941年) によれば、全ストックにしめる民間借家の比率は、東京市73.3%、名古屋市80.3%、大阪市89.2%となっていた。こうした民営借家中心の需給は、戦時体制の進行とともに一つの問題につき当たった。軍需産業の発展により、工業都市は労働力を吸収し住宅需要を創出するが、資材の軍需工業への集中によって建設活動が弱まり、住宅供給が抑制されるという点である。この問題を地主・家主側の負担のもとに乗り切ろうとするのが、1939年に施行された地代家賃統制令(既存の借地借家の賃貸料の凍結、新たに契約される地代家賃も統制の対象)であった。これにより民営借家供給は止まり、既存の借家は補修されずに放置されることになった (三宅, 1988, p.21)。

図4-3は日本とイギリスの住宅ストックの推移をテニュア別にみたものである。地代家賃統制令の影響で1948年まで民間借家が大きく減少したことが判明する。留意すべきは、日本では戦後、イギリスのように統制令を継続したまま公的住宅により民営借家の減少を代替していくのでなく、統制令を徐々に緩和しながら持家の伸長と民営借家の復活が意図された、という点である。

イギリスでは、すでに1915年の家賃・抵当利子制限法により家賃は戦争の開始時点のレベルに凍結されていた。ただし両大戦間における公営住宅による民間賃貸市場への介入は控えめなものであり、1939年時点での全ストックにしめる公営住宅は10%であった。終戦後も家賃統制は継続され、1945年には国民の社会福祉にかける期待から労働党が勝利し、1951年までに90万戸もの供給がなされた (小玉, 1999, pp.19, 33, 45)。

イギリスについては、しばしばケメニーの住宅モデルに依拠して社会住宅の残余化(低所得世帯への特化)が指摘されている。しかしながらイギリスにおいても1970年代までは、低所得者のみならず中・高所得者によるソーシャル・ミックスが達成されていた。図4-4は、住宅テニュア別の所得階層の配分状況を示している。1979年時点での社会住宅(公営と住宅協会)は、10段階の最低から5分位までは40%以上、6分位から9分位までは30%以上、最高所得層の10分位にあっても20%をしめていた。これがその後の公営住宅の売

第4章 住宅政策としての住宅手当の不在　167

図 4-3　イギリスと日本における住宅テニュア別・戸数の推移

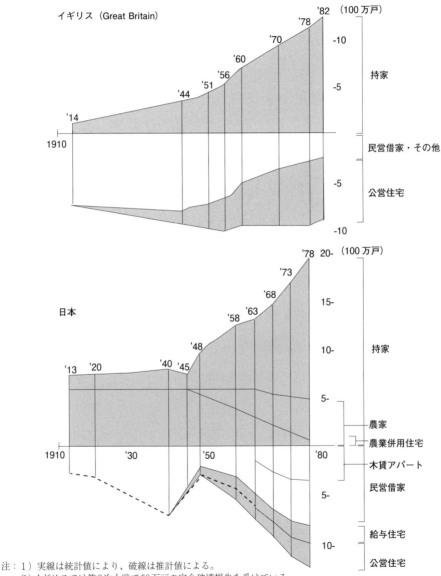

注：1）実線は統計値により、破線は推計値による。
　　2）イギリスでは第2次大戦で50万戸の完全破壊損失を受けている。
出所：三宅（1988）p.20.

却 (RTB)、伝統的な工業地帯の衰退にともなう失業の増大、新規の入居は待機リストへの登録期間よりもニーズ・ベースを基準としてなされるよう変更、2004年度には、6分位から10分位における社会住宅の居住者は、大幅に減少している。

一方、日本では公営住宅法（1951年）に先立つ1950年に住宅金融公庫法が成立、さらに同年に統制令が改正され、新築住宅と非住宅を統制対象から除外（1956年の改正により30坪以上の住宅についても適用を排除）していた。

渡辺洋三氏は、こうした一連の立法過程に「わが国の戦後住宅政策の基本的特徴」がみられるとして、まず住宅金融公庫法について「乏しい公財政と建設戸数主義とのむすびつき」を指摘、具体的には「より少ない予算で、より多くの住宅を建てるという方針をとる以上、公財政の多大の投下を必要とする公営住宅の建設の方向に重点がおかれるよりは、公庫住宅の建設の方に重点がおかれるのは、けだし当然である」と述べている。他方、統制令の改正と民営借家の関係について、渡辺氏はやはり「乏しい公財政と建設戸数主義とのむすびつき」を指摘、政府の意図について以下のように述べている（渡辺, 1962, pp.519, 522）。

　建設戸数主義をとる政府が、一戸でも建設戸数をふやすという至上目的のうえから期待したもう一つのことは、当然のことながら、民間貸家の建設ということであった。いうまでもなく民間自力建設は、公財政を投下しないで建設戸数の増大に資するものであるから、政府にとっては何よりも、望ましい。

　その自力建設の一環としての民間貸家の増大を期待するためには、何よりもその障害となっている地代家賃統制令の規制をはずさなければならない、と政府は考えたのである。かくて住宅金融公庫法の成立の直後に、政府は地代家賃統制令を改正して、新築建物についてその規制をはずすという措置をとった。

第4章　住宅政策としての住宅手当の不在　169

図 4-4　イギリスにおける住宅テニュア別の世帯所得分布

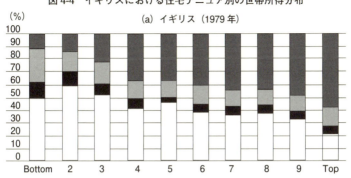
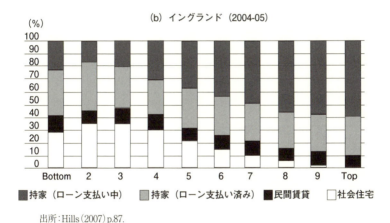

出所：Hills (2007) p.87.

　渡辺氏は、日本の選択を「公営住宅が充実してくるまで一時的に民間貸家に依拠するという考えとはまったく逆に、民間貸家が充実してくるまで一時的に公営住宅に依存するという考え」と批判している（同上, p.525）。1981年の時点でイギリス（Great Britain）における全住宅ストックにしめる公営住宅の比率は30.3％に達している（Balchin, 1995, p.6）。これに対して日本（1978年）では、民営借家が23.7％まで拡大している一方、公的住宅の内訳をなす公営住宅は4.8％、公団・公社は2.0％という状況にあった（国土交通省住宅局, 2012, p.13）。

2　借家人運動の停滞と企業主義社会

多くの工業労働者の家族が民営借家に依拠していた時期は、労働者階級は労働運動のみならず借家人運動の担い手であり、2つの運動が接合することで、社会住宅の大量建設は実現した。日本においても借家人運動の高揚とともに「公営住宅の大量建設」が主張された。こうした要求はなぜ実現しなかったのか。

『証言 日本の住宅政策』において、全国借地借家人組合連合会（全借連、1967年に結成）の酒井金太郎氏（事務局長）は、全借連の「二つの要求課題」について、「地代家賃統制令の廃止には反対していくことと、安くて住みよい公営住宅の大量建設」と語っている（大本, 1991, p.735）。こうした運動のルーツは、大正時代にあり、そこでは家主と借家人のトラブルを調停すべく借地借家調停法（1922年）が制定され、争議件数の増大とともに当時者間の話し合いから家主組合と借家人組合との争議調停という色彩を強めていった。

表4-3により大阪市における1923～26年までの調停件数の内訳を検討すると、「家屋明渡し」、「家賃値下げ」、「家屋賃借契約の継続」の項目が高い比率をしめ、調停内容の大部分が家賃問題に関するものであったことが判明する。とくに家主側から家屋明渡しを原因とするものが17.2%（1923年）から43.9%（1926年）へと急増しているのは、不況の深刻化にともない家賃の支払い延滞が著しく増加したためである。しかもこの調停結果が家主側に有利なものであったため、借家人運動はしだいに激化し、たとえば東京市の状況（1929年）は、「財界の不況、諸物価の下落は家賃値下げの叫びを当然に誘起し、本年秋に入って家賃値下げ運動は果然一大社会運動となり日々の新聞を賑わした。借家人同盟、家賃不納同盟、家賃値下げ期成同盟等数多続出し、一部政治運動と協合して少なからず家主側に恐畏を与へた」と報告されていた（小玉, 1996, pp.15-16）。

大阪における借家人運動は、家主に対する借家人の一時的な団結（1920年の北区の家賃不納同盟、南区の家賃値上げ調節期成同盟会など）から借家人全体を対象とする永続的な運動（1921年の借家人同盟、住宅調節共安会、大阪借家人同盟

など）へと発展していき、そのなかには逸見直造の借家人同盟に代表されるような組織的な活動もみられた。「借家人大会」の開催、「借家人新聞」、「借家人同盟」（月刊紙）の発行、支部（日本橋、西、北の各区および京都）、支局（玉出）の設置がなされた。

他方、東京では布施辰治を中心に1922年、借家人同盟が発足、機関誌『生活運動』を発刊するとともに、市内及び20ヵ所に支部

表4-3 大阪市における借家争議・原因別構成比（%）

	1923年	1924年	1925年	1926年
家 賃 値 上 げ	1.7	3.9	1.8	2.1
家 屋 明 渡 し	17.2	20.7	36.3	43.9
延 滞 家 賃 支 払	4.2	6.7	10.7	13.5
家 賃 協 定	4.0	0.9	0.4	−
所 有 権 確 認	−	0.3	−	−
家 賃 値 下 げ	16.4	18.2	9.2	10.4
家 屋 賃 貸 継 続	46.0	31.3	28.1	17.0
移 転 料 請 求	2.3	3.7	3.3	3.0
造 作 買 取 り	5.3	6.0	3.8	6.1
延 滞 家 賃 分 割 支 払	−	1.5	0.6	−
敷 金 返 還	0.5	0.4	0.9	0.9
家 屋 明 渡 猶 予	−	2.6	−	−
延 滞 家 賃 減 額	−	−	−	0.1
損 害 金 請 求	−	−	0.7	0.2
家 賃 免 除	0.2	0.2	1.4	0.2
老 舗 買 収	0.3	0.9	0.9	1.1
建 物 買 取	−	0.6	0.8	0.4
家 屋 修 善	1.0	0.4	0.5	−
そ の 他	0.9	1.7	0.6	1.1
争 議 件 数	524	537	738	1,247

資料：『明治大正大阪市史』第4巻、経済篇下、1933年、863-4ページ。
出所：小玉（1996）p.15.

を設置した。この時期、選挙権の拡大（1925年、普通選挙法の成立）とともに、日本労働総同盟、日本労働組合評議会など16団体の参画のもと、無産政党組織準備会が開かれていた。借家人同盟は、その無産政党の要綱に「居住権の確立」、「最高家賃の制限」、「住宅ノ公営並ニ其管理権ノ獲得」を加えるよう要請していた（同上, pp. 88-89）。

しかしながら、こうした運動は、さきの酒井氏が「満州事変の勃発この方、借地借家の活動家たちが、弾圧され、ほとんど監獄にほうりこまれてしまった。……だから運動そのものが終戦後まで頓挫してしまうのです」と述べているように、戦後に継続されず、全借連の結成は大幅に遅れた（前掲, 大本, p.734）。しかも大企業に所属する労働者階級は、企業別の企業内福利厚生の一環として

の社宅、持家の奨励策に絡め取られ、借家人運動への労働運動サイドからの強力な支持は得られなかった。

やはり『証言 日本の住宅政策』における「資本の先取り的持家政策の進展」という項目で、総評（日本労働組合総評議会・社会保障対策部長）の公文昭夫氏は、「つまり60年代前半までは一定の企業内福利厚生で対応してきた。住宅でも、企業の側は社宅をつくることによって……、とくに住宅問題となると、社宅をつくっても一定の限度があるし、今度は社宅に入っている人間と入っていない人間との意識の差がでてくる。……だから、そこから出てくるのがいわゆる持家の奨励です。これは企業側も一定の資金を貸し出すし、同時に国からも、厚生年金、国民年金という年金の積立金から住宅に対する一定の還元融資をさせるというのが、だいたい37、38年ぐらいに大きな問題になっています」と社宅から持家への移行を説明していた（同上, p.793）。

これに対し、さきの渡辺洋三氏は、社宅＝給与住宅への政府からの公庫貸付、公団からの特別分譲の「約3分の2が大企業のため」となっており、「大企業労働者は、中小企業労働者とくらべれば、比較的に高い賃金をえながら、比較的に家賃の安い給与住宅に住むことができる。これに反し中小企業労働者は、もともと賃金が低いうえに、給与住宅をあてがわれないから、高い家賃を払って民間借家に住まわなければならない」と問題点を指摘していた（前掲, 渡辺, p.557）。また全借連の酒井氏は、「大手の場合、持家ということで、中小零細で働く労働者と全然違います」と述べていた（前掲, 大本, p.756）。

では本来、労働組合は、なぜ、こうした労働者間の格差を是正する役割を担えなかったのか。この点について公文氏は、「結局、総評が本来の意味のナショナルセンターの機能をもちえなかったということもその問題につき当たります。つまり、企業別労働組合の連合体にすぎないわけですから。そういうことになると、やはり一定程度安定的な企業体である場合は、住宅の問題にすれば、社宅の提供をするか、企業の積立金を使った住宅融資をする」と弁明していた（同上, p.806）。

一方、全借連の酒井氏は、当時（1982年）の総評について「とくに住宅問題

の場合、ナショナルセンターが本当に指導的な役割を果たしてもらいたいというのが、率直な意見なんです。ところがそれがまったく弱いんです」と批判、その内情について「住宅問題の点からみると、企業からお金を借りて持家をもつことによって、その企業に対して、労働組合の原点に立ち返りながら、その労働者が資本に対して正当な権利を主張し、正当な要求をしていくという意識がうんと削られてしまう」と語っていた（同上, p.756）。

大企業に所属する労働者階級は、企業別の企業内福利厚生の一環としての社宅、持家の奨励策に絡め取られ、企業別労働組合の制約を乗り越えられず、従ってまた企業別労働組合の連合体としての総評は、ナショナルセンターとしての本来の機能を果たすことができなかったのである。

さて最初に言及したように新しい社会リスクへの対応をめぐって、不安定な労働市場にある若者、ひとり親世帯、高齢者への住宅手当が所得補填として重要な意義を有している、という点で、日本の状況は欧州と類似している。しかしながら、生活保護における住宅扶助の拡大という状況は、福祉国家的な住宅政策の一環として住宅手当が導入され、これが社会保障の一環として新しい社会リスクにも適用されていく、という欧州の経路とは異なっている。

もちろん冒頭で言及したように「生活保護制度だけに負担がかかるような社会保障全体の構造」が問題とされ、「生活保護における住宅扶助の単給化」が重要な政策課題として浮上してきている現在、所得補填としての住宅手当の機能のみならず、適切な居住水準、すなわち住宅政策の一環として住宅手当の役割をめぐって新たな議論が展開され、国交省の対応が問われてくる可能性はある。

第3節　デュアリスト・モデルにおける日本の位置

前章では、「かりに日本をイギリスと同様、デュアリズムに該当させるとしても、どのようなデュアリズムであるのか、が問われるべきであろう」と問題提起をした。欧米における住宅政策を、デュアリストとユニタリーの2つのモ

デルに分類したのはジム・ケメニーである。かれの分類はすぐれて当該国のテニュアの特性、従ってまた「物への助成」のあり方に着目したもので、住宅手当の様態にまで論及していない。

この点、国際比較という点でイギリスの住宅研究者グループをリードしているマーク・ステファンらは、やはりケメニーに依拠しながらも、社会住宅と住宅手当との関連を分析し、欧米の住宅政策を救急サービス型、セーフティネット型、広範囲な階層へのアフォーダビリティ型に分類し、ケメニーのデュアリスト・モデルをさらに2分している。

1　ケメニーの住宅モデルと社会住宅の特性

社会住宅におけるソーシャル・ミックスの状況は、その住宅の配分システムに関連している。デュアリスト・モデルに該当するイギリスでは、地方自治体は自身の住宅割り当てについて一定の裁量をもちながら、故意でない (unintentionally) ホームレスの人びとには、国のガイドラインのもとで優先枠が設定された。時の経過につれて地方自治体の待機リストは、他の基準以上に住宅の必要度を強調するようになった（セーフティネット）。ドイツをふくめた他のヨーロッパ諸国においては、社会住宅の家主に対して中央政府がそのような厳格な割り当て（コマンド方式）を実施していない。これらの国も不利な状況にある世帯を擁護しているけれども、社会住宅の家主は、広範なアフォーダビリティという目的に対応すべく、さまざまな所得階層のミックスを目指してきた。

ドイツの場合、社会住宅は、広範な国民層にアフォーダブルな住宅を供給する施策であったが、その後の建設コストの急増と原価家賃の導入により、家賃水準は徐々に市場家賃に近づいていった。しかしながら入居後の所得再審査がなかったことから、結果的に初期に建設されたストックに長く住み続ける借家人ほどメリットが大きくなり、低所得者層の入居が阻害されていることが問題となった。このため1980年代には、いくつかの州で社会住宅への入居条件である所得上限を20％以上、上回る世帯に対して、家賃の割り増し負担金を課

す制度が導入された。その後、2002年の「社会的居住空間助成法」が施行されたことで、ソーシャル・ミックスが新たな政策目標として掲げられ、「地域の安定した住民構成」に対してマイナスとなる場合には、特例により割り増し負担金が免除されることになった（大場, 2005, pp.74-77）。

フランスの場合、社会住宅の家主はもっとも必要度の高い人びとの入居を回避する傾向があったことから、1990年にベッソン法が施行され、居住への権利が法的に認知された。さらに社会住宅の家主がもっとも不利な状況にある人びとに住宅を割り当てるよう、追加的な補助金が導入された。

オランダの場合、地方自治体と社会住宅の家主は、中央政府の設定した広範なフレームワークのもとで独自の割り当て政策を工夫している。オランダにおいても伝統的に社会住宅のニーズ・ベースの待機リストが作動してきたが、1990年代に社会住宅の約半数をカバーしている3分の1の自治体は、選択ベース・モデルを採用してきた。このモデルでは、対象となる社会住宅は新聞紙上で広報され、入居を希望する世帯は自由にそれに申し込むことができる。割り当ては前もって決められたポイント（借家期間と年齢）をベースにして行われる。これと平行して差し迫ったケースについて必要度ベースのシステムが作動しているが、これらは全体の10〜20%であり、イギリスの多くの地域におけるホームレス世帯の割り当てに比べてかなり低い。

スウェーデンとデンマークでは、社会住宅の家主は、地方自治体の割り当て基準に依拠しながら独自の割り当てシステムを構築できる。たとえばストックホルム市では、割り当ての3分の1は、地方自治体が定める規準に依拠しているが、それ以外は自身の割り当て基準を適用できる。大きな市の住宅公社（Svenska Bostaderなど）では、その借家人の息子と娘に優先枠を設けている（Stephens et al., 2003, pp.772-773）。

表4-4は、世帯の平均所得（税控除の後）を100とした場合、住宅テニュア別にその偏差を見たものである。イギリスの社会住宅の所得水準は、平均の半分をきる49.6となっているのに対し、他のヨーロッパ諸国では、さまざまな所得階層がミックスされているため、平均所得の7割程度の所得となっている。

表4-4 住宅テニュア別の所得水準

	社会住宅	持家	民間賃貸	全世帯	持家／社会住宅
フランス（1996）	76.2	116.8	82.4	100	1.5
フィンランド（1997）	68.7	118.1	68.7	100	1.7
ドイツ（1999）	76.7	120.6	88.1	100	1.6
イギリス（1997/98）	49.6	120.7	74.9	100	2.4
オランダ（1998）	72.2	123.0	84.1	100	1.7
スウェーデン（1997）	76.5	132.7	76.5	100	1.7

出所：Stephens et al.（2003）p.783.

ドイツの場合、76.7 と 6 ヵ国のなかでもっとも高くなっている。

2　社会住宅の様態と住宅手当との相関

　社会住宅の配分システムは、住宅手当の特性と相関している。イギリスでは、資力調査に依拠した社会扶助の給付レベルが低いため、住宅手当がより重要な役割を担っている。イギリスの社会扶助は家賃部分への手当をふくまず、家賃支払い後の所得が社会扶助のレベルを下回らないようにするため、社会扶助の受給者は家賃の全額を住宅手当により補填され、純所得の上昇とともに住宅手当は65％の率で急激に削減される。従ってイギリスの住宅手当は、アフォーダビリティの向上よりセーフティネットとして機能している。

　これに対してスウェーデンとデンマークの住宅手当は、広範な階層を対象としたアフォーダビリティの確保を目的としており、家賃支払い後の所得補填が必要な場合、社会手当がセーフティネットとして機能することになる。純所得の上昇とともに住宅手当は33％以下の率で削減される。オランダでも住宅手当は、アフォーダビリティの確保を目指しており、他方で社会扶助は、セーフティネットを提供している。しかしながら社会扶助は、住宅コストの標準的な給付しか補填しないため、家賃支払い後の所得が社会扶助のレベルを下回ることがある。

　ドイツの場合、2つの住宅手当（Wohngeld）が機能している。「順位表の住宅手当」（Tabellenwohngeld）は、住宅コストを所得の 20 ～ 25％に抑えてい

る。アフォーダビリティの向上が目的であり、純所得の上昇とともに住宅手当は21％の率で削減される。他方、「統合の住宅手当」（Pauschaliertes Wohngeld）は、社会扶助の受給者に自動的に支払われる。この手当は、アフォーダビリティとセーフティネットとしての機能を接合させたものである。家賃の支払いにより一定の所得が確保できない場合、社会扶助からセーフティネットへの追加の支払いができるようになっている（ibid., 2003, pp.784-786）。

表4-5は、主要国についてその福祉レジーム（エスピン-アンデルセンに依拠）とジニ係数、対GDPにおける住宅手当への支出比率、総世帯にしめる住宅手当の受給率を示している。イギリスのジニ係数は、アメリカ（0.37）についで0.35となっており、他の大陸諸国と比較すると高く、多くの貧困世帯にセーフティネットを充足すべく、対GDPにおける住宅手当の支出は1.1％ともっとも高くなっている。

ちなみにアメリカの場合、貧困世帯が多いにもかかわらず、住宅手当はエンタイトルメント・プログラムとなっていないことから、対GDPにおける住宅手当の支出はわずか0.1％、総世帯にしめる住宅手当の受給率は2％（日本の住宅扶助の受給率は2.7％、2012年）にとどまっている。エンタイトルメントとは、あるニーズに対して受給資格をクリアすれば、予算の上限なく受給しうる権利である。アメリカでは食料スタンプやメディケイドがこれに該当している。これに対して欧州では通常、住宅手当はエンタイトルメント・プログラムである。

表4-5 欧米主要国の住宅手当への支出（2003年前後）、受給率（2006年）、ジニ係数（2001年）

	福祉レジーム	住宅手当（％）	全世帯における受給率（％）	ジニ係数
アメリカ	自由主義	0.10	2	0.37
イギリス	自由主義	1.10	16	0.35
フランス	保守主義	0.92	23	0.29
ドイツ	保守主義	0.23	9	0.25
オランダ	保守／社会民主主義	0.35	14	0.25
スウェーデン	社会民主主義	0.57	20	0.25

出所：Kemp（2007c）pp.266, 272.

アメリカ、カナダ、オーストリアなど英語圏に属する国々では、貧困の比率が高いにもかかわらず社会住宅の規模は小さく（第5章、**表5-2**を参照）、所得制限は厳格で入居中に制限を超えると入居資格を失い（フランス、ドイツでは、所得制限を超えても補足家賃を支払うことで入居資格を継続できる）、障害者など特別なニーズへの対応が優位をしめている（Stephens, 2008, pp.31-35）。

こうしたことからステファンらは、アメリカの住宅政策をセーフティネット型でなく、救急サービス型に分類している。

3　日本型デュアリスト・モデルと「閉塞社会」

以上の文脈から日本がデュアリスト・モデルに該当するとしても、どちらかといえば救急サービス型に該当し、セーフティネット型のイギリスとは、区別されるべきであろう。ただし、アメリカの住宅バウチャーであるセクション8は、社会扶助の一部ではなく「独立した住宅手当」として機能している、という点では日本と異なっている。

他方、パラサイト・シングルという文言が喧伝されるように、家族支援のネットワークに依拠しながら、国の制度としての住宅手当が不在となっている点では、日本は南ヨーロッパ諸国と類似した性格をもっている。福祉国家の比較研究者である埋橋孝文氏も、南欧型の福祉国家が、エスピン-アンデルセンの「3つの世界」の保守主義モデルのなかで後発性の強いもので、それは日本あるいは東アジアモデルとも共通する多くの特質を備えていることに言及し（埋橋, 2011, p.47）、以下の3つの点において日本と南欧の共通性を指摘している（同上, p.162）。

1）一方における正規労働者に対する手厚い保護と他方における非正規労働者に対する不十分な保護。
2）社会保障制度全体に対する生活保護制度のマージナルな役割と失業保険の給付期間の短さ。これらは基礎的セーフティネットが脆弱であることを意味している。

3）広義のデモグラフィーの急速な変化（出生率の急激な低下と低水準、高齢化の進展、近年急激に上昇している女性労働力率）。

　埋橋氏によれば、3）のデモグラフィーの変化により、1）と2）を受け止めるバッファーとしての役割を果たし、従ってまた若者のパラサイトを許してきた「家族」の福祉的機能は衰退しており、「日本モデル、南欧モデルは大きな修正を迫られている」という（同上）。

　日本と南欧の共通性を指摘した3項目の1）と2）に関連して、ワーキングプアの増大が指摘される。この点に関連して、埋橋氏は「基本的には、税で賄われるが公的扶助のような厳しい所得・資産調査を必要としない社会手当が未整備で、しかも、その給付水準が低いことから生じる。これは、ワーキングプアに対する所得の下支え機能が弱いことを意味する。具体的には、失業扶助、住宅手当、家族（児童）手当のことである」と論定している。

　留意すべきは、日本が南欧モデルと類似したフレームにあるとしても、1980年代までは、「ワークフェア体制としての日本モデル」という特徴が顕著であったという点である。この点について、埋橋氏は以下のように述べている（埋橋, 1997, p.190）。

　　わが国では、雇用・労働市場の良好なビヘイビアが社会保障＝国家福祉の機能を代替している関係がみられ、この関係は、欧米での早期引退制度の普及と対照的な、わが国での高齢者就業率の高さなどにもみてとれる。また、主として労働市場で決まる移転前所得分配が比較的に平等であることも想起されるべきであろう。つまり、生活保障の方法として、ウェルフェアよりもワークフェアをより選択したシステムであり、この点が日本モデルを他から区別する大きな特徴である。

　このような「ワークフェア体制としての日本モデル」の主要な担い手は、企業主義社会と土建国家であった。欧米諸国は1980年以降、いわゆるスタグフ

レーションの影響から軒並み失業率を上昇させ、1983年には7〜14％台に達していた。これに対して日本は1994年まで長期にわたって2％台を継続、日本型ワークフェアを維持してきた。これが1995年に3％台に突入（その後、2001年には5％台まで上昇）したことで、「雇用・労働市場の良好なビヘイビア」が悪化し失業率が上昇すると、「社会保障＝国家福祉の機能を代替」するメカニズムは、しだいに作動しえなくなってくる。

「ワークフェア体制としての日本モデル」のもとで団塊世代を中心として形成された持家は、郊外を中心に低所得層まで「大衆化」し、とくに団塊ジュニア以降の世代がパラサイトすることで、かれらが直面している新しい社会リスクに対して、部分的なクッションとして機能している、というのが日本型デュアリスト・モデルの特徴となっている。そして日本型デュアリスト・モデルの慣性として、自助による持家取得への指向性が根強く残存し、過少な公的住宅と狭小・高額家賃の民営借家にかかわる問題は、軽視されてしまっている。

以上のような構造は、社会手当としての住宅手当、住宅政策としての住宅手当の導入にむけて、国民の政治的なコンセンサス形成を困難にしている。「失われた20年」を経ながら「閉塞社会」から脱却できない日本の問題状況がここにある。

注

1　イギリスにおいては、環境省と社会保障省とのあいだで、住宅政策の一環としての住宅手当と所得保障としてのそれが平行して作動しながら、現在は社会保障省を包摂した雇用・年金省の管轄のもと、地方自治体が窓口となって住宅手当は運営されている。

　まず1930年の住宅法による大規模スラムクリアランスにともない、低所得者のアフォーダビリティを確保するため、自治体による任意的な家賃割引（rent rebates）が導入された。この施策は戦後も継続されたが1970年時点でこの施策を利用している公営住宅の借家人は1割以下となっていた。このため政府は1972年の住宅財政法により、自治体に対して強制力のある公営住宅の借家人への家賃

割引と民間、住宅協会・借家人への家賃手当（rent allowance）を家賃上昇への対応策として制度化した。

　他方、政府は社会保障の一環として1943年以降、所得審査による社会扶助に住宅への付加的費用を加算していたことから、1970年代には、2つの住宅手当が並立する状況となったが、サッチャー政権以後の1982年に、付加的費用の管轄は自治体に変更された。さらに中央政府レベルで社会保障省が社会扶助を利用していない受給者への住宅手当を統括していた環境省の権限を奪ったことで、自治体は社会保障省の監督のもとに住宅手当を支払うことになった。これにより1984年度以降、2つの住宅手当は統合され財政支出も削減されたが、この削減によって影響を受けたのは、以前のレジームで社会扶助を利用していなかった借家人であり、他方、社会保障省の「旧来の顧客」は、これまで以上に擁護されることになった（Kemp, 2007b, pp.109-112）。

2　「社会保障＝国家福祉の機能」を代替してきた「ワークフェア体制としての日本モデル」の危機にいちはやく直面したのは、日雇い土工などで不安定な就労上の立場にあった人びとである。彼らは、不安定ながらも公共事業の継続などにより長期にわたって就労に有り付くことができた。この状況は、1990年代後半から大きな変容を余儀なくされた。

　厚生労働省の調査（2001年9月末）によれば、全国のホームレスは2万4090人、その内訳は多い順に大阪市8860人、東京都23区5600人、名古屋市1318人などであった。各都市のホームレスは急増したのみならず空間的にも拡散した。かつては主要駅のターミナル付近のダンボール・ハウスが目立つ程度だったのが、近隣の歩道、公園での小屋掛け、テントが立ち並ぶようになった。野宿生活者の多くは、アルミ缶回収などにより月3万円程度の収入を得ているワーキングプアでありながら、簡易宿泊所（一泊1500円前後、建設業日雇い労働者の求人・求職の場である寄せ場の周辺にある安宿、通称ドヤ）も利用できない状況となっていた。

　留意すべきは、こうしたホームレス問題の拡大に対して政府がとった対策は、「雇用・労働市場の良好なビヘイビア」により代替できなくなった「社会保障＝国家福祉の機能」を居住確保（ハウジング・ファースト）と雇用保障などにより

補強するのでなく、あくまでも低賃金労働市場への参入（ワーク・ファースト）による「就労自立」を強要することであり、「始めから就労ありき」という対応策が採られた、という点である。

　戦前の救貧行政（1874年恤救(じゅっきゅう)規則、1929年救護法）から脱皮し、生存権保障の具体化としての生活保護法の第1条では、「日本国憲法第25条に規定する理念に基づき、国が生活に困窮するすべての国民に対し、その困窮の程度に応じ、必要な保護を行ない、その最低限度の生活を保障するとともに、その自立を助長することを目的とする」と定められている。「生活に困窮するすべての国民」を対象としたこの法律が十分に作動しているならば、失業により野宿者となっている大部分の人達は、生活扶助、住宅扶助などにより救済されるはずである。しかし、実際の運用は、「働く能力がある」、「住まいがない」という理由で生活保護制度の趣旨に反する適用制限がなされてきた。

　「自立支援」は、生活保護の「理念」に立ち戻るのではなく、稼働能力を重視しているその「実態」を反映させたものである。こうしたフレームワークをめぐる問題点は、自立支援センター事業に露呈されることになった（以上、詳細は小玉, 2010, pp.197-201を参照）。

第5章

ゆきづまる持家の「大衆化」とその再編
——イギリスの動向

　前章で論じたように、住宅政策としての住宅手当が不在の日本（日本型デュアリスト・モデル）と、同じくデュアリスト・モデルに該当しながら、「物への助成」から「人への助成」の経路を経ているイギリスは、峻別されるべきである。しかしながら両者は、そのモデルの特性として持家へと傾斜しながら、その「大衆化」がゆきづまり、改めて「人への助成」と「物への助成」のバランスが問題となっている、という点では類似した課題に直面している。

　ここでは、イギリスが直面している住宅手当をめぐる問題状況と、その再編をめぐる議論にふれておきたい。この作業は日本型デュアリスト・モデルをいかに乗り越えるかという終章の課題に、示唆を与えうると考えられるからである。

第1節　イギリスにおける住宅手当をめぐる問題状況

1　拡大する住宅手当と賃貸・労働市場の変容

　イギリス（Great Britain）における住宅手当の受給者数の動向を検討すると、公営住宅の借家人への家賃割引（rent rebates）は、2001年の213万1000件から2011年の146万2000件へと大幅に減少している。これに対して民間賃貸と住宅協会の住宅に関係する家賃手当（rent allowance）は、2001年の174万1000件から2010年の341万4000件へと2倍程度に拡大している。後者についてその内訳を検討すると、住宅協会の住宅では2001年の93万1000世帯から毎年、漸増しているのに対し、民間賃貸では2005年の7万9000世帯から急速に伸長し、2007年92万3000世帯、2010年145万5000世帯という状況であ

る（Wilcox and Pawson, 2011, pp.237, 242）。

　同じ時期に民間賃貸ストックは着実に増大し、2010年には社会住宅と拮抗するまでに至っている。民間賃貸セクターが台頭しつつある背景には、1988年の住宅法による規制緩和と1996年に導入されたBTL（buy to let, 賃貸目的の住宅購入）により同セクターへの投資が活性化されたこと、それまで伸長してきた持家が2007年の金融危機の影響から停滞しつつあること、同時に社会住宅の減少に歯止めがかからないこと、という3つの要因があった。

　周知のようにイギリスは、第1次大戦後から厳格な家賃統制を実施し、1914年に全ストックの90％をしめていた民間賃貸セクターは、1979年に12％まで減少し、公営住宅と持家へと代替されていった。1988年住宅法は、同セクターを活性化すべく、新たな契約について市場家賃と保障短期賃貸借契約（ASTs, assured shorthold tenancies）を導入、後者により最短で6ヵ月ごとの契約更新が可能となった。さらに1996年には金融商品としてBTLが創設され、住宅に投資する家主は従来よりも低金利のローンを活用できることになった（ibid., p.15；Crook and Kemp, 2011, pp.36-38）。

　他方、イギリスの持家は1970年代初頭に全世帯の半分に普及していたが、政府の施策もあって2006年には70％に迫るまでになった。持家購入者は、借入金利子の支払いについて税控除を要求できた。この制度は2000年になくなったが、住宅価格の上昇に付随した持家の売却にともなうキャピタル・ゲインへの課税は現在も免除されている。さらに1980年に導入され、その後、30年間にわたる公営住宅購入権（RTB）の行使により、250万戸（持家ストックの10％）の公営住宅が売却された。ただし2008年前後の住宅バブル崩壊以降の金融収縮から住宅購入時に必要な所得に対する頭金（dopsit）の比率は3.07（2010年）へと上昇、住宅価格は下がってきているものの、低中所得層の持家購入はなお困難となっている。

　とくに若者の持家購入を阻害しているのは、高等教育にともなう授業料の負担である。2008年時点で学生の卒業時の負債は約1万1000ポンドとなっていた。これが2015年には1万8000ポンドに達し、この時点での卒業生の持家へ

の参入は2020年になると推定されている。授業料の高額化は、住宅選択にも影響し、地元大学への変更により親元から通学する学生が増大している。

最後に社会住宅に目を移すと、地方自治体の管理する公営住宅は、住宅購入権の行使により減少傾向にある。これに対して住宅協会の戸数は漸増しているが、2005年以降、社会住宅全体のストックは400万戸を切る状況にある。2008年から2011年までの社会住宅への建設予算は840億ポンドであったが、2011年から2015年については450億ポンドに削減されている。これにより2020年までに50万戸のアフォーダブル住宅の減少が予想されている（JRF, 2012, pp.13-16）。

2011年12月現在、イギリスにおける住宅手当の受給者は、495万世帯と過去最高となり、しかもこの2年間に30万人を超える増加をみている。そのうち民間賃貸を利用するものは29.8％であるが、その数は、2010年1月から2011年12月までに21万3000件も増加、同じ時期の社会住宅における増加数8万7000件を大きく凌駕している。2011年12月の民間賃貸セクターでの週平均の給付額は108.54ポンド（社会住宅は76.51ポンド）であり、同セクターでの受給者数の増加は、財政を圧迫することに繋がっている。

留意すべきは、この2年間の民間賃貸を中心とした住宅手当の拡大は、従来の受給者であった就労不能者、失業者などではなく、仕事をしている世帯であるという点である。建築・社会住宅財団（BSHF）による「仕事に就いている住宅手当・受給者の拡大：現状と政策含意」というレポートは、その状況を以下のように要約している（BSHF, 2012, pp.3, 10-12）。

> 2010年1月から2011年12月までに全体の住宅手当・受給者は、30万1000件の増加をみている。同じ時期に雇用されているノン・パスポートの受給者は、27万9000件の増加となっている。したがって、この時期に増加した住宅手当・受給者の92.8％は、就労している世帯であったことになる。

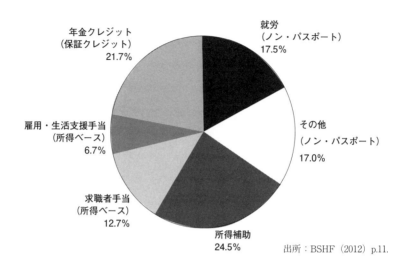

図 5-1 住宅手当・受給者の項目別内訳

出所：BSHF（2012）p.11.

　いま 2011 年 12 月現在の住宅手当・受給者について、その内訳（**図 5-1**）を検討すると、所得補助（24.5％）、所得ベースの雇用・生活支援手当（6.7％、障害または疾患のため就労できない、または就労能力が制限されている人に支給）と求職者手当（12.7％）、年金クレジット（21.7％）を受給し、住宅手当とカウンシル税給付について全額受給の権利（パスポート）を自動的に有する者に対し、雇用されていることで、そうした権利者に該当しない（ノン・パスポート）で住宅手当を受給している人びとは 17.5％にのぼっている。

　では、近年、なぜ「仕事に就いている住宅手当・受給者の拡大」が起こっているのか。BSHF レポートは、住宅を賃貸している世帯の就労所得の減少、家賃の上昇、インフレなどに言及しながら、とくに就労所得の減少の影響が大きく、雇用者の 43％は会社での賃金凍結に直面していること、フルタイムでの雇用を探しながら不本意なパートタイム就労をしている人びとの増大（2009 年 10 月から 2011 年 10 月までに 28 万 4000 人も増加）を指摘している。

2　LHA の変更による居住空間の分極化

　イギリスにおける住宅手当への支出は 80 億ポンド（2009 年度）に達し、そのうちロンドンだけで 15 億ポンドを使用していた。政府は支出削減のため、住宅手当が適用される家賃の上限を設定している地域住宅手当（LHA, Local Housing Allowance, 民間賃貸居住者に適用）に変更を導入した。2011 年 4 月から LHA の給付は、地域家賃の中間レベルではなく、下位 30％のレベルまでしか適用しないことになった。2013 年から LHA の額は、家賃の動向ではなく、消費物価の上昇に合わせて算定されることになった。

　ロンドン大学（LSE）社会的排除・分析センター（CASE）のレポートは、LHA の適用がその地域家賃の下位 25％より低いケースを「アフォーダブルではない」と定義している。そのことは、当該地域において、LHA の申請者に貸そうとする家主から提供されるアフォーダブルな物件を見つけることが困難であることを意味している。この定義を使用すると 2011 年から即座に LHA の申請者へのロンドンにおけるアフォーダブル住宅は 75％から 51％に、2016 年にはさらに 36％にまで下降すると予想されている。

　2016 年時点で、とくにインナー・ロンドンの大部分は、LHA を利用する低所得の借家人にとってアフォーダブルではなくなり、逆に変更によってアウター・ロンドンの東、南、西の近隣クラスターでは、そうした世帯の増加が予想されている。これらの地域は、すでに多面的な荒廃（multiple deprivation）と高い失業率によって特徴づけられ、レポートは「したがって改革は、不利な状況にある人びとの空間的な集中を強化し、ロンドンにおける貧困世帯と暮らし向きのよい（better-off）世帯の分離を推し進めることになる」と結論づけている（CASE, 2011）。

　以上は、LHA の制度変更により、これまで住宅手当が充当されることで維持されてきた多様な階層からなるロンドンの近隣コミュニティが、どのような影響を被るのか、についての推定である。これに対してロンドン議会（London Council）は、LHA についての変更が顕在化した 2012 年 1 月から 2013

年1月までの経過を調査している。

　このレポートによると、ロンドンにおける住宅手当の受給者は85万世帯、そのうち社会住宅の借家人は57万世帯、民間賃貸のそれは28万2000世帯であった。2011年1月から2013年1月に限定すると、住宅手当の受給者は5万8000世帯も増加し、そのうち約4万世帯は民間賃貸の利用者であった。LHAの変更後の調査で、ロンドン全体でその受給者は23万2426世帯（2013年1月）、2012年1月と比較すると1万92世帯、5％の増加となっているが、増加したのはアウター・ロンドンの1万1663世帯（9％の増加）で、インナー・ロンドンでは8万3922世帯、1571世帯の減少（マイナス2％）となっている。

　インナー・ロンドンにおけるLHA世帯でもっとも減少したのは、**図5-2**におけるウェストミンスターの1764世帯で、ケンジントン・アンド・チェルシー524世帯、タワー・ハムレッツ372世帯、イズリントン262世帯、カムデン165世帯などがこれに続いている。これらの区は、いずれも家賃の高いエリアで、2011年に下から30％のレベルで導入されたLHAの上限が、適応していないことを示している。家賃上昇の背景には、インナー・ロンドンにおける民間賃貸への需要（中間・富裕層の都心回帰によるジェントリフィケーションの浸透）がある（London Council, 2013, pp.3-8）。キャメロン前首相は、LHAの変更による住宅手当の減額が家賃の低下をもたらす、と主張していたが、事態はまったく逆の方向に進んでいるのである。

　2003年から2013年までに住宅手当は、社会住宅で1件当たり週68ポンドから107ポンドに、民間賃貸で114ポンドから176ポンドへと上昇、両方のテニュアでの上昇率は55％であるが、2013年の住宅手当の拡大は、より高額な家賃の民間賃貸への入居に起因していた。こうした状況のもとで、保守党は、従来の受給者についても、住宅手当の新たな制限を2011年、さらには2013年に導入した。

　第1は、LHAを1寝室の週250ポンドから4室以上の400ポンドへと制限した（2011年4月から）。第2は、仕事に就いていない稼働年齢世帯の福祉給付の総額を週500ポンド（単身では350ポンド）に制限した（2013年4月から）。

第5章　ゆきづまる持家の「大衆化」とその再編　189

図5-2　ロンドン各区におけるLHA受給者の増減（2012年1月から2013年1月）

1　シティ・オブ・ロンドン
2　ハマースミス
3　イズリントン
4　ケンジントン・アンド・チェルシー
5　ウェストミンスター
6　ランベス
7　サザク
8　ルイシャム
9　タワー・ハムレッツ
10　ハクニー
11　ウォルタムフォレスト
12　リッチモンド
13　キングストン

-2,000 – 0
1 – 375
376 – 750
751 – 1,125
1,126 – 1,500

出所：London Council（2013）p.6.

　LHAの家賃は家族数に対応しつつ、その地域の民間賃貸市場の下位30％のレベルに設定されている。そのレベルが新たに設定された給付制限の範囲を超える場合、残額は自己負担となり、場合によってはより低廉な賃貸市場のエリアへの移転を強いられ（Trust for London, 2013, p.96-97）、とくに仕事に就いていない稼働年齢世帯は、第1、第2の制約を同時に課せられ、家族数が多い給付制限のインパクトを蒙ることになった。

　2014年3月5日付けのガーディアン紙は 'The Families priced out of their

London homes by benefit cap' というタイトルで、2人の息子と同居する、仕事に就いていないシングルマザーの体験を掲載している。

ニコラ・ガードナー（41歳）は、5年前までガトウィックの国営駐車場のマネージャー補佐として働いていた。それが可能であったのは、夫と別れたのち、託児所から子どもを連れ出しても、母親が子どもの世話をしてくれていたからである。その母親がガンでなくなったのち、仕事にもどるために、子どもの世話の費用を捻出できないことが判明し、失業を余儀なくされた。

ガードナーは、イズリントン（**図5-2**を参照）の3寝室の共同住宅で、週の家賃550ポンド（当初、全額を住宅手当で）の民間賃貸に居住、これが2012年3月、週350ポンドの住宅手当へと変更され、残余の200ポンドを補填しなければならない状況となった。

担当の自治体職員は、彼女に家賃のより安いエンフィールド（Enfield）への引っ越しを通達、一時的な居住に移転したのち数ヵ月は、毎朝5時半に起きて、息子とともに元の学校への通学を余儀なくされた（往復4回の乗り換えで電車代は高くつき、バス利用のため非常に時間がかかった）。この後、恒久的な住宅を紹介され、彼女もそれを受け入れ、息子を地元の学校に転校させた。

ところがわずか1年後、2013年4月からの給付の制限により、福祉給付の総額は週500ポンドに設定され、エンフィールドの週300ポンドの物件では、週80ポンドの不足をきたすことになった。これにより当局にバーミンガム、マンチェスター、グリムズビーへの移転を可能な選択肢として提示された。ガードナーは、「われわれがここに落ち着いているのに、追いだそうとするのは悪夢である。再び移転したくない。子どもたちが再度の移転に対応できるとは思えない」と語っている。

2013年4月から導入された、仕事に就いていない稼働年齢世帯の福祉給付の総額制限を、保守党は2016年4月以降、イギリス（ロンドン以外）で年間2万ポンド（週385ポンド）、ロンドンで2万3000ポンド（週442ポンド）へと減額することを予定している。シェルターの推計によると、これにより全国の10万世帯に影響が及び、これまでロンドンの家賃のもっとも高いチェルシー

やイズリントンが影響をうけていたが、ポーツマスやルトンの物件ですら、住宅手当に依拠する失業世帯にとって手の届かないことになる、と報告されている。

第2節 「住宅への新たな戦略」による分析と提言

1 急増する住宅手当と賃貸ストックとの相関

2013年の1月に雇用・年金省（DWP）が公表したイギリス（UK）における福祉関連の支出予算（2012年度）の全額1669億8000ポンドにおいて、年金は、742億2000ポンドと突出しているが、近年、住宅手当は急速に拡大し、169億4000ポンドと第2位をしめるに至っている。

住宅バブル崩壊の影響を大きくうけ、経済不況のもとで大幅な財政赤字に直面している前キャメロン内閣は、25歳以下となっていたシェア居住レート（SAR）を35歳まで拡大（2012年1月から実施、第1章・第3節を参照）、16～24歳への住宅手当の適用停止（ホームレス支援団体などの反対でペンディング）、住宅手当全体の支出抑制（capping）と、矢継ぎ早に予算削減案を打ち出した。

では、そもそも近年、なぜイギリスの住宅手当は拡大したのか。一般には、住宅手当への支出は、景気の悪化などによる失業者の増大と関連づけられるが、そうした状況把握は正鵠をえているのか。

この点について、近年、「住宅への新たな戦略」（副題）という注目すべきレポートが、公共政策研究機構（IPPR）から公表された（IPPR, 2012）。そこでは、1）失業者の増大と住宅手当の拡大という相関は必ずしも有意ではなく、むしろ「物への助成」から「人への助成」への転換、言い換えれば、この30年間での公的支出の「住宅建設」から「家賃補助」への移行、これにともなうアフォーダブル住宅の払底と民間賃貸需要の拡大こそが住宅手当の支出増大を招いたこと、2）従って「住宅への新たな戦略」としては、「物への助成」と「人への助成」とのバランスの再構築が必要であり、こうした改革を阻害している、これまでの集権的な政治的、制度的、イデオロギー的なバリアを克服す

べく、地方自治体の使途となる「アフォーダブル住宅交付金」（AHG, affordable housing grant）の重要性が指摘されている。

IPPR レポートでは、1970 年代後半から現在までの住宅手当と失業との相関を検討するために、DWP のデータに依拠した**図 5-3**が提示されている。1980 年代から 90 年代までの住宅手当の急増は、2 度の景気後退にともなう失業（JSA caseload）と貧困の拡大に起因している。他方、この時期には社会住宅がより高家賃の住宅協会に移管されたことも、住宅手当の支払い（HB spend）増大の要因となった。

1990 年代中頃から世紀転換期まで、住宅手当の受給者数（HB caseload）は 100 万もの減少を示しているのに対し、それにともなう支出は、1994 年度の 156 億ポンドから 2000 年度の 149 億ポンドへとわずかな減少にとどまっている。1991 年度から 2008 年度まで住宅手当の受給者数は、ほぼ 420 万件程度と横ばいとなっているが、支出額は 102 億ポンドから 183 億ポンドへと上昇して

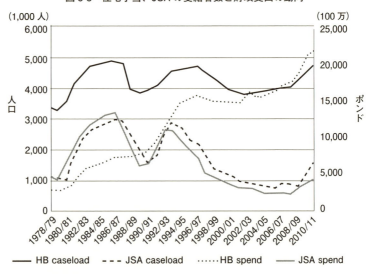

図 5-3　住宅手当、JSA の受給者数と財政支出の動向

出所：IPPR（2012）p.77.

いる。この時期の高い支出は、住宅協会への継続的なストックの移管、年金生活者と比較した就労世帯（より大きな世帯でより高い支払い）の増大、とくにロンドンにおいて、より家賃の高い民間賃貸が利用されたことに起因していた。

2008年度の財政危機後の3年間における45億ポンドの住宅手当への支出上昇により、2010年度にその支出は219億ポンドに達することになった。その要因としては、不況による失業の拡大にともなう75万件もの受給者数の増大にあった。IPPRレポートは、さきに紹介したBSHFの調査に依拠し、2010年1月から2011年まで住宅手当の受給者数は30万件も増加、そのうち29万3000件は就労している（in-work）受給者であり、この増大は、雇用されている人びとの賃金と労働時間の減少に起因していた、と説明している。

IPPRレポートは、以上のような実態をふまえつつ、住宅手当への支出は、その受給者数と失業などの経済的なサイクルとも、その相関が希薄であること、むしろ最近の状況から、住宅市場の変容、とくに民間賃貸セクターに住宅手当の受給者の3分の2が集中したことに着目すべきである、と主張している（IPPR, 2012, p.76）。

2　テニュア変容による住宅手当の拡大

IPPRレポートは、住宅手当の拡大要因として、地方自治体が所有する家賃の比較的低廉な公営住宅の住宅協会への移管、最近では増大する民間賃貸の利用を指摘している。

1994年度から2010年度の間に公営住宅・借家人への住宅手当・支出の割合は、52％から25％（78億ポンドから55億ポンド）へ下降した。同じ時期、住宅協会の借家人への支出は、13％から34％（19億ポンドから75億ポンド）へと上昇した。他方、民間賃貸での支出は、2000年度に24％であったのが、2010年には40％となり、36億ポンドから89億ポンドへと伸長した。以上の結果、全体でみると住宅手当への支出は、133億ポンドから219億ポンドにまで拡大している。

テニュア変容が住宅手当・支出の増大につながる状況は、テニュア間での家

賃水準の相違に起因していた。2001年から2007年まで民間賃貸セクターの家賃は42%も上昇した(公営住宅は29%、住宅協会は23%)。こうした相違を反映して、**表5-1**に示されているように、2011年5月時点で週当たり(平均)の住宅手当は、民間賃貸で112ポンドと、公営住宅の71ポンド、住宅協会の80ポンドを大きく上回っている。

　もちろん住宅手当・支出の状況は、受給者の人口構成と地理的な分布によっても影響される。1978年に住宅手当の45%は60歳以上の年金生活者に支給されていたのが、2007年には31%にまで減少、代わって持家の取得が困難となったより家族規模の大きな就労世帯が参入してきた。くわえてロンドンでの民間賃貸の拡大は、そこでの家賃レベルが高いことから支出増を招くことになった。**表5-1**に明らかなようにロンドンでの住宅手当・受給者数は82万2000件、イギリス全体(Great Britain)の17%であるのに対し、そこでの給付額はイギリス全体の26%に達している。

　以上のような観点からIPPRレポートは、今後、失業者が減少することで住

表5-1　住宅テニュア別、地域別の住宅手当・受給者数と支払い額

	受給者数				週当りの支払い額			
	公営住宅 000s	住宅協会 000s	民間賃貸 000s	合計 000s	公営住宅 £	住宅協会 £	民間賃貸 £	平均 £
北東部	80	111	71	262	59.23	69.34	86.04	70.80
北西部	81	331	205	617	61.77	70.88	90.76	76.29
ヨークシャーとハンバー	161	129	135	425	57.49	72.16	84.51	70.50
イースト・ミッドランズ	124	88	100	312	59.37	75.84	85.86	72.52
ウェスト・ミッドランズ	151	168	130	449	64.33	76.09	93.61	77.20
東部	103	154	122	379	70.15	82.40	106.23	86.73
ロンドン	301	251	270	822	101.14	112.44	184.83	132.08
南東部	121	207	199	527	75.42	88.22	117.15	96.20
南西部	69	145	150	364	65.69	77.02	99.14	83.97
イングランド	1,191	1,585	1,382	4,157	73.38	82.23	114.27	90.34
ウェールズ	65	99	80	244	64.93	71.95	84.15	74.06
スコットランド	207	178	91	476	76.29	64.64	94.27	78.42
グレート・ブリテン	1,462	1,862	1,552	4,876	71.19	80.01	111.63	87.43

出所:Wilcox and Pawson(2011)p.242.

宅手当・支出は、2012年度における232億ポンドのピークから2016年度には214億ポンドへと縮小する、という政府の予想に対して、「住宅市場に抜本的な変化がない状況では、住宅手当・支出の拡大は抑制できない」と反論している（IPPR, 2012, pp.76-79）。

3 民間賃貸、社会住宅のどこが問題か──国際比較の観点から

　IPPRレポートは、イギリス住宅市場の改革にむけて、とくに民間賃貸と社会住宅との居住条件のギャップをなくし、2つのテニュア間、あるいは2つのテニュアと持家との間を入居者が移動できるようにするために、「民間賃貸での安心と社会住宅でのフレクシビリティ」を強調している（IPPR, 2012, p.5）。では、この2つのテニュアは具体的にどのような状況にあるのか。

　この15年間に急成長している民間賃貸では、これまでの学生など移行過程にある人びとでなく、持家取得が困難となっている状勢から、子どもをもつ世帯が増大しつつある。1999年度から2009年にかけて、60歳以上とそれ以下の単身世帯は減少し、代わって子どもをもつ世帯が22％から30％に上昇した。世帯構成とともに借用期間も変化し、2009年には、5年以上の長期が借家人の21％をしめていた。ただし、そのうち1989年以前の家賃法が適用されている借家人はわずかであり、大部分は6ヵ月で更新可能の保障短期賃貸借契約となっていた（Wilcox and Pawson, 2011, pp.20-21）。

　図5-4は家賃規制の度合い（6段階）をOECD諸国について比較したものである。スウェーデン、オランダ、ドイツ、チェコ、デンマークが民間、社会賃貸に同程度の家賃規制を実施しているのに対し、イギリスは、社会住宅についての強い規制と、民間賃貸への弱い規制が併存しているグループ（アメリカ、ニュージーランド、アイスランド、フィンランド）に該当する。

　もともとイギリスの社会住宅（公営と住宅協会の住宅）は、労働者階級とともに下層中間層（lower middle class）の家族が入居するアフォーダブル住宅として機能していた。こうした状況は、1970年代後半から1980年代初頭にかけての経済的な変化と法改正により変容を迫られることになった。

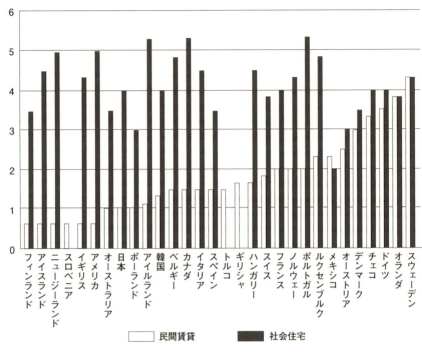

図5-4　OECDにおける家賃規制（民間賃貸、社会住宅）の度合い

出所：IPPR（2012）p.61.

　まず地方自治体がホームレスへの住宅保障を義務づけた1977年住宅法（Homeless Persons Act）により、社会住宅の割り当ては、緊急度の高いニーズに対応することになった。それ以前において地方自治体は、住宅ストックの分配にかなりの裁量をもっていたのであるが。

　つぎに1980年住宅法における公営住宅購入権（RTB）により、150万戸もの公営住宅が50％以上のディスカウント価格で売却された。留意すべきは、売却により新たな資本が生み出されたにもかかわらず、同法ではこれを新たな住宅建設に流用することを禁じていた。これにより、1970年代には毎年の建設戸数は15万戸を上回っていたのが、1990年代には実質的にゼロとなった（民間非営利の住宅協会が、公的資金を活用して建設をした時期はあった）。

表5-2 OECD諸国の社会住宅における規模別、タイプ別の分類

全ストックにしめる社会住宅	広範囲な階層	特定の階層をターゲット	
	所得制限はない：待機リスト	所得制限あり：優先グループをふくむ待機リスト	所得制限あり：必要度と優先順位での配分
0-5%	ルクセンブルク	エストニア 韓国 メキシコ ノルウェー スロバキア スイス アメリカ	オーストラリア イタリア ポルトガル ハンガリー ギリシャ スロベニア
6-10%		ベルギー ニュージーランド アイルランド	カナダ ドイツ イスラエル
11-20%	スウェーデン	ポーランド スペイン	チェコ共和国 フィンランド フランス イギリス
20%以上	デンマーク オランダ	オーストリア	

出所：IPPR（2012）p.60.

　以上から社会住宅は、無職の世帯とひとり親・単身世帯の集中、入居者の転居率の低下（公営住宅では、1997年の12.4％から2011年の8.5％に）、RTBによる所得階層のミックスされていた地域の消滅、インナーシティの大規模団地への残されたストックの集中、というような要因から隔離（segregation）された状況に置かれることになった（IPPR, 2012, pp.55-58）。

　表5-2は、OECD諸国の社会住宅について、広範囲な階層を対象とする（Broad-based system）国と特定の階層を対象とする（Target system）国に分類したものである。前者は、社会住宅と民間賃貸セクターとのあいだに家賃レベル、借家人の安心度に格差が少なく、スウェーデン、デンマーク、オランダなどがこれに該当している。対して後者の社会住宅は、民間住宅市場にアクセスの困難な不利な状況にある世帯に特化しており、切迫したニーズが割り当ての基準となっている。イギリスは後者に該当し、フランスなどと同様、比較的に大きな規模の社会住宅をもつグループとなっている。

表 5-3　社会住宅、民間賃貸における世帯主の主要特性と居住期間　(%)

	社会住宅	民間賃貸
35 歳以下	20	50
54 歳以上	44	15
就労	33	69
退職	33	8
3 年以下	23	66
5-10 年	23	9.5
10 年以上	43	10

出所：IPPR（2012）p.63.

4　「物への助成」と「人への助成」とのバランス

表5-3は、イギリスの社会住宅と民間賃貸の特性を簡単に比較したものである。民間賃貸では35歳以下が50％をしめているのに対し、社会住宅は54歳以上が44％、就労している者は民間賃貸の69％に対し、社会住宅は33％、入居期間を検討すると、3年未満が民間賃貸の66％、社会住宅は23％、10年以上は民間賃貸の10％、社会住宅は43％という現状である。

こうした社会住宅の状況について、IPPRレポートは、社会住宅が持家と民間賃貸をふくむ統合された住宅セクターを形成し、その本来の役割を果たすよう、ローカルな住宅市場の構築に責任をもつ地方政府に実質的な権限を付与することを主張、具体的には以下のような提案をしている（IPPR, 2012, pp.58-64）。

　　第1は、切迫したニーズに対して厳格な優先を課すことを止め、地方自治体に社会住宅の配分について自由度を与えることである。社会住宅の供給拡大と相俟って、この改革は、自治体をして広範囲な人びとを社会住宅にアクセスさせることを可能とさせる。
　　第2に地方自治体は、借家人の安心を確保しつつ、広範囲な借家人のミックスを可能とするために、新たな社会住宅に定期借家権を付与する、新たな権限を行使すべきである。

現状では、住宅を購入できない多くの人びとが、家賃の比較的に高い、安心度の低い民間賃貸セクターでの住宅探しを余儀なくされている。定期借家権により2つのテニュアの流動性を増大させ、社会住宅の恩恵を広範囲な人びとに再分配できる。
　再評価がたまに実施される5年間の定期借家権は、収入や世帯の状況変化に適応してしまう現行の住宅手当の作用と非常に対照的である。
　第3に、2つのテニュアの働きとルールの区別を解消するため、家賃と保有条件について民間賃貸の安心度を増大させる必要がある。

「住宅への新たな戦略」では、地方政府への権限委譲とともに、地方自治体の裁量に委ねられるアフォーダブル住宅補助金（AHG）とアフォーダブル住宅委員会（affordable housing panel）の創設が提案されている。後者は、地方議会、当該地区で活動している住宅協会、社会住宅ならびに民間賃貸セクターの家主と借家人の諸代表から構成され、AHGの使途と地方レベルでの住宅戦略を決定、具体的には地域住宅手当（LHA）のデザイン、民間賃貸への介入、都市計画と土地利用、社会住宅の配分などに関与することになっている。
　AHGのねらいは、「人への助成」のみならず「物への助成」により、民間ディベロッパーと地方自治体、住宅協会との長期的な関係のもとで新たなアフォーダブル住宅（賃貸、分譲）の建設を促進することにあり、これにより「高額な住宅手当への需要を減らし、家賃上昇を抑制するとともに、民間家主との交渉力を高める」ことを意図している（ibid., 2012, pp.88-95）。

5　ユニタリー・モデルとしてのドイツと住宅手当

　以上、住宅手当が財政支出を大きく圧迫しつつあるイギリスの経験を批判的に分析したIPPRレポートにおける「自治体をして広範囲な人びとを社会住宅にアクセスさせることを可能とする」、「2つのテニュアの機能とルールの区別を解消するために、家賃と居住条件を改善し、民間賃貸の安心度を増大させる」などの提言は、ケメニーのいうデュアリスト・モデルからの脱却を目指し

ているものと考えられる。

　ここで注意すべきはドイツの位置づけである。さきの図5-4にあるように、スウェーデン、オランダ、ドイツ、チェコ、デンマークは、民間、社会住宅に同程度の家賃規制を実施しているのに対し、イギリスは、社会住宅について強く規制された家賃と、民間賃貸への弱い家賃規制が併存しているグループ（アメリカ、ニュージーランド、アイスランド、フィンランド）に該当する。

　後者のグループは、すべて社会住宅について特定の階層を対象としている。これに対して前者のグループでドイツ、チェコは、やはり特定の階層を対象としており、変則的な状況にある。

　ドイツの場合、もともと広範囲な階層を対象とする社会住宅を保有していたが、社会住宅への拘束が解除されたストックの影響と、新規の社会住宅建設が抑制されたことで、2011年時点での公的な住宅は全ストックの6.3％と過少となっている。しかしながら持家は42.3％に抑制され、民間賃貸の比重が大きく40.7％に達している（それ以外はコーポラティブ住宅5.1％、その他5.5％、Kofner, 2014, p.17）。

　ドイツでは、1949年以降、社会住宅のみならず民間の住宅にも建設助成が行われ、課税所得に対して当初の2年間は10％、その後の10年間は3％の控除がなされた。現在でも民間賃貸は、減価償却、借り入れ金の利子、ネガティヴ・ギアリング（入ってくる収益よりも出て行く経費が多い場合の状態）について税制面で配慮されている。また1950年から社会住宅以外で新規に建設された住宅への家賃統制（rent control）は解除されたが、ソフトな家賃規制（rent regulation）によって、逼迫した住宅市場のもとでも、借家人は短期の急激な家賃上昇の影響から保護されている。

　安全かつ恒久的な借家権のもとで、ドイツ人にとって民間賃貸は、生涯に亘る住居となっている（Kemp and Kofner, 2010, p.10；2014, p.44）。

　ドイツの場合、低所得階層にアフォーダブルな住宅を提供する手法としては、社会住宅の建設と住宅手当がある。後者は連邦と州の財政支出による住宅手当（Wohngeld）、失業手当Ⅱおよび新たな社会扶助の受給者について、自治体が担

当する金銭給付としての住居費（Unterkunfts-kosten）から構成されている。

　住宅手当の受給者は 77 万世帯（全世帯の 1.9％、15 億ユーロの支出、2011 年）、住居費の受給者は 318 万 3394 世帯（全世帯の 7.8％、140 億ユーロの支出、2013 年）となっている（Kofner, 2014, p.48）。

　住居費の適用にあたって経済・労働省は、世帯数に応じた住宅の大きさを規定しており、1 人世帯で 45 〜 50㎡以下、2 人世帯で 2 部屋ないし 60㎡以下、3 人世帯で 3 部屋ないし 75㎡以下、4 人世帯で 4 部屋ないし 85 〜 90㎡以下、さらに 1 人世帯が増大するごとに 1 部屋ないし 10㎡が付加（最大 120㎡まで）される（Kofner, 2007, p.172）。

　以上のようにドイツにおける民間賃貸は、ユニタリー・モデルを基底で支えるソーシャル・マーケットのもとで形成され機能しており、イギリスのように民間賃貸への傾斜が住宅手当の肥大化や都市居住の分極化に連結する事態は、それなりに回避されている。

第3節　再構築にむかうイギリス住宅政策
——スタージョン、コービンの出現

1　賃貸世代の台頭とその苦悩

　2016 年の 5 月に実施されたロンドン市長選の政策課題のナンバーワンは住宅政策（調査によれば 67％は住宅を、つぎに交通 51％、健康 35％、警察 31％、経済開発 26％）であり、賃貸世代（Generation Rent、民間借家・居住者の権利擁護団体）による住宅についての候補者の主張を整理すると、9 項目のうち社会住宅および民間の住宅建設に関係するものが 4 項目、それ以外は賃貸居住の安定、家賃のレベル、家主の規制、賃貸仲介業、借家人の保護など民間賃貸にかかわる事項であった。[3]

　2014 年の総選挙でミリバンドが率いる労働党は、家賃統制（rent control）と最低賃金の上昇をマニフェストに掲げたが、政権を奪回できなかった。[4]総選挙の以前、また以後の保守党によるこの問題への対策は、民間賃貸への住宅手

当の給付制限（benefit cap）であったが、住宅手当の受給は 500 万件にも達し、キャメロン前政権のもとで 2009 年度から 2013 年度までに 47 万 8000 件も増加、2017 年度における住宅手当への支出は、250 億ポンドにもなると予想されている（ガーディアン、2015 年 3 月 15 日）[5]。

　同誌上で労働党のジョン・ヒーリー（影の住宅大臣）は、「かれ（キャメロン）の失敗の理由は明らかである。低い支払いと高い家賃に適切に介入しなかったことであり、賃金は住宅のコストに追いつかず、多くの人びとが家賃支払いに苦闘している。このことが住宅手当を受給する就労者世帯の急増となって表れている」と批判している。

　なぜ民間賃貸が問題となっているのか。その背景には 2008 年前後の住宅バブルを契機として、とくに若い世代の持家取得が困難となり、民間賃貸がこの世代の受け皿となっている状況がある。図 5-5 のように 2004 年度には 25〜34 歳までの世帯の 24％が民間賃貸を利用していた。これが 2014 年度には 46％に上昇、同じ時期にローン支払い中の持家世帯は 54％から 34％へと低下している。他方、社会賃貸におけるこの世代の比率は 20％以下で横ばいとなっている。

　では、そもそもサッチャー以降、持家の「大衆化」を推し進めてきたイギリスにおいて、なぜその取得が困難となっているのか。直接の契機は、住宅バブルの破綻に繋がった 2008 年の金融危機にあり、2013 年の建設戸数は前年度を 8％上回り 11 万 8760 戸を達成したものの、2007 年と比較して 33％の減少となっている。こうしたことから住宅価格は、2011 年から 2015 年まで 14.8％上昇しているが、他方で 2011 年から 2014 年までの 1 人当たりの平均所得の上昇は、わずか 4.2％にとどまっている。バブル崩壊以降、モーゲージを提供する金融機関は過重な頭金（deposit）を課すようになり、これも初めての住宅購入者（first-time buyers）の持家取得を困難にさせている（Halifax, 2015）。

　では、なぜ民間賃貸の供給は増大しているのか。またその増加は、なぜ家賃の上昇を招いているのか。

　民間賃貸の増加と家賃上昇の背後には、Buy-to-let ブームがあり、そこには、

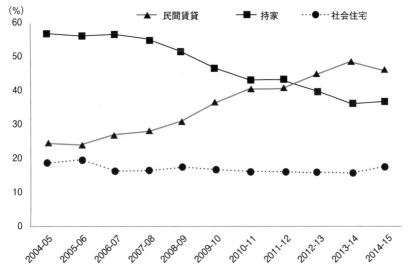

図 5-5　25-34 歳における世帯主の住宅テニュア構成

出所：DCLG（2016）p.10.

とりわけ年金貯蓄の運用先として、投資目的としての賃貸住宅の魅力の上昇という事態があった。低金利は住宅金融組合（building society）や銀行預金の利子配当のみならず、年金積立からの給付を減少させた。さらに 2000 年代の株式市場からの低配当も、個人株主への配当と年金基金の運用益を減少させた。他方、企業年金の確定給付から確定拠出方式への変更は、年金貯蓄者の退職後の所得リスクを増大させた。これらの諸要因が、年金貯蓄の投資先としての賃貸住宅の魅力を高めたのである（Kemp and Crook, 2014, p.191）。

2015 年 5 月 26 日付のガーディアン紙は、金融危機後の Buy-to-let の拡大によって、2012 年度に家主が 140 億ポンドもの税控除を享受していたことを暴露した。その内容は、家主が家を購入して貸すときに要する融資についての税控除（tax relief against the cost of mortgage interest）が 63 億ポンド、これ以外の控除としては、保険、維持・修理費、ガス水道代、清掃代と造園費、法的経費がふくまれていた。[6]

表 5-4 ロンドン（イングランド）における部屋タイプ別の月額家賃（mediam）と上昇率

	ロンドン（イングランド）2011 年（£）	ロンドン（イングランド）2015 年（£）	上昇率（％）
間貸し（Room）	425（321）	525（347）	23.53%（8.10%）
1K（Studio）	737（475）	850（500）	15.33%（5.26%）
1 寝室付	950（495）	1,155（525）	21.58%（6.06%）
2 寝室付	1192（550）	1,400（595）	17.45%（8.18%）
3 寝室付	1350（650）	1,695（675）	25.56%（3.85%）
4 寝室以上	2,000（1,000）	2,500（1,175）	25.00%（17.50%）
平均	1,075（570）	1,350（600）	25.58%（5.26%）

出所：International business times July 13, 2015.

　このような諸控除による特典があるため、Buy-to-let の家主は急速に拡大、その税申告者数は、2007 年度の 150 万人から 2012 年度の 210 万人へと増加した。シェルター代表のキャンベル・ロブは、以上の事態について、「立ちはだかる福祉の削減、劇的な住宅不足という状況下で、法外な住宅コストに苦闘しているすべての人びとは、年間で 140 億ポンドもの税控除が家主に与えられていたことを知って驚愕するであろう」と述べている（同上）。

　2015 年 6 月 24 日付ガーディアン紙に掲載された EU 諸国の家賃（平均）と家賃負担率の調査によれば、イギリスは月額家賃 902 ユーロ（750 ポンド）、EU 平均の月額 481 ユーロ（400 ポンド）を大きく上回り、第 1 位となっている。所得に対する家賃の負担は 40％と、これも EU 平均の 28％を大きく上回っている。この調査を公表した国民住宅連盟（National Housing Federation）の研究者は、「イギリスの個人と家族は、その就労 1 時間当たり、家賃に約 23 分を費やしている。EU 全体では約 17 分であるのに……」と語っている。

　イギリスにおいて家賃上昇を大きく牽引しているのはロンドンである。**表 5 - 4** は、2011 年から 2015 年までの 5 年間における、イギリス（England）とロンドンの部屋タイプ別の月額家賃（中央値）とその上昇率を示している。イギリスでは、4 寝室以上が 17.50％ もの上昇を経ているけれども、それ以外では 10％以下であり、全体では 570 から 600 ポンド、5.26％の上昇率である。他方、

ロンドンでは、間貸し、1寝室、3寝室、4寝室以上は、いずれも20％以上、全体では1075から1350ポンドへと25.58％もの上昇率となっている。

以上の状況について、さきのキャンベル・ロブは、「われわれは、毎日、若い家族から、貯蓄へのお金を残すことができないほど家主に搾り取られ、家賃の罠に絡め取られている、という苦情を聞いている」、「悪いことに、少なからぬ人びとが危険で貧困な居住環境を余儀なくされ、民間賃貸の借家人が急速に増えるに従って家賃は上昇し、さらに悪化している」と語っている。[8]

2　持家民主主義の行方と分裂するイギリス
（1）保守党による住宅・都市計画法の骨子とその批判

公営住宅への入居は低所得者として烙印を押される（stigumatize）という懸念から大多数の世帯にとって住宅テニュアの選択肢は、民間賃貸か持家しかなくなってくる。ただし、前者には高家賃と居住不安がつきものである。かくて利潤目的の借家市場に依拠しようとする戦略は、結果的には持家需要を煽ることに繋がっていく、というのがケメニーのデュアリスト・モデルについての論旨であった。

デュアリスト・モデルが安定的に機能する鍵は、「大多数の世帯」にとって持家市場が開かれていることである。これに対してイギリスは、2008年の住宅バブルの破綻以降、持家市場の低迷により民間賃貸への需要が強まり、「高家賃と居住不安」のもとで、住宅手当が大きく財政を逼迫させるという事態に直面した。

キャメロン率いる保守党が提示したこの問題への対応（2015年に議会に住宅・都市計画法として提出され2016年5月12日に公布、実施は2017年4月から）は、公的住宅の売却によるさらなる残余化であり、他方で第1次購入者へのスタート住宅（Starter Homes）の提供である。

第1は、住宅購入権を130万の借家人が居住する住宅協会（HA）にまで拡大することであり、購入されるHA住宅のディスカウントのための財源補塡に、11万3000戸もの公営住宅（立地のよい高額の団地）の売却が予定されている。

第2は、年収3万ポンド（ロンドンでは4万ポンド）以上の社会住宅に入居している者の家賃を徐々に市場レベルのそれへと上昇させ、同意しない借家人には退出を迫ることである（Pay to Stay）。

　第3は、大規模開発の際、民間ディベロッパーに低家賃住宅の建設を義務づけていたのを、市場価格の80％（25万ポンド、ロンドンで45万ポンド以下）のスタート住宅に変更したことである。

　以上に対して、ホームレス問題への圧力団体・シェルターは、スタート住宅は国全体の58％に該当する中間所得層（middle incomes）が購入できる状況にない、という調査結果を公表している（Shelter, 2005）。以上に関連してガーディアン紙（2016年4月18日付）は、社会住宅をなくすことは、キャメロンの意図する福祉国家からの退行戦略の一環であるが、持家民主主義（homeowning democracy）に参加できない3分の1の市民を放逐することになる。放逐できないとすれば、2つのオプションのみがある。安価な家賃で社会住宅を建設するか、または住宅手当の負担で民間借家に人びとを委ねるかである。後者の場合、上限（cap）をかけたとしても、住宅手当は過度に浪費的であると、さきのジョン・ヒーリーの言説を引用している[9]。

（2）スコットランドの動向——民間賃貸への規制と社会住宅の拡大

　1999年、スコットランドの地方政府と議会に対する大幅な自治権を認める立法が、住民投票を経て成立した。スコットランド国民党（SNP）が独立議会で存在感を示し、2007年の選挙では議会第1党に躍進した。さらに2011年の選挙では単独過半数までわずか数議席という大勢力へと成長した。2014年9月、スコットランド自治政府は、SNPが公約に掲げていた独立住民投票を実施した。開票結果は僅差で独立反対派が勝利、アレックス・サモンドは首相および党首からの辞任を表明したが、独立賛成票も44.7％に達したことから、スコットランド独立へ賛成論が高まっていることが浮き彫りになった。後任には女性政治家のニコラ・スタージョンが就任した。

　これまでUKの一員としてイングランドの住宅政策と歩調を合わせてきたこ

第5章　ゆきづまる持家の「大衆化」とその再編　207

とで、深刻な住宅問題に直面していたスコットランドは、以上のような政治的な背景のもとで、イングランドの施策と一線を画すことになる。

SNP を率いるスタージョン首相の主導のもと、同国では 2015 年 10 月に民間住宅借家人法（Private Housing Tenancies Bill）が議会で可決された。

この法律により、第 1 に、これまでの保障短期賃貸借契約（ASTs）にかわってスコットランドの民間賃貸借家権が導入され、借家人は、その借家期間が終了したことを理由に、また借家人に過失がない場合（no-fault）に、簡単に退去を要請されないようになった。他方、家主は売却もしくは自身が居住することを理由に、その財産を取り戻すことができるようになった。

第 2 に、家賃の値上げは、3 ヵ月前の通告による年 1 度に限定され、自治体は大臣に家賃圧力ゾーン（rent pressure zones）を申請することで、借家人の家賃上昇レベルに上限（cap、消費者物価指数＋ 1 ％以内）を設定できるようになった[10]。

クライシス（スコットランドにおけるホームレス問題への圧力団体）代表のジョン・スパークスは、上記の法律の意義について、イギリスにおけるホームレスの主要原因となっている ASTs を終わらせ、従ってまた、立ち退きについて過失がない理由を除外することにある、と評価している[11]。

さらに注目すべきは、スコットランド政府は、35 年以上も継続してきた公営住宅購入権（RTB）を廃止したことである。1980 年にサッチャー政権のもとで導入された RTB は、UK 全体で 250 万戸以上の住宅を売却、これにより 1979 年末に全住宅ストックの 30 ％以上をしめていた社会住宅は 17 ％（2015 年）まで減少した。

イングランド政府は、2012 年 4 月以降、それまで逓減していた RTB のディスカント率を大幅に引き上げ、市場価格の 50 ％程度とした。これに対して、やはり 50 ％程度のディスカント（2002 年以前の借家人、それ以外は 20 〜 30 ％）を実施していたスコットランド政府は、2016 年 8 月から公営住宅と HA の借家人について RTB を廃止した。また 2010 年までディスカント率についてイングランドと歩調を合わせてきたウェールズも RTB の廃止を決定している

(Wilcox, Perry and Williams, 2015, p.11)。

RTB の廃止について、スコットランド住宅協会連合（SFHA, Scottish Federation of Housing Associations）の代表であるマリー・テイラーは、「スコットランドにおいて RTB が実施されてきた 30 年以上の間に、人気のある団地の良好なストックを中心に 50 万戸もの社会住宅を失ってしまった。RTB の終了により、われわれは低所得の人びとが支払い可能な家賃の社会住宅ストックを保持できる」と、また地方自治体・住宅局長連盟（ALACHO, Association of Local Authority Chief Housing Officers）の政策主任であるトニー・カインは、「RTB の終了で、社会住宅の家主は長期的な計画のもとで資産と収入をより効果的に管理し、1981 年以来はじめて社会賃貸住宅を増加させるべく投資を促すことができる」と語っている。

またシェルター（スコットランド）所長のグラエム・ブラウンは、「RTB が過去のものとなった現在、絶対的に必要なのはアフォーダブル住宅の供給への行程変更であり、スコットランドの住宅危機にしっかりと立ち向かうには、少なくとも毎年 1 万 2000 戸のアフォーダブル住宅を建設する必要がある」と主張している。[12]

こうした要請をうけてスコットランド政府は、新たな議会年度となる 2016 年度から 2020 年度までのアフォーダブル住宅の供給計画を、前議会年度（2011 年度から 2015 年度）の 3 万 3490 戸と比較して 67％増しの 5 万戸に変更、そのうち 3 万 5000 戸は社会住宅となっている。[13]

（3）コービンの出現と住宅政策の革新

スコットランドにおいて SNP が台頭し、その議席を 6 から 56 に急増させた背景には、これまで労働党を支持してきた労働者階級や若者の票が SNP に流れたことがあった。こうした状況のもとで、労働党の抜本的な刷新をかかげ、ミリバンドに代わって党首に就任（2015 年 9 月 12 日）したのは、ジェレミー・コービンである。

新自由主義のトリクルダウン理論に異議をとなえる経済学者のスティグリッ

ツは、コービンの出現について「若者は、これまでの政治により苦難を感じていることから彼の支持者となりやすかった。私は不平等への関心の高まりと共に強い反緊縮財政への要求が生じていることに、まったく驚いていない。イギリスでのニューレーバー、アメリカでのクリントン派の約束は失望に終わった。……これらの中道左派政党が多くの人びとを救済できたとは、とても言いがたい」と語っている[14]。

　ガーディアン紙は、「最初はコービン、いまサンダース：いかに若年有権者の絶望は、左翼の運動を煽っているか」というタイトルのもと、イギリスで若者が被ってきた政治による災難について、大学授業料の3倍化、教育維持助成金（Educational Maintenance Allowance）の廃止、若者を差別する最低賃金、大学への進学による多額の負債をあげている。続けて住宅に関して「持家はこの4半世紀で最低レベルであり、とくに若者は頭金を貯めることもままならず、かれらの持家取得は急落している。民間賃貸の借家人が社会住宅のそれを上回り、34歳以下の若者は所得をむさぼり食う家賃に直面」という深刻な問題状況を指摘している[15]。

　以上の諸問題に対してコービンが提示したキャンペーンは、抜本的な住宅改革プログラム、税負担の公正、公益事業とサービスの民主的かつ公的な所有、経済転換をすすめる公的投資銀行、時給10ポンドの最低賃金、国による教育サービス、大学授業料の無償化、女性の権利向上などについてであった[16]。

　コービンは、影の住宅大臣としてジョン・ヒーリー（前財務大臣）を任命した。ヒーリーは現状では、今後5年間における住宅手当への政府支出は1200億ポンドにのぼり、そのうち500億ポンドは民間家主に費消されるが、他方で今後5年間での新たなアフォーダブル住宅の建設に必要な投資額は50億ポンド以下にとどまる、と推計している。

　そしてこうした状況を改革する抜本的な住宅プログラムについて、「低家賃住宅建設への公的投資は、住宅手当の支出を減少させ、長い目で納税者に利益をもたらす。われわれは2020年までに毎年10万戸の新たな公営と住宅協会の住宅を建設するが、その投資は住宅手当を節約することで十分に補填されるで

あろう」と説明している[17]。

注

1 Lower benefit caps will exclude poor families from large parts of England, *The Guardian*, 20 July 2015.
2 UK welfare spending, *The Guardian*, 8 Jan. 2013.
3 http://www.votehomes2016.com/
4 Labour manifesto pleage to boost minimum wage and cut deficit、*The Guardian*, 13 April 2015, Labour's rent control plans explained, *The Guardian*, 26 April 2015 などを参照。
5 Half a million more people claiming housing benefit under coalition, *The Guardian*, 14 March 2015.
6 Landlords enjoy £14bn tax break as figures reveal buy-to-let expantion.
7 UK tenants pay more rent than any country in Europe.
8 London rents crisis: This is how bad it is and things will get even worse, *International business times*, 13 July 2015.
9 Those who can't afford a home are being a Bandoned, *The Guardian*, 18 April 2016.
10 Rent control measures in the Private Housing Tenancies (Scotland) Bill (https://www.dlapiper.com/en/uk/insights/publications/2015/10/rent-control-measures/)
11 Private Tenancies Bill passed by Scottish Parliament, *Scottish housing news*, 18 March 2016.
12 Right-to-buy policy is scrapped in Scotland, *The Guardian*, 31 July 2016.
13 Affordable Housing Supply Programme.（http://www.gov.scot/Topics/Built-Environment/Housing/investment/ahsp）
14 Joseph Stiglitz: unsurprising Jeremy Corbyn is a Labour leadership contender, *The Guardian*, 26 July 2015.
15 First Corbyn, now Sanders: how young voters' despair is fuelling movements

on the left, 4 Feb. 2016.
16　Jeremy Corbyn's supporters aren't mad – they're fleeing a bankrupt New Labour, *The Guardian*, 3 Aug. 2015.
17　Labour considers biggest social housebuilding drive since 70s, *The Guardian*, 28 Sep.2015.

終章

閉塞社会からの脱却
―― 「重層的な住宅セーフティネット」を超えて

　本書の「はじめに」で論及したように、2005年に社会資本整備審議会・住宅宅地分科会に提出された「答申」（新たな住宅政策に対応した制度的枠組みについて）では、「国の制度として家賃補助を導入する」ことが提案されていたものの、いまだ実現していない。

　他方、上記の「答申」では、「公的賃貸住宅や民間賃貸住宅の活用等により住宅セーフティネットの一層の強化・重層化を図ることを通じ、住宅困窮者の安定した居住の確保を図ることが必要である」と明記され、これを受けて2006年の「今後の公的賃貸住宅制度等のあり方に関する建議」（社会資本整備審議会・住宅宅地分科会）では、「住宅に困窮する低額所得者に公営住宅が公平かつ的確に供給されるよう供給の適正化を図ることや公営住宅を補完する公的賃貸住宅制度間の連携・弾力的運用により機能強化等を進め、民間賃貸住宅をふくむ市場全体のセーフティネット機能の向上により重層的かつ柔軟な住宅セーフティネットを構築していくこと」が課題とされた（国土交通省, 2006）[1]。

　日本型デュアリスト・モデルを基底で支えてきた「終身雇用・年功序列の賃金体系」による持家の「大衆化」は、非正規雇用の増大などで綻びをみせはじめている。しかしながら、以上の「重層的な住宅セーフティネット」は、基本的に残余的な公的住宅と限定的な住宅扶助に依拠しており、そのモデルを大きく改変するものではない。この最終章では、閉塞社会からの脱却を目指して、「重層的な住宅セーフティネット」を超えるための諸論点を提起してみたい。

第1節　ゆきづまる日本型デュアリスト・モデル

　日本型雇用システムの中核をなす「終身雇用・年功序列の賃金体系」の変容は、持家の「大衆化」に大きな変更をせまっている。ここでは、野村総合研究所が提出した報告書（これからの低所得者等の支援のあり方に関する調査研究、以下、野村レポートと略記）を題材に、この問題に言及してみたい。

1　若年単独世帯の民間借家への滞留

　野村レポートは、まず「平成25年住宅・土地統計調査」に依拠して、「収入の少ない世帯は持家率が低い」、「若年世帯ほど民営借家の割合が高い」、「高齢者の持家率は80％に達する」ことを指摘している（野村総合研究所, 2016, p.33）。一見すると、これまでの民営借家から持家にいたる「住宅の梯子」（housing ladder）が十分に機能しているようにみえるが、実態は大きく変容している。

　野村レポートで注目すべきは、第1章で展開した親の持家にパラサイトするシングルではなく、民営借家に滞留する低所得の若年単独世帯（2013年）に着目していることである。

　図終-1によると、年収300万円未満（家族類型は問わない）において、世帯主年齢30～44歳では70％台が民営借家に居住、35～39歳では60％台、40～44歳では50％台と、300万円以上の若年世帯と比較すると逓減率はゆるやかとなっている。

　これを家族類型別（年収300万円未満以外をふくむ）に検討すると、単独世帯の民営借家への居住率は、世帯主年齢30～44歳で84.2％（持家7.7％）、40～44歳では69.8％（持家21.3％）、夫婦のみ世帯は30～44歳で68.9％（持家22.5％）、40～44歳では43.9％（持家48.9％）、夫婦と子のみ世帯は30～44歳で44.6％（持家44.1％）、40～44歳では24.1％（持家67.3％）と、後2者が着実に民営借家から持家にいたる「住宅の梯子」を登りつつあるのに対し、結婚もままならない状況で民営借家に滞留している若年単独世帯の存在が浮かび上がってくる。

図終-1 所得階層別、若年世帯主年齢別の住宅テニュア構成（2013年）

（グラフ：世帯主年齢30-34歳、35-39歳、40-44歳別、所得階層別の持家・公営住宅・UR・公社借家・民営借家・給与住宅の構成比）

資料：総務省「平成25年住宅・土地統計調査」。
出所：野村総合研究所（2016）p.35。

　野村レポートでは、「若年世帯（30～44歳）にしわ寄せがきている」要因として、「給与住宅の廃止」、「公営住宅は困窮度の高い高齢者へ」などを指摘している（同上、p.35）。

　以上の点を東京都について所得階層別の住宅ストックの状況を1998年と2013年で比較した**表終-1**（増減のみ）で確認すると、まず注目すべきは、給与住宅（企業や官公庁などが給与の一部として与える住宅、社宅や官舎など）の大幅な縮小であり、全体の5.1％（1998年、23万8800戸）から2.6％（2013年、15万900戸）へと8万7900戸もの減少となっている。

　さらに公営住宅は、5.3％（1998年、25万600戸）から4.3％（2013年、24万6200戸）へと4400戸減少している。年収200万円未満は4万7100戸、200～300万円未満は1万1600戸の増加となっているが、それ以外の所得層では大幅に減少したことに起因している。

　UR・公社は、2013年に21万3200戸と2万1500戸の増加となっているものの、全体にしめる比率は3.7％にすぎない。しかも年収200万円未満は2万2600戸、200～300万円未満は2万2800戸、300～400万円未満は1万100

表終-1　東京における所得階層別・テニュア別の住宅戸数の増減（1998、2013年）

万円	持家	公営の借家	UR・公社の借家	民間借家（木造）	民間借家（非木造）	給与住宅	計
200 未満	135,900	47,100	22,600	-65,400	102,800	-3,200	239,800
200 〜 300	220,900	11,600	22,800	-39,200	120,300	-5,200	331,200
300 〜 400	173,800	-14,600	10,100	-42,900	114,700	-15,000	226,100
400 〜 500	143,400	-19,100	-3,200	-39,700	80,500	-7,900	154,000
500 〜 700	176,800	-21,000	-11,200	-41,200	82,200	-14,900	170,700
700 〜 1000	53,800	-7,200	-16,200	-26,400	27,900	-19,400	12,500
1000 以上	-23,300	-800	-2,600	-12,500	12,000	-17,900	-45,100
1500 以上	-48,000	-400	-800	-5,300	-1,800	-4,400	-60,700
計	833,300	-4,400	21,500	-272,600	538,600	-87,900	1,028,500
	41.22%	-1.76%	11.22%	-32.75%	46.07%	-36.81%	21.86%

出所：総務省（2000、2015）により作成。

戸の増加となっているが、それ以外の所得層では減少している。

　他方、民営借家（木造）は、全体の17.5％（1998年、82万2300戸）から9.8％（2013年、55万9700戸）へと27万2600戸もの減少となり、これに対して民営借家（非木造）は、全体の24.9％（1998年、116万9000戸）から29.8％（2013年、170万7600戸）へと53万8600戸もの増加となっている。

2　若者の世帯形成と公的住宅、民間賃貸

　親の持家にパラサイトするシングルであれ、民営借家に滞留する低所得の若年単独世帯であれ、その背景には、若者の世帯形成を促進しない公的住宅と民間賃貸の実態がある。

　通常、欧州（南欧をのぞく）における若者の親へのパラサイトからの離脱、つまり若年単独世帯からパートナー形成をともなうステップ・アップには、社会住宅が一定の役割を果たしている。イギリスにおいて離家した男性では、20〜24歳の31.3％は社会住宅を利用している。その割合は25〜29歳で19.9％、30〜34歳の18.0％と徐々に減少している。他方、パートナーとの同居では、20〜24歳の24.1％、25〜29歳の14.7％、30〜34歳の10.0％が社会住宅を利用している（第1章、表1-5を参照）。これに対して日本の場合、さきの東京

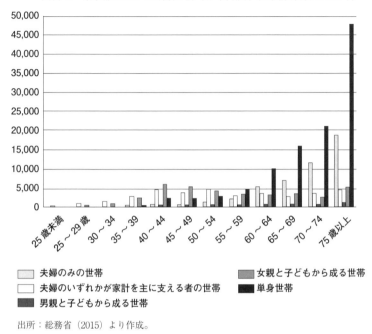

図終-2　東京都における公営住宅戸数（年齢別・世帯構成別、2013年）

凡例：夫婦のみの世帯／女親と子どもから成る世帯／夫婦のいずれかが家計を主に支える者の世帯／単身世帯／男親と子どもから成る世帯

出所：総務省（2015）より作成。

の事例にもあるように、公営住宅は全ストックの4.3％（UR、公社は3.7％）にすぎず、しかも**図終-2**に明らかなように60歳以上の単身世帯がほとんどをしめ、34歳以下の単身、夫婦世帯の利用は過少となっている。

またイギリスの民間賃貸は、若年単独居住のみならずパートナー形成を許容しており、男性の場合でパートナーとの同居は、20～24歳の55.7％（単身、47.6％）、25～29歳の43.6％（単身、38.2％）、30～34歳の33.9％（単身、40.8％）となっている。**図終-3**は、東京都（2013年）についてテニュア別の世帯構成比を示したものである。持家では夫婦のみの世帯、夫婦と子どもの小計が60.5％であるのに対して、民間賃貸におけるその比率は、木造で23.9％、非木造で26.8％にとどまっている。ちなみにイギリス（England）においても持家における夫婦のみの世帯夫婦と子どもの比率は66％に達している。しか

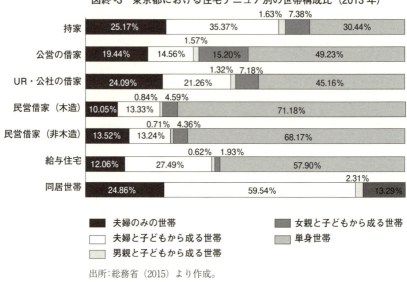

図終-3　東京都における住宅テニュア別の世帯構成比（2013年）

出所：総務省（2015）より作成。

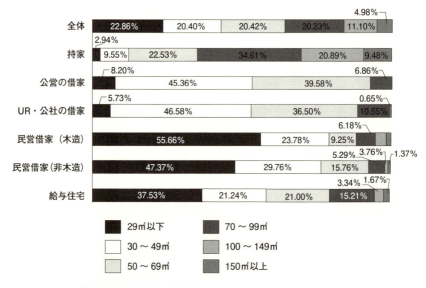

図終-4　東京都における住宅テニュア別の床面積分布（2013年）

出所：総務省（2015）より作成。

しながら民間賃貸におけるその比率は48％と、日本の2倍程度に達している（Kemp and Crook, 2014, p.181）。

日本の民営借家において、若者の世帯形成への許容度が低い理由は、その狭小性と住宅手当の不在が作用していると考えられる。

すでに第3章において、イギリスとの比較で全国レベルのテニュア別の床面積分布を示した。これを東京都レベルで検討すると（**図終-4**）、持家では50㎡以上が87.5％をしめているのに対し、民営借家（木造）では49㎡以下で79.4％（29㎡以下は55.7％、30～49㎡以下は23.8％）、民営借家（非木造）では49㎡以下で77.1％（29㎡以下は47.4％、30～49㎡以下は29.8％）と対照的な構成となっている。

もちろん低所得の夫婦のみや夫婦と子どもの世帯が、市場家賃が適用される民間借家に居住するとしても、所得と世帯構成を勘案して給付される家賃補助が制度化されているならば、50㎡以上の居室が利用できる。しかしながらアフォーダビリティを担保し、世帯形成にむけて若者のライフ・トランジションをサポートする国の制度としての住宅手当は不在である。

3　ムリな持家取得と過重なローン負担

さきの**図終-1**によると年収300万円未満において、世帯主年齢30～44歳では70％台が民間借家に依拠している状況に言及したが、**表終-1**によると、1998年から2013年の間で住宅戸数（東京都の場合）がもっとも増大したのは持家の83万3300戸で、これを所得階層別にみると、200万円未満は13万5900戸、200～300万円未満は22万900戸、小計35万6800戸に及んでいる。他方、年収300万円未満が居住する民営借家の戸数は、非木造で22万3100戸の増大となっているが、木造では10万4600戸の減少となっており、小計での増加は11万8500戸にとどまっている。

野村レポートでは、夫婦と子どものみ世帯の持家率が30～44歳で44.1％から35～39歳で59.7％へと拡大している点について、「子育て中の30～44歳、35～39歳の持家率アップは当時の住宅価格の値頃感？」とコメントしている

が、以上からは、世帯形成にむけてのアフォーダブルな賃貸住宅が欠乏するなかで、ムリな持家取得を選択している世帯が少なくないと推定される。

この点、「住宅経済関連データ」(国土交通省、2014年度)では、「所得・雇用環境の変化」として、「住宅の1次取得者層である30歳代は平均年収、金融資産とも大きく減少」、「失業率が近年減少している一方、雇用が不安定かつ賃金の低い非正規雇用率が年々増加」の2点があげられ、住宅ローンの返済負担率の上昇が指摘されている。

ここでは前者について言及すれば、1998年から2013年までに30～34歳(男性)の平均年収は11.9％、35～39歳のそれは13.7％も減少、他方で30～39歳の金融資産(貯蓄現在高マイナス負債現在高)は、2003年にはプラス37万円であったのが、2013年にはマイナス402万円へと大幅な減少に転じている。その背景にあるのは、平均年収と平行して可処分所得が減少しているにもかかわらず、住宅ローンの負債総額は増加し、月々のローン返済が家計の負担に重くのしかかっている、という現実である。

「住宅経済関連データ」によると「住宅・土地のための負債のある勤労者世帯の平均負債現在高」は、1998年の1564万円(うち住宅・土地のための負債は1486万円)から2013年の1794万円(同、1736万円)に増大、他方で住宅ローンを返済している勤労者世帯の可処分所得(B)は、同じ時期に55万5896円から48万5331円まで低下している。土地・家屋借金返済額(C)は1998年の9万9172円から2013年の9万9867円と横ばいであることから、返済負担率(C／B)は、17.8％から20.6％へと上昇している。

なお、1998年から2013年までの平均年収(男性)の減少は、40～44歳の11.3％、45～49歳の7.5％、50～54歳の11.6％、55～59歳の9.0％と、40歳から50歳代まで及んでおり、金融資産(貯蓄現在高マイナス負債現在高)についても、40歳から50歳代にかけて減少傾向にある。この年代の家計には、長引く住宅ローンのみならず教育費の負担が重くのしかかることになる[2]。

ここで留意すべきは、持家の「大衆化」の見直しは、継続的なローン支払いが困難な非正規雇用の増大のみならず、今後、正規雇用をふくめた労働市場改

革という観点からも重要となってくる、という点である。

たとえば内閣府の規制改革・雇用ワーキンググループ座長であった鶴光太郎氏は、「後払い賃金システム」（年功賃金）に依存している「無限定正社員システム」から「ジョブ型正社員」への転換を主張、後者は基本的には職務給であるため、40代以降、賃金と生産性の乖離は縮小され、賃金プロファイルの形状はなだらかになるという。

鶴氏によれば、生活保障の色彩の強い後払い賃金は、中高年の高い教育負担と補完関係にあり、今後「返済の必要のない給付型の奨学金をふくめ、大学授業料への支援」が重要となる（鶴, 2016, pp.68-71）。ここでは持家の「大衆化」の見直しには言及されていない。しかしながら無限定正社員システムの後払い賃金＝家族賃金の必要性は、主に中高年の高い教育負担と持家の住宅ローンから発生しており、現在進行しつつある教育負担の改革にくわえて、持家の「大衆化」を相対化することが重要な政策課題として浮上してくると考えられる[3]。

第2節　「重層的な住宅セーフティネット」の概要と評価

1　住宅セーフティネットの概要

2006年に制定された住生活基本法の基本理念の1つとして、「低額所得者、高齢者、子育て家庭等の居住の安定の確保」が明記され、これを受けて翌年には、住宅セーフティネット法が公布された。そこでは「住宅確保要配慮者に対する賃貸住宅の供給の促進に関する基本方針」（第4条）として、「公的賃貸住宅の供給の促進」と「民間賃貸住宅への円滑な入居の促進」が掲げられ、前者に関連して「地域住宅計画」（地方公共団体は、地域住宅計画に公的賃貸住宅の整備及び管理に関する事項等を記載、第9条）が、後者について「居住支援協議会」（地方公共団体、宅建業者、賃貸住宅管理業者、居住支援団体等は、居住支援協議会を組織できる、第10条）が制度化された。ここでいう住宅確保要配慮者とは、低額所得者、被災者、高齢者、障害者、子どもを育成する家庭など、住宅の確保に特に配慮を要する者をいう。

その後、住生活基本法の改定（2011年）により、「住宅の確保に特に配慮を要する者の居住の安定の確保」として、「市場において自力では適切な住宅を確保することが困難な者（高齢者、障害者、子育て世帯等）に対する、公的賃貸住宅や民間賃貸住宅による重層的な住宅セーフティネットの構築を図る」こと、さらに「最低居住面積水準未満率早期に解消」が明記された（国土交通省，2013）。ここでは、高齢者、障害者、子育て世帯に配慮されているものの、世帯形成にむけてライフ・トランジションの困難に直面している若者（単身、カップル）は、除外されている。

図終-5は、重層的な住宅セーフティネットの概念図である。一見すると住宅セーフティネットに、公的な住宅のみならず民間賃貸も包摂されていることから、これまでの住宅政策から大きく変化したようにみえる。しかしながら、このフレームワークにはURや公社はふくまれず、公営住宅（約209万戸、全住宅の4.2％）は「真に住宅に困窮する低額所得者向けの賃貸住宅として、地

図終-5　重層的かつ柔軟なセーフティネット

公営住宅	地域優良賃貸住宅	民間賃貸住宅
真に住宅に困窮する低額所得者向けの賃貸住宅として、地方公共団体が供給	公営住宅を補完する賃貸住宅として、地方公共団体と民間事業者が連携して供給	高齢者、障害者等の円滑な入居を促進するため、民間賃貸住宅の空家リフォームを促進

賃貸住宅空家413万戸
（空家率18.8％）

空家の有効活用による重層的な住宅セーフティネットの確立

↑

地方公共団体への交付金・民間事業者への直接補助による支援

出所：国土交通省（2013b）p.6.

方公共団体が供給」することになっており、広範囲な階層を対象としていない。公営住宅の入居者資格の収入基準は、月収25万9000円（収入分位50％）を上限として、政令で規定する基準（月収15万8000円（収入分位25％））を参酌し条例で設定され、家賃は入居者の家賃負担能力と個々の住宅からの便益に応じて補正する「応能応益制度」に基づき、地方公共団体が決定できる。

　他方、地域優良賃貸住宅（一般型14万4789戸、高齢者型3万534戸）は、民間事業主体などが良質な賃貸住宅を整備する場合に補助される住宅をいう。その目的は、「高齢者世帯、障害者世帯、子育て世帯等各地域における居住の安定に特に配慮が必要な世帯の居住の用に供する、居住環境が良好な賃貸住宅の供給を促進するため、賃貸住宅の整備等に要する費用に対する助成や家賃の減額に対する助成を行う」とされている（国土交通省、2013b）。

　その収入基準は、収入分位が80％以下（月収48万7000円以下）の者と広範囲な階層を対象としている。家賃の減額への国の助成は、地方公共団体が事業主体に対して行う家賃低廉化のための助成にかかる費用（上限：1世帯当たり4万円／月）の概ね45％について、社会資本整備総合交付金等により助成を行い、その対象は収入分位0〜40％（月収21万4000円以下）である世帯（高齢者世帯・障害者等世帯・小学校卒業前の子どもがいる世帯）、さらに収入分位0〜25％（月収15万8000円以下）の世帯に区分されている。なお、地域優良賃貸住宅・高齢者型は、現在、サービス付き高齢者向け住宅として再編されている（同上）。

　図終-5では、民間賃貸住宅について、高齢者、障害者などの円滑な入居を促進するため民間賃貸住宅の空き家リフォームを支援（賃貸住宅にしめる空き家は413万戸、空き家率18.8％）、「空き家の有効活用による重層的な住宅セーフティネットの確立」が主張されている。

　具体的には2015年からスタートした住宅確保要配慮者あんしん居住推進事業として提案され、その内容は、高齢者、障害者、子育て世帯の居住の安定確保を図るため、居住支援協議会などとの連携の下、入居ニーズや住宅オーナーの意向をふまえた上で空き家などを活用し、一定の質が確保された低廉な家賃

の賃貸住宅の供給が目的で、空き家等の改修工事に対しての補助を行う事業、と説明されている。[4]

2　住宅セーフティネットの評価
（1）住宅扶助の利用を制約される低所得世帯

　以上、「重層的な住宅セーフティネット」では、民間賃貸の活用が重視され、そこには部分的に家賃を補助する施策も講じられている。しかしながら現状では生活保護の住宅扶助が「住宅セーフティネット」（アフォーダビリティ）を担保するカギとなり、国交省は、その守備範囲を推計している。

　国交省が社会資本整備審議会・住宅宅地分科会に提出した資料（国土交通省，2015a）によると、生活保護受給世帯（2013年）は、持家5万1136世帯（持家の0.2％）、公営住宅25万9931世帯（13.3％）、借家（公営住宅を除く）74万4717世帯（5.1％）、間借り20万2875世帯、その他30万4095世帯となっていた。民営借家で住宅扶助を利用している生活保護受給世帯は、公営住宅における該当世帯数の3倍程度となっている。

　同資料では、公営住宅の入居者資格の収入基準である政令で規定する月収（収入分位25％以下）に依拠して、民間賃貸における低額所得世帯数（収入分位25％以下）を推計しており、その数は408万世帯、民間賃貸に居住する世帯全体の28％にのぼっている。かりにこの408万世帯に借家を利用し生活保護を受給する約74万世帯が内包されるとしても、残る334万世帯は、所得が低く公営住宅の入居者資格があるにもかかわらず、住宅扶助を利用できていない。

　65歳以上の高齢者世帯に着目すると、住宅扶助を利用している生活保護受給世帯は、持家2万7009世帯、公営住宅12万7767世帯、借家（公営住宅のぞく）32万1609世帯、間借り8万4000世帯、その他16万236世帯となっている。高齢者世帯について民間賃貸における低額所得世帯数（収入分位25％以下）を推計すると43万世帯、かりに住宅扶助を利用している借家に居住している世帯が、この43万世帯に内包されているとすれば、その75％は住宅扶助を受給していることになる。

母子世帯について住宅扶助を利用している生活保護受給世帯を検討すると、持家642世帯、公営住宅2万3198世帯、借家（公営住宅のぞく）5万6736世帯、間借り1万5214世帯、その他1万958世帯である。子育て世帯について民間賃貸における低額所得世帯数（収入分位25％以下）を推計すると92万世帯となり、かりにこれをすべて母子世帯とみなしても、住宅扶助の利用は6.2％にとどまっている。

（2）最低居住面積水準を確保できない住宅扶助
　以上のように住宅扶助では、公営住宅を利用できない民間賃貸の低所得世帯についてそのごく一部のカバリッジしかできない。さらに問題なのは、住宅扶助では、住生活基本法の「最低居住面積水準未満率早期に解消」という目標を達成できない、という点である。
　65歳以上の高齢者世帯では、民間賃貸に居住していても低額所得世帯に対する住宅扶助の充足率は高い。しかしながら、高齢者、障害者、外国人に対して民間家主の6〜7割が拒否感をもっており、外国人は不可16.3％、生活保護受給者は不可12.8％、単身の高齢者（60歳以上）は不可11.9％との調査結果が出ている（国土交通省，2016，p.9）。こうしたことから、生活保護を受給している高齢者は、通常の民間賃貸以外の簡易宿泊所などで劣悪・狭小な居住空間の利用を余儀なくされる事態も生じている。
　生活保護にかかわる時事問題をトレースしている、みわよしこ氏は、2015年5月17日の「川崎市で発生した簡易宿泊所2施設の火災は、高齢者の貧困・生活保護と住環境など、数多くの問題を浮き彫りにした」として、簡易宿泊所が「受け皿になるのは、その人びとを受け入れる民間賃貸アパートがほとんど存在しないからだ。全焼した2棟の居住者は、合計74名。そのうち約95％にあたる70名が生活保護利用者であった。この火災で2施設が焼失する以前、川崎市内の簡易宿泊所51施設に居住していた人びとのうち、約90％にあたる1349人が生活保護利用者であった。そのうち、約80％は60歳以上の高齢者であった」と指摘している。

また、みわ氏のインタビューに対して、民間の立場で生活困窮者支援を行っている大西連氏（自立生活サポートセンター・もやい理事長）は、「こういう簡易宿泊所のなかには、老朽化し、狭い空間にたくさんの生活保護利用者を押し込んでいるところもあります。必ずしも、値段に見合った設備や環境ではない場合もあります。日雇労働者が時代とともに減少したので、簡易宿泊所の対象が生活保護利用者へと移っていることは確かです。……行政機関も、こういった簡易宿泊所を、『受け皿』として多く利用しています」と説明している。

　2015年6月11日、厚労省と国交省は、「生活保護受給者の住まいの確保のための福祉部局と住宅部局等の連携について」という通達を、各都道府県・指定都市・中核市の民生主管部（局）長と住宅主管部（局）長宛てに送付した。その主旨は、「平成27年5月17日未明に発生した川崎市の簡易宿泊所火災では、被災者の多くは高齢の生活保護受給者であり、転居先となる住まいの確保が重要な課題となっています。今後、同様の事案が発生した場合等をふくめ、生活保護受給者の安心・安全な住まいを確保するための取組を強化していく必要があります」というものであった。

　通達では、4つの取り組み（1. 住宅扶助にかかわる代理納付制度の積極的な活用、2. 公営住宅への入居、3. 民間賃貸住宅への入居、4. 居住支援協議会の活動）について、各自治体において「福祉部局、住宅部局、居住支援協議会、不動産関係団体、福祉関係団体等との連携」が要請され、たとえば、第3項目の民間賃貸住宅への入居について、以下のように記載されている。

　　生活保護受給世帯の約半数は高齢者世帯ですが、家主は高齢者世帯の民間賃貸住宅への入居に対して、保証人の確保や入居中の安否等に不安を抱いており、結果として入居選別をしている場合もあります。そういった家主の不安感を軽減し、生活保護受給者の民間賃貸住宅への円滑な入居の支援を推進するためには、家賃債務保証、身元保証、見守りサービス、残存家財の整理等の入居・居住支援サービスの活用が重要になります。そのため、福祉部局と住宅部局が連携し、各地域において入居・居住支援サービ

スの提供を実施している社会福祉協議会、NPO法人、民間事業者等の情報収集や本取組に対する協力依頼等を実施するとともに、福祉部局は福祉事務所に対して情報提供をお願いいたします。

通達では、これまでの国交省の活動として、居住支援協議会を内包する住宅セーフティネット法が紹介されているが、同法は「最低居住面積水準未満率早期に解消」を求める改定・住生活基本法（2011年）に準拠している。

他方で通達は、これまでの厚労省の活動として、「住宅扶助の認定にかかる留意事項について」（通知、2015年5月13日）に言及し、これについて、「社会保障審議会生活保護基準部会報告書（2015年1月9日）をふまえ、本年7月に住宅扶助基準を見直すこととしたところです」と言及している。

この留意事項では、「福祉事務所は、生活保護受給世帯が保護開始時に住宅を確保する場合や受給中に転居する必要がある場合には、最低居住面積水準を満たす等、適切な住宅の確保を図るため、例えば不動産関係団体と連携し、民間の不動産賃貸情報などを活用した支援を行える体制を整える等、その仕組みづくりに努めること。なお、住生活基本計画（全国計画）（平成23年3月15日閣議決定）において最低居住面積水準未満率を早期に解消することが目標として掲げられていることに留意すること」と、努力目標として最低居住面積水準未満率の早期解消が掲げられている。

しかしながら留意事項には、「現に生活保護を受けている世帯が、今般の住宅扶助の見直しによって、本年7月1日以降の住宅扶助（家賃・間代等）の限度額より、実際の家賃・間代等が上回る場合は、近隣の家賃相場等から当該住居等の家賃・間代等の引下げが可能か否かについて検討すること。具体的には、貸主等が契約更新等の際に当該住居等の家賃・間代等を住宅扶助（家賃・間代等）の限度額以下まで引下げるのか確認し、福祉事務所においては、必要に応じて今般の住宅扶助（家賃・間代等）の適正化を図った趣旨等を丁寧に説明し、貸主等の理解が得られるよう努めること」と明記されている。

2015年における住宅扶助基準の見直しに依拠し、最低居住面積水準未満で

の居住を容認しながら、住宅扶助（家賃・間代等）の適正化、引き下げの要請がなされているのである（この点、詳細は、第3章・第2節を参照）。

第3節　国土交通省の空き家対策とその批判
——イギリスに何を学ぶのか

1　国交省による「準公営住宅」の提唱

　国交省は、「重層的な住宅セーフティネット」で提起された「空き家の有効活用」を受けて、空き家を公営住宅に準じる住宅として活用する方策を発表、制度の詳細設計をまとめたうえで、2017年の通常国会への関連法案提出を目指すことになった（日本経済新聞、2016年1月16日）。その主旨は、以下の通りである。

1）耐震性などの基準を満たす空き家の民間アパートや戸建て住宅を「準公営住宅」に指定。所有者が生活費負担の大きい子育て世帯などに貸すことを認める。家賃の補助も検討する。自治体の財政が厳しくなるなかで、公営住宅の新設費用を抑える効果も見込んでいる。また公営住宅の不足で入れない高齢者世帯の入居も想定する。

2）公営住宅の収入基準は自治体が定める。国交省によると、全世帯の収入区分の下位25％（月15万8000円）までが入居できる場合が多い。準公営住宅は公営住宅の入居基準を超す収入があっても、家計が厳しい子育て世帯の利用も促すため、収入区分を下位40〜50％（50％で月25万9000円）程度まで広げる計画とする。

3）準公営住宅は公営住宅よりも家賃が高くなる見込みだが、家賃を補助することで同じ水準の民間物件よりも実質的に安くする方針だ。さらに別枠で子育て世帯向けの家賃補助も検討する。家賃の滞納対策として家賃保証会社に支払う保証料を国が補助し、滞納が数ヵ月続けば退去を求めるルールをつくる。

4）準公営住宅に転用する空き家を選定するため、耐震性や省エネ性、遮

音性などの基準を新たに設ける。基準を満たすために空き家を補修・改修する所有者には費用を補助する方針である。

「準公営住宅」案は、2017年の通常国会に「住宅セーフティネット法」(改正案)として提出されることになっている。日本経済新聞(2016年12月25日)では、その内容が「国土交通省は空き家に入居する子育て世帯や高齢者に最大で月4万円を家賃補助する。受け入れる住宅の持ち主には住宅改修費として最大100万円配る。早ければ2017年秋に始める。子育てや高齢者の生活を住宅面から支え、深刻になりつつある空き家問題の解決にもつなげる」と紹介され、その収入要件について「家賃補助は専用住宅に入る子育て世帯や高齢者のうち、原則として月収38万7000円以下の人を対象とする。これは全世帯の7割がふくまれ、おおむね月収15万8000円以下(高齢者は21万4000円以下)とされる公営住宅の入居対象者より大幅に広げる」と述べている。

さらに同紙では、空き家活用の主旨について、「国交省が空き家を使った新たな制度を構築するのは、自治体が建てる公営住宅だけでは対応に限界があるためだ。公営住宅の応募倍率は全国平均で5.8倍、東京都は22.8倍に達する。一方、民間賃貸住宅では子育て世帯が十分な広さの家に住めなかったり、家賃滞納や孤独死のリスクがあるとして高齢者が入居を拒まれたりするケースが多い」と説明している。

では「準公営住宅」の普及は、これまで論じてきた日本型デュアリスト・モデルを改変するものなのか。このモデルの特徴は、①過少な公的住宅、②民間借家の狭小性、③住宅政策としての住宅手当の不在からくる過度な持家取得へのバイアスにあった。結論から言えば、「準公営住宅」案は従来の枠組みを超えるものではない。

2 「準公営住宅」における家賃補助の狭隘性

本書の「はじめに」で引用した2005年の国土交通省の社会資本整備審議会における「新たな住宅政策のあり方について」の「答申」では、「公営住宅に

おける入居者・非入居者間の不公平の存在、コミュニティバランスの低下など、現行制度が抱える問題点を抜本的に解消するためには、民間住宅を活用した家賃補助が効率性の高い政策手段である」としながら、生活保護との関係、財政負担の問題などから「国の制度として家賃補助」の導入を保留していた。

一見すると空き家対策としての家賃補助は、「国の制度として家賃補助」の構築にむけて大きく前進したかのような印象を与える。しかしこの方策では、月収15万8000円以下の収入で公営住宅への入居資格がありながら、親の住宅にパラサイトを余儀なくされたり、狭小・高家賃の民間借家に滞留している人びとの不満、つまりは「公営住宅における入居者・非入居者間の不公平」は部分的にしか解消されえない。

図終-6は、空き家対策が議論されている「新たな住宅セーフティネット検討小委員会」に資料として提出されたもので、家賃補助の対象となると考えら

図終-6 借家（公営住宅を除く）に居住する世帯の収入・居住面積・家賃の状況

総数：1656万世帯（534万世帯）

収入分位	最低居住面積水準未満 計140万世帯（70万世帯）		高家賃負担 計230万世帯（90万世帯）
498万世帯（102万世帯） 50%			
157万世帯（35万世帯） 40%	13万世帯（4万世帯）	0.3万世帯（0.1万世帯）	4万世帯（1万世帯）
274万世帯（77万世帯） 25%	25万世帯（10万世帯）	2万世帯（1万世帯）	19万世帯（5万世帯）
727万世帯（320万世帯）	73万世帯（40万世帯）	27万世帯（15万世帯）	177万世帯（69万世帯）

収入分位25％以下の世帯または収入分位25～50％の高齢者・障害者・子育て世帯で、最低居住面積水準未満かつ高家賃負担　約28万世帯

居住面積

注：1）（　）内は、高齢者単身世帯、高齢者夫婦のみ世帯、子育て世帯（18歳未満）、障害者世帯の数。
　　2）ここでは高家賃負担とは、月収にしめる家賃の割合が、年収200万円以下のうち民営借家居住世帯における平均の家賃負担率（37.3％）以上であるものとしている。
　　3）総数1656万世帯は、居住面積不詳の約46万世帯を除いた値。
出所：国土交通省（2017）p.24.

れる、借家（公営住宅を除く）における住宅確保要配慮者（高齢者・障害者・子育て世帯）で、最低居住面積水準未満かつ高家賃負担の世帯を推計（2013年時点）している。これによると借家（公営住宅を除く）に居住しているのは1656万世帯（民営借家が88％）、このうち727万世帯は「収入分位25％以下」（公営住宅入居階層）である。

　この727万世帯のうち、最低居住面積水準未満、高家賃負担、さらに両方の問題をかかえる世帯は、それぞれ73万世帯、177万世帯、27万世帯と、小計277万世帯でありながら、このグループ（収入分位25％以下）で住宅確保要配慮者として家賃補助の対象となるのは27万世帯、9.7％に限定されている。

　国交省の2017年度概算要求項目として掲げられていた「新たな住宅のセーフティネット制度の創設」について、宮本徹議員（日本共産党）は、衆院決算行政監視委員会（2016年11月24日）において、「家賃対策3億円、居住支援4億円にすぎず、きわめて少ない」と批判したのち、「住宅をめぐる若者の状況についてどのように認識しているのか、住宅に困窮する若者の数はつかんでいるのか、お伺いしたいと思います」と質問、石井啓一国交相は以下のように答弁している。

　　低所得の若者については、民間賃貸住宅に入居しようといたしましても、費用負担が大きいため親から独立できないことや、家賃滞納等のおそれから大家に入居の拒否感があることなどの問題があると認識しております。現に住宅に困窮する若者の数を把握することは困難でございますけれども、新たな住宅セーフティーネット制度におきましては、低所得の若年単身世帯も対象といたしまして、住宅の確保に資する制度となるよう検討を進めているところでございます。

　国交省が提出した「平成29年度予算大臣折衝の結果」（2016年12月19日）によると、認可された「新たな住宅セーフティネットの創設」の目的は、「子育て世帯や高齢者世帯などの住宅確保要配慮者の増加に対応するため、民間賃

貸住宅や空き家を活用した新たな住宅セーフティネット制度を創設する」と記載され、「住宅に困窮する若者」については、とくに言及されていない。

また、さきの日本経済新聞では、「新たな対策で柱となるのは空き家や民間賃貸住宅の登録制度の創設だ。住宅の持ち主に呼びかけ、18歳以下の子どもがいる世帯や60歳以上の高齢者のほか、障害者や被災者などの専用物件と入居を拒まない物件を地方自治体に登録してもらう。自治体は住宅の情報を提供して入居を検討してもらう」と説明されているように、家賃補助は「登録」さ

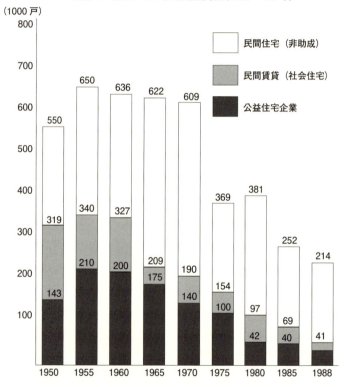

図終-7　旧西ドイツ住宅建設内訳（1950～88年）

注：1988年は推計値である。
資料：Gesamtverband der Wohnungswirtschaft 1989.
出所：Power（1993）p.158.

れた物件に限定され、現在、狭小・高家賃の民間借家に滞留している「子育て世帯や高齢者世帯」全体に適用されるわけではない。

　居住支援協議会の設立にみられるように、国交省と厚労省は、既存のフレームワークを所与としながら「福祉部局と住宅部局等の連携」を標榜しつつ、住宅扶助の「単級化」、あるいは「国の制度としての家賃補助」実現にむけての政策調整を回避しているのである。

　さらに言えば、住宅改修補助などへの支出は、空き家のみならず民営借家全体の狭小性を打開するために一般的なメニューとして提起されるべきであろう。民営借家を「準公営住宅」として位置づけることは、ユニタリー・モデルのドイツのように民営借家をも公的住宅とみなし、両者に同等の助成をすることを意味する。ドイツでは、1950年代以降、民営借家の一部を社会住宅として位置づけ、政府資金の助成と税制面での優遇措置がなされている。

　図終-7は、1950年代以降の旧西ドイツにおける住宅建設の内訳を5年ごとに示したものである。建設がほぼピークに達した1955年度の総戸数は65万戸、このうち公益住宅企業によるものが21万戸（32.3%）、拘束をうけた社会住宅としての民間賃貸は13万戸（20.0%）、それ以外の市場家賃の適用される民間賃貸と持家の小計が31万戸（47%）をしめていた。

　さきの**表終-1**で示したように、1998年から2013年までに民営借家（東京都の事例）では、木造から非木造への更新が大幅に進捗した。しかしながら政府（自治体）は、居住水準の向上にむけて、このプロセスにほとんど介入できていない。

　他方、民間借家の一部を「準公営住宅」へと再編させる場合、逆に公営住宅とUR・公社も「準公営住宅」と位置づけ、借家市場全体の安定化を図ることが重要となる。現在、URは市場家賃へと移行するなかで低所得者の家賃負担が重くなり、他方、公営住宅の収入基準は下位25%となっていることから、低所得の高齢者が集中することで残余化しつつある。これらを「準公営住宅」と位置づけ、収入区分を広げ、低所得者には家賃補助をすることで、広範囲な階層を対象とする社会住宅へと転換させることが可能となる。もちろん、ソー

シャル・ミックスの実現には、過少な社会住宅の量的な増大が必要となる。

いうまでもなくパラサイト問題、民営借家への若年単独世帯の滞留という退行現象を放置すれば、かれらの多くは単身のまま貧困世帯へと移行し、その付けは生活保護費のさらなる拡大に繋がっていかざるをえない。これに対して「準公営住宅」としての社会住宅、社会手当としての住宅手当の導入は、政府の財政負担を増大させるとしても、若年単独世帯のカップル形成を容易にし、かれらが共稼ぎによる税の納入者となることで、実質的な財政負担は軽減されることになる。

3 転換するイギリス、滞留する日本

さて、ここで前章において展開したイギリスと日本を比較すれば、両者はケメニーのデュアリスト・モデルに該当しながら、このモデルが安定的に機能する鍵、すなわち「大多数の世帯」にとって持家市場の開かれている条件が、従ってまた民営借家から持家にいたる「住宅の梯子」が、大きくゆらいでいる、という共通した状況にある。しかしながら、その「ゆらぎ」の状況は、大きく異なっている。

サッチャーの打ち出した公営住宅購入権（RTB、1980年〜）と1988年住宅法による民間賃貸の規制緩和は、公営住宅を残余化させ、民間賃貸の高家賃と居住不安を惹起させるものであり、デュアリスト・モデルを体現したものであったが、とくに民間賃貸に適用される住宅手当の肥大化をもたらした。2015年の総選挙で労働党のミリバンド前党首は、ドイツの家賃統制（rent control）の導入を主張、選挙には敗北したものの、今後、民間賃貸のみならず社会住宅をふくめて借家市場全体をどのようにコントロールしていくのかが大きな政策課題として浮上してきている。さらにスコットランド、ウェールズにおいて公営住宅購入権（RTB）の廃止が決定され、かつ前者では、民間賃貸市場への規制が開始されたことも、注目にあたいする。

大学時代はハイエクに傾倒、市場原理と起業家精神の重視を主張し、イギリスで初めての女性首相となったサッチャーは、以下のような信念のもとに社会

問題を個人と家族による責任へと帰着させようとしていたという。[6]

> あまりにも多くの人たちが「もし問題があるなら、それを片付けるのが政府の仕事だ」という理解をしてきたというのが、今のこの時代だと思います。「俺には問題がある。だから給付金をもらう。」「俺はホームレスだ。だから政府に家をもらう。」皆が自分の問題を社会に投げつけるのです。しかし社会というものはありません。個人だけが、男と女だけが、家族だけが存在するのです。政府といってもそれは人びとを通してしか何かをできないのであり、その人びとはまずは自分を頼りにするのが先決なのです。自分自身の面倒、そして隣人の面倒を見ることが義務なのです。人びとは責任を無視して権利ばかりたくさん主張します。ですが最初に義務を果たさなければ権利などというものはないのです。

「物への助成」から「人への助成」という経路のもとでイギリスは、「社会」の問題として住宅問題に向き合ってきた。サッチャーは、公営住宅の売却と民間賃貸の規制緩和により、それを個人と家族による責任に転嫁しようとした。しかしながら「人への助成」としての住宅手当は継続かつ拡大し、改めて「社会」の問題として住宅市場全体を再構築しようとする政策展開が構想されつつある（この点、第5章を参照）。

翻って日本の場合、「物への助成」から「人への助成」という経路を経ないまま、公的住宅ストックの僅少、住宅手当の不在という状況のもとで、単身高齢者、母子世帯の民営借家におけるアフォーダビリティの問題にくわえて、親の住宅へのパラサイト、他方では民営借家への若年単独世帯の滞留が進行、これにより若年層のカップル、子育てカップル形成にむけてのライフ・トランジションが困難になるという、イギリスとは様相が異なる事態に直面している。

少子化にともなう「人口減少社会」は、日本では大きな社会問題となっている。にもかかわらず、ライフ・トランジションに困難をもたらしている住宅問題は依然として個人と家族の責任とみなされ、早急に解決すべき重要な政治的

課題として認識されていない。

注

1 より具体的には、「公営住宅制度については、収入超過者対策の強化、入居収入基準の見直し等に順次取り組まれており、また、公営住宅以外の公的賃貸住宅及び民間賃貸住宅についても、地域住宅計画に基づく特定優良賃貸住宅の既存ストックの弾力的運用が推進されるとともに、高齢者・障害者等に対する入居制限を行わない民間賃貸住宅を登録し情報の提供や居住支援を行う「あんしん賃貸支援事業」の創設などが措置されたところである」と報告されている（国土交通省、2006）。

2 いうまでもなく、高等教育と持家の「大衆化」を可能ならしめてきたのは、子どもの教育費と住宅ローンを担保してきた正規雇用と家族賃金（年功賃金）の存在である。こうした前提が近年、大きく変容しつつある。

以下の社説（朝日新聞2016年4月15日）のように、教育費の負担は、授業料が上昇し、親の収入が減ったことで、貸与型の奨学金である「学生ローン」としてのしかかり、返す必要のない給付型の拡充が要請されている。ここでは、奨学金・延滞者の増大の背景について、「年功賃金と終身雇用の日本型システムが崩れ、非正規労働が広がっていること」が指摘されている。

こうした背景は、過重負担となりつつある持家の住宅ローン問題にも通底しており、戦後住宅政策の大きな転換が求められている。

奨学金はいまや2人に1人の学生が借りている。授業料が増え、親も収入が減ったせいだ。奨学金は出身による格差を改善し、教育の機会均等を実現するためにある。返す必要のない給付型はあって当然のものだ。だが日本の場合、国の奨学金制度は貸与型しかない。先進国の中では異例だ。特に、借りた額に利子を払うものが人数枠の6割を超える。これでは奨学金とは名ばかりの「学生ローン」にすぎない。

返済を延滞する人は2014年度末で約33万人に上る。年功賃金と終身雇用の日本型システムが崩れ、非正規労働が広がっていることが背景にある。

未来を広げるはずの奨学金が逆に追い詰める結果になっている。これでは家庭が豊かではない子どもが「返す自信がない」と進学をあきらめかねない。無利子の枠を増やすとともに給付型の検討を急ぐべきだ。

3　この点、やはり「無限定正社員システム」から職務給に基づく「ジョブ型正社員」への転換を主張している濱口桂一郎氏は、「同一労働同一賃金原則に基づく職務給が一般的な社会においては、労働者が結婚してこどもができ、そのこどもが学校に進んで行くにつれて、年齢とともに上昇する必要な生活費、教育費、住宅費などが賃金によって十分にまかなわれませんから、それらを社会保障の対象として現金給付なり現物給付なりの形で提供していかなければなりません。……欧州諸国の福祉国家とは、年金や医療といった日本と共通する社会保障制度だけでなく、育児、教育、住宅といった分野においても社会政策的な再分配が大規模に行われる社会でもありました」と、職務給への移行にとって教育費のみならず、住宅費が補塡されることの重要性を指摘している（濱口, 2009, p.123）。

4　入居対象は、「入居の際の月額収入が15万8千円以下の者であって、従前居住地が持家でない者とすること」であり、上限月額家賃は、「8万4,700円に市区町村毎の立地係数を乗じた額」（例、札幌市8万5000円、江東区10万6000円、大阪市8万5000円）となっている。家賃負担については、「公営住宅の家賃に準ずる」と記載されている（http://www.anshin-kyoju.jp/）。

5　みわよしこ（2015）「川崎・簡易宿泊所火災を引き起こした貧困の深層」（http://diamond.jp/articles/-/72317）。

6　*Women's Own magazine*, October 31 1987 (http://www.margaretthatcher.org/documents/106689)。

補章

ジェントリフィケーションと住宅手当
──ニューヨークの動向

　2008年前後の金融破綻による住宅バブルの影響は、アメリカでもっとも深刻であった。これによる中間層の収縮（squeezed middle）と所得の2極化により、アメリカン・ドリームの象徴であった持家取得は、多くの若者にとって困難となり、親の住宅への同居（アメリカでは、親元への回帰によるブーメラン現象と呼ばれている）を余儀なくされている（この点、本章の補節を参照）。

　実のところ、アメリカにおける持家率は65.4％とイギリスの65％とほぼ同様であるが、民間借家は34.5％とイギリスの17％を大きく凌駕している。民間賃貸が潤沢であるにもかかわらず、住宅のアフォーダビリティが問題となっている要因には、過少な住宅手当（全世帯の受給率は2％、前掲、**表4-5**を参照）とともに、富裕層の都心回帰＝ジェントリフィケーションの浸透にともない、インナーシティの安価な住宅が減少していることが関係している。

　アメリカの住宅手当であるセクション8は、エンタイトルメントではないという点で、イギリスのそれとは異なっている。しかしながら、進行しつつあるジェントリフィケーションのもとで、住宅手当が有効に作動する前提条件となる、最低賃金の引き上げ、家賃規制と住宅のアフォーダビリティが重要な課題となっており、大都市を中心としてボトムアップの社会運動にサポートされた革新市長の出現が注目されている（Meyerson, 2014）[1]。

　たとえばニューヨーク市では共和党のブルームバーグ前市長に代わって、コミュニティ・レベルの諸団体の支持をうけて当選した民主党のデ・ブラシオが市長に就き、そのアジェンダとして最低賃金の引き上げ、家賃規制、ディベロッパーにアフォーダブル住宅を義務づける強制的・包摂的ゾーニングなどが掲げられている。そこで本章では、ブルームバーグ前市長とデ・ブラシオ新

市長の政策を対比しながら、ジェントリフィケーションが進行しているニューヨーク市において、住宅手当がどのように機能しているのかを検討する。

さらに補節では、デ・ブラシオとは異なる文脈で、若者の熱狂的な支持をうけて大統領選挙に登場したバーニー・サンダース上院議員の住宅政策を、デ・ブラシオのそれとの対比で論じてみたい。

第1節　ブルームバーグ前市長のもとでのアフォーダビリティ危機

1　就業構造の変化による低賃金セクターの拡大

図補-1は、ブルームバーグ前市長の任期（2002年1月～2013年12月）とほぼ重なる2001年から2011年までのニューヨーク市における産業セクター別の雇用数の変化と2011年時点での平均賃金（年間）を示している。

図補-1　産業セクター別・雇用者数の変化（2001～2011年）と平均賃金（2011年）

所得区分	セクター	平均賃金
高所得	証券	£362,992
	銀行業	£171,449
	保険	£141,561
	情報	£110,968
中所得	教授・バス事業	£100,416
	公益事業	£95,929
	卸売業	£81,024
	建設	£71,267
	不動産	£62,742
	行政府	£58,312
	教育	£54,642
	工業	£53,525
	交通	£48,647
低中所得	健康	£47,686
	その他サービス	£44,911
	その他	£39,954
低所得	レジャー・ホスピタリティ	£36,134
	小売業	£35,917

出所：The Council The City of New York（2013）p.12.

2001年以降、増大した業種は、健康関係、小売り、レジャーなどで、これらは低所得層ないし低中所得層に該当する。これに対して中所得層に該当する工業部門は8万人もの減少となっている。

この「ミドルクラスの収縮」(The Middle Class Squeeze)というレポートは、低所得層の増大要因として、就業構造の変化とともに、労働組合の機能の弱体化をあげている。第2次大戦の終結から1980年まで、アメリカの中位賃金(median wage)は、労働生産性の上昇とともに増大したのに対し、1980年以降、前者は後者の上昇に比例しなくなった。その要因は労働組合の組織率の低下にあり、全米の民間セクター組織率は、1979年の23％から1985年の16％にまで低下した。

ニューヨーク市は、全米と比較すると組織率が高く、2012年で民間セクターは12.8％（全国6.8％）、公共セクターは73％（全国38％）という状況にある。しかしながら市全体の組織率は、1990年代初頭の不況のもとで大幅に低下、その後も逓減しつつある（The Council The City of New York, 2013, pp.12-13）。

2 低所得世帯の増加と過重な家賃負担

表補-1は、ニューヨーク市の世帯について、所得配分の状況を2000年と2012年で比較している。2012年時点で年収2万ドル以下と、2万1ドルから4万ドル以下の低所得層が、それぞれ全体の23.8％、18.8％の小計42.6％をしめ、2000年と比較して5万1942世帯もの増加となっている。これに対し中間所得層といえる年収4万1ドルから8万ドルのグループは全体の26.2％をしめながら、2万8638世帯の減少となっている。年収8万1ドル以上の中・上所得層は、おおむね増大しているが、16万1ドルから20万ドル、30万1ドル以上の世帯は若干の減少を示している。

表補-2は、2012年での家賃別の住宅戸数分布について、2000年と比較した増減を示している。家賃1000ドル以下の借家は、全体（210万4601戸）の49.4％をしめているが、この12年間で40万130戸も減少し、とくに家賃601

表補-1　ニューヨーク市における世帯所得別の構成比とその変化

所得（$）	2000年		2012年		増減
	世帯数	%	世帯数	%	
20,000以下	718,052	23.8	734,728	23.8	16,676
20,001-40,000	546,038	18.1	581,304	18.8	35,266
40,001-60,000	476,161	15.8	458,081	14.8	-18,080
60,001-80,000	363,574	12.1	353,016	11.4	-10,558
80,001-100,000	248,827	8.3	252,421	8.2	3,594
100,001-120,000	167,388	5.6	179,215	5.8	11,827
120,001-140,000	123,958	4.1	134,262	4.4	10,304
140,001-160,000	80,887	2.7	89,733	2.9	8,846
160,001-180,000	61,807	2.1	60,355	2.0	-1,452
180,001-200,000	50,309	1.7	45,618	1.5	-4,691
200,001-300,000	83,985	2.8	105,533	3.4	21,548
300,001以上	95,018	3.2	91,541	3.0	-3,477
合計	3,016,004	100.0	3,085,807	100.0	69,803

出所：Stringer, S. M.（2014）p.9.

ドルから800ドルまでの物件が24万1160戸ものマイナスとなっている。他方、家賃1200ドルから1800ドルまでの物件は24万8986戸も増大、家賃2201ドルから2401ドル以上の高額物件も拡大傾向にある。

　以上のように低所得層が増加したにもかかわらず、低家賃の物件が大幅に減少したことで、かれらの家賃負担は過重となった。**表補-3**に明らかなように、ニューヨーク市における所得に対する家賃負担の比率は、2012年時点で年収2万ドル以下では68.0％にも達している。ただし、この数字は2000年の68.7％とほとんど変わっていない。さらに2万1ドルから4万ドル以下も41.4％と高く、その家賃負担の比率は、2000年の33.2％から8.2ポイントも上昇し、この所得階層のアメリカ全体での上昇率4％を大きく上回っている。

表補-2　ニューヨーク市における借家の家賃別構成比とその変化

家賃 (月額、$)	2000年 戸数	%	2012年 戸数	%	増減
200以下	140,484	6.7	130,846	6.2	-9,638
201-400	189,413	9.0	158,815	7.5	-30,598
401-600	211,808	10.1	139,326	6.6	-72,482
601-800	466,324	22.1	225,164	10.7	-241,160
801-1,000	434,199	20.6	387,947	18.4	-46,252
1,001-1,200	277,703	13.2	290,046	13.8	12,343
1,201-1,400	114,622	5.4	211,519	10.1	96,897
1,401-1,600	94,792	4.5	180,016	8.6	85,224
1,601-1,800	27,400	1.3	94,265	4.5	66,865
1,801-2,000	41,499	2.0	68,461	3.3	26,962
2,001-2,200	14,794	0.7	41,798	2.0	27,004
2,201-2,400	5,183	0.2	37,654	1.8	32,471
2,401以上	89,080	4.2	138,744	6.6	49,664
合計	2,107,301	100.0	2,104,601	100.0	-2,700

出所：Stringer, S. M.（2014）p.6.

3　家賃安定化住宅の減少

　1969年に制定された家賃安定化法（Rent Stabilization Law）は、極端な家賃上昇から借家人を守り、住宅需給が逼迫する状況下（housing emergency）において、借家人の長期的な居住を保護することを目的としている。住宅需給が逼迫する状況とは、空き家率（vacancy rate）が5％以下の事態をいう。2011年時点で、ニューヨーク市における借家世帯の45.7％は家賃安定化法のもとにあり、1.8％は家賃統制（rent control）、8.8％は公営住宅、規制されていないか市場家賃の住宅に居住する世帯は38.6％となっている（Stringer, 2014, p.18）。

　問題は、新たに家賃安定化に参入する住宅がある以上に、そこから離脱する住宅があり、ブルームバーグ前市長の任期において、全体として家賃安定化住宅は減少に向かった。家賃ガイドライン委員会（Rent Guidelines Board）のデータによれば、1994年から2012年までに、新たに家賃安定化に参入した住

表補-3　世帯所得別の所得に対する家賃負担率

世帯所得	家賃負担率（平均）			
	2000年		2012年	
	US (%)	NYC (%)	US (%)	NYC (%)
20,000以下	55.2	68.7	58.7	68.0
20,001-40,000	26.0	33.2	30.0	41.4
40,001-60,000	18.1	22.2	20.9	27.8
60,001-80,000	14.5	17.5	17.1	22.7
80,001-100,000	12.5	14.1	15.1	19.5
100,001-120,000	11.4	13.1	14.0	16.9
120,001-140,000	10.5	12.4	13.0	15.7
140,001-160,000	9.6	11.5	12.1	15.3
160,001-180,000	9.2	11.2	11.4	13.5
180,001-200,000	8.5	10.4	13.5	13.5
200,001-300,000	7.2	8.7	9.3	12.0
300,001以上	3.9	5.2	5.5	5.9
平均	29.3	35.6	34.7	39.4

出所：Stringer, S.M. (2014) p.11.

宅は14万4113戸、離脱した住宅は24万9355戸であり、10万5242戸のマイナスとなっている。ただし参入した住宅のうち1万126戸はミッチェル・ラマ住宅（1955年に創設された中間所得層向けのアフォーダブル住宅）から、3万7383戸は家賃統制住宅からの転換であり、これらを差し引くと、新たな家賃安定化住宅は9万6604戸、したがって実質的な減少は15万2751戸となる。

新たに家賃安定化に参入した14万4113戸のうち、その36.9%はディベロッパーへの不動産税の控除による住宅付置（421-a）、26%は低所得者住宅を建設する非営利セクターへの税優遇（420-c）によっている。他方、家賃安定化からの離脱は、借家人が該当する住戸から転出したとき、その地区の最大法定家賃（maximum legal rent）が2500ドル以上であれば認可（High-rent vacancy deregulation、高家賃・空き家の規制解除）される（ibid., pp.19-20）。

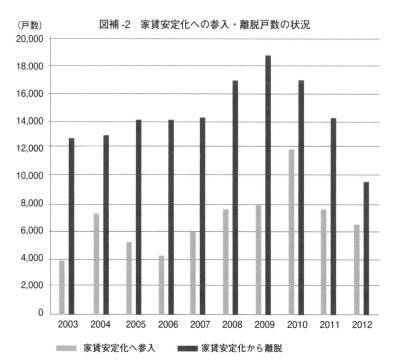

出所：Stringer, S.M.（2014）p.19.

図補-2は、2003年から2012年までの、新たに家賃安定化に参入した住宅戸数と、そこから離脱した住宅戸数を示している。とくに2003年から2009年にかけては、離脱した住宅戸数が家賃安定化に参入した住宅戸数を大きく上回っていたことが判明する。

4 シェルターを利用するホームレスの増大

2006年以降のシェルター利用者増大の要因は、ブルームバーグ前市長のもと、これまでの公営住宅とセクション8による長期的な居住支援が、ワーク促進（Work Advantage）プログラムという短期的な施策に変更されたことにある。

図補-3に明らかなように、市長就任の2002年から2005年までは、シェルターからの転出は、公営住宅とセクション8によってなされていた。これが

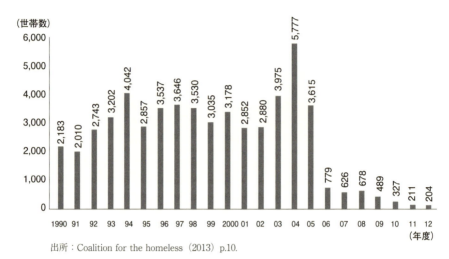

図補-3 公営住宅とSection 8によりシェルターから移動した家族世帯

出所：Coalition for the homeless（2013）p.10.

2006年から大幅に縮小、2012年には204戸にまで下降している。

ワーク促進プログラムは、週に少なくとも20時間以上就労すること、月額家賃（3～4人世帯で最大1070ドル）の10～20％に当たる金額を貯蓄し、50ドル（残額の1020ドルは当局の負担）を家賃として支払うことが義務づけられ、こうした義務を履行できた場合にのみ2年目の家賃補助がなされ、3年目からは原則として全額の家賃を当事者が支払うことになっていた。

以上のようにワーク促進は、プログラム参入から1～2年間について家賃補助が充当されるものの、その後は「最低賃金かそれ以上」の収入による家賃部分をふくめた「就労と自立」が要請されることになる。2007年3月の公聴会では、こうした要請の非現実性が指摘された。当時、ブルックリン出身の市会議員であり総福祉委員会の議長であったデ・ブラシオは、「1～2年間の厳格なタイムリミットで自立を要請することについては、さらなる検討が必要である。この予定表は最近の労働市場と家族ホームレスが直面しているさまざまな困難を考慮していない」と批判した。

また法律助成協会のスティーブン・バンクスは、「2002年から2005年まで

に中位所得は6.3％下降しているが家賃は8.3％上昇、同じ時期に低中所得者向けアパートは20万5000戸もの減少をみている。こうしたマーケット状況において家族ホームレスは、1〜2年以上の家賃補助を必要とするであろう」と主張した。

2007年から2013年8月までの実態調査では、ワーク促進プログラムに参入しながら家賃補助を利用できない状況となった1万7258家族のうち、シェルターに戻ってしまったのは8518家族と49.4％をしめ、その内訳は子ども1万8481人、大人1万2242人で合わせて3万723人に及んでいた。この調査を担当したホームレス支援団体の「ホームレスのための連合」は、「2013年度にシェルターに入った家族の実に63％は、以前ホームレスであった家族である。市が公営住宅とセクション8などの長期の居住支援を優先していた2005年以前では、舞い戻った家族は25％であったのに……」と述べている（Coalition for the Homeless, 2013, pp.5-7）。

第2節　デ・ブラシオ市長の挑戦——最低賃金の上昇、家賃規制、ホームレス対策

1　最低賃金の引き上げ

2015年2月、デ・ブラシオ市長は、都市の未来についてのビジョンとして、野心的なアフォーダブル住宅プラン、「2都物語」と表現される格差の縮小、経済開発と交通戦略、法的に実施すべき計画として家賃規制の強化と最低賃金の引き上げを発表した。市長は、「来年までに最低賃金を時給13ドルへと拡大、物価にスライドさせることで、2019年まで時給15ドルまで引き上げる」と語っている。これに対して、ニューヨーク州と市の最低賃金レベルに実質的権限をもつクオモ州知事は、市では時給11.50ドル、それ以外の州に該当する地域では時給10.50ドルとの提案をしていた。

ところが2015年7月にクオモに任命された州政府の賃金委員会は、2021年までにファースト・フード・チェーンのレストランについて、州レベルで時

給15ドル（現行では8.75ドル）、市については州より高い生活費を考慮して、年末まで10.50ドル、2018年までに15ドルまで引き上げるように勧告した。ファースト・フード産業は、州における低賃金労働のもっとも大きな雇用者となっており、現在、従業員は18万人に及んでいる[5]。

　以上の背景には、2013年のニューヨークにおけるファースト・フード労働者の怠業運動として開始された最低賃金・時給15ドルの要求が、急速に全国レベルにまで広まったことがあった。その要求は、サービス従業員・国際労働組合（SEIU, Service Employees International Union, 組合員数190万人）の支持をえて、マクドナルド、ウェンディ、バーガー・キングを狙った、加速する一連の大規模の終日ストライキの企てへと繋がり、アメリカの他の大都市へと波及しつつあった。

　シアトルでは、2014年に就任したマレー市長が就任と同時に最低賃金の上昇を主張、同年5月には、数年後、ワシントン州レベルで時給9.32ドルから15ドルへと引き上げるよう要請、500人以上の就業員をもつ大企業の労働者について2017年までに15ドル、それ以下については2021年をめどに上昇が立案されている。

　サンフランシスコでは、2015年11月に住民投票により最低賃金・時給10.74ドルから15ドルへの引き上げを決定、すでに12.25ドルまで上昇し、女性とマイノリティーを中心に8万6000人がその恩恵を受けている。さらに2018年までには15ドルまで上昇させることになっている。

　ロサンゼルスでは、市議会が2020年まで、現行の時給9ドルから15ドルへ、ロサンゼルス郡レベルでは、郡の委員会がやはり15ドルへの上昇を決定している。2016年は時給10.50ドルとなり、徐々に2020年の15ドルまで引き上げることになっている[6]。

　なおニューヨークでは、2015年11月、クオモ州知事がファースト・フードのみならず、公共セクターの労働者についても最低賃金を引き上げることを勧告、市内の州政府の労働者は2018年末までに時給15ドルへ、それ以外については2021年末までにやはり15ドルまで上昇、これにより警備員、事務補助、

守衛など州の労働者の6.5％に該当する約1万人の賃金が増大すると予想されている。

SEIUの配下にあり、アメリカにおける介護・看護労働者を組織する最大のサービス従業員労組（組合員4万人）である1199 SEIUのジョージ・グレシャム会長は、以上の勧告を熱烈に歓迎し、「それは潜在的に1万人におよぶ組合の介護労働者に時給15ドルを適用することに繋がる。かれらは必ずしも州の従業員とは限らないが……」と語っている。[7]

2　家賃の規制（既存の借家、空き家）

以上のように、全国的に時給15ドルにむけて最低賃金の上昇が見込まれるとしても、それによって低所得者層の家賃負担問題が解決されるわけではない。ある調査によると、所得の40％の家賃をアフォーダブルなレベルと仮定した場合、ニューヨーク市の家賃（中位）2690ドル（2015年）を支払うには、時給38.80ドルが必要との結果がでている。また時給15ドルによって市内でアフォーダブルな住宅が可能なエリアは、1つの近隣（ブロンクスのスロッグネック）のみという結果がでている（Alan L., 2015）。従って、最低賃金の上昇とともに家賃規制の強化が重要となってくる。

デ・ブラシオ市長は市の広報で、前市長における2011年の家賃法の延長から、現在まで3万5000戸の住宅が規制から離脱したこと、にもかかわらず家賃安定化により140万人の低所得の借家人と70万人の中間所得のニューヨーク市民はアフォーダブルな住宅を保持している、と指摘している。[8]州の管轄下にある家賃安定化法は、2015年6月15日に失効することから、アフォーダブルな住宅の確保にむけて、それを更新することが借家人運動の団体と市長にとって重要な課題となった。

両者は借家人が家賃安定化法のもとにある住戸から転出したとき、その地区の最大法定家賃（maximum legal rent）が2500ドル以上であれば家賃安定化法からの離脱を認可する高家賃・空き家の規制解除（High-rent vacancy deregulation）の廃止を要請した。その理由は、この緩和策が、ジェントリフィ

ケーションとともに波及する家賃上昇を容認している、というものであった。借家人の擁護者らは「この施策により、これまで30万戸ものアフォーダブル住宅が喪失することになった」と批判している。さらに廃止の要求は、空き家となった住戸について大規模な改良をした場合、一時的に20%の家賃上昇（vacancy bonus）を可能とする施策（major capital improvement increase）にもむけられた[9]。

結局、高家賃・空き家の規制解除は存続することになり、借家人の擁護者らは失望した。ただし規制解除の認可基準となる2500ドルは、2700ドルに引き上げられた。この修正について州議会での審議に関与したブロンクス出身の民主党の議員は、「ニューヨーク市におけるアフォーダブル住宅の喪失スピードを遅らせるであろう」と評価している[10]。他方、家賃安定化住宅に居住している既存の借家人の家賃については、6月29日の市の家賃ガイドライン委員会において、1年間のリースについては上昇を凍結、2年間のそれは2.75%以下の上昇率となり、委員会が発足した1969年以来もっとも低い率となった[11]。

3　ホームレスへの支援

「ホームレスのための連合」は、2015年10月7日付のレポートにおいて、就任以来のデ・ブラシオ市長のホームレス対策をブルームバーグ時代と比較して以下のように総括している。

さきに言及したように前市長の施策では、連邦予算に依拠した公営住宅（NYCHA, New York City Housing Authority）とセクション8による長期的な居住支援は、ワーク促進プログラムという短期的な施策に変更された。

前市長の最後の1年間において、連邦予算に依拠した公営住宅とセクション8により恒久住宅に移動できた家族ホームレスは170世帯であり、市の予算による移動は皆無であった。これに対して新市長のもと2014年7月から2015年7月の1年間では、市予算の住宅バウチャーにより2300世帯（成人と家族）が緊急のシェルターから移動した。連邦予算をホームレス対策に優先利用することで、恒久住宅に移動できたのは2500世帯以上となった。

新市長の就任とともに、ワーク促進プログラムは廃止され、前市長の最後の1年間でシェルターに新たに参入した家族の63％は、かつてホームレスであったのに対し、2014年7月から2015年7月では55％と、しだいに減少へとむかっている。この減少は控え目なものであるとしても、レポートは「現在のニューヨーク市における記録的なホームレス上昇の潮流に成功裡に歯止めをかけたもの」と評価している。

　レポートが問題にしているのは、ニューヨーク州のクオモ知事が市のホームレス対策に前向きでないことであり、市と州のパートナーシップにより、今後の10年間で3万5000戸（市は3万戸）のサポーティブ住宅（後述）への資本提供が強調されている。というのもクオモ知事は、ディンキンズ市長時代（1990～1993年）に市と州の合意（New York/ New York agreement）により、精神的な問題をかかえるホームレスへのサポーティブ住宅5220戸への資金協力をしていたからである（Coalition for the homeless, 2015）。

　こうした主張の背景には、シェルターと路上における単身世帯の増加という事態があった。

　2015年8月30日付のニューヨーク・タイムズは、シェルター利用者が前年の冬における6万人から下降を辿りつつ、8月5日時点で1万6562人の子どものいない成人がそこで生活し、家族向けのシェルター空室率が1.29％であるのに対し、単身のそれは1.1％であること、このため市の緊急支出による1000万ドルの新たな家賃補助（rental assistance）が提唱されていた[12]。

　これが2015年11月18日付の同紙では、17日の時点でシェルター利用者5万7903人のうち1万2742人が単身の成人であり、さらに特殊なシェルターを利用する若者とDVの被害者、路上で生活する人びとが問題とされた。デ・ブラシオ市長は18日、その対策として家賃補助ではなく、退役軍人、DVの被害者、精神疾患者、ケア施設を出たばかりの若者、その他、複合的なニーズをかかえる人びとに住宅と社会的なサービスを提供する1万5000戸のサポーティブ住宅の建設計画を公表、これは15年間で26億ドルもの予算規模となっていた。

じつはこれに先だちクオモ州知事は、5000戸（市の4000戸をふくむ）のサポーティブ住宅の建設（5年間で1億8300万ドル）を要請していた。その要件は市の負担を増大させ、建設コストはこれまでと同様の按分、維持管理については市の負担を20％から50％へと拡大させるというものであった。この要請は机上のままとなっており、「ホームレスのための連合」の主張は、市と州の合意にむけて、こうした状況を打開すべく公表されていた。

この点、26億ドルの計画は、州政府の助成をまたずに市の予算により実施する案であり、18日の会見でデ・ブラシオ市長は「われわれは断固として行動する。州政府（Albany）をまっていないよ。ニューヨーク市が行動を起こす時がきている。それだけのことさ」と語っていた。

第3節　ソーシャル・ミックスは可能か——セクション8、強制的・包摂的ゾーニング

1　セクション8利用者の偏在化

2015年7月に公表された住宅都市開発省（HUD, Department of Housing and Urban Development）のレポートは、12都市の緊急シェルターを利用したホームレス家族の調査から、連邦政府の住宅バウチャーであるセクション8を「ホームレスをなくす最も頼りになる手法」と位置づけている。その理由としてレポートは、住宅バウチャーを利用した世帯は、18ヵ月後にホームレスに舞い戻り居住不安を経験することが少なかったこと、当該世帯は心理的な苦痛、DV、食事の不安を減少させていたこと、バウチャーのコストは、それ以外の補助と比較して同等ないしは低かったことをあげている。

問題は、セクション8が欧州の住宅手当のようにエンタイトルメントとなっていないことである。『アメリカの住宅政策』（第3版）の著者であるアレックス・シュワルツは、「不幸にも、低所得者への住宅扶助（housing assistance）は、持家への税控除のようにエンタイトルメントではない。このため住宅問題は継続することになる」。「低所得の借家人の大部分は、政府の助成を受けておらず、

その半数は、家賃に所得の大半を費やしており、年間、100万以上の人びとはホームレスとなっている」と指摘している（Shuwartz, 2015, p.451）。

　セクション8は、原則、当該地域の中位所得（AMI, area median income）の50％以下であれば申請できるが、全国におけるその利用は220万世帯、申請可能な世帯の4分の1となっている。ニューヨーク市において連邦の住宅バウチャーにより家賃を補填しているのは、約12万2000の低所得賃貸世帯であり、これは民間賃貸に居住している世帯の6.4％にすぎない。

　市のバウチャー受給世帯は、最大支払い基準以下の家賃（2寝室の場合、1555ドル、2015年）であれば、どの民間賃貸でも選択できるが、その支払い家賃は所得の30％に制限され、連邦は契約家賃との差額を直接、家主に支払うことになっている。バウチャー利用世帯が、最大支払い基準以上の物件を選択したとしても、その支払い基準と契約家賃の差額を支払えば、借りることはできる。ただし、家賃への支払いは所得の40％を超えてはならないことになっている（Furman Centre, 2014, p. 38）。

　もともと1974年に立法化されたセクション8は、家族世帯が恒常的な暴力の脅威からのがれ、その子どもが良好な学校に通えるような地域に居住できるようにするため、荒廃した住区からの脱出をサポートすべく構想された（Semuels,, 2015）。しかしながら、以上のような条件のもとで住宅バウチャーが利用できる低家賃の物件は、市内全域に分散しているわけではない。**図補-4**と**表補-4**は、民間賃貸における区ごとのバウチャー利用状況（2013年）を示している。

　バウチャー利用世帯が1％以下の住地区は市内に拡散しているのに対し、ブロンクスの4つの住地区にバウチャー利用世帯が15％を超えるエリアが集中していることが判明する。ちなみに、さきに引用した『拡大するギャップ：ニューヨーク市のアフォーダブル住宅への挑戦』では、ジェントリフィケーションの影響について、2000年から2012年までの各住区における年収10万ドル以上の世帯の増減と家賃レベルの変化を調査している。これによると年収10万ドル以上の世帯が1000世帯以上、増加した住区は20ヵ所で、そのうち

図補 - 4　民間賃貸におけるサブ・バラ別の住宅バウチャー利用率（2013 年）

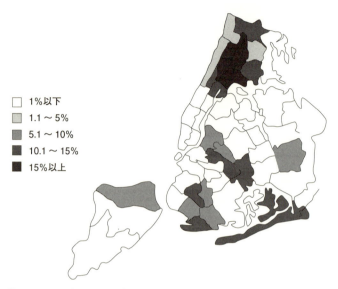

- □ 1%以下
- ▨ 1.1 ～ 5%
- ▨ 5.1 ～ 10%
- ▨ 10.1 ～ 15%
- ■ 15%以上

注：サブ・バラ（Sub-borough）は、少なくとも 10 万人の住人からなり、ほぼコミュニティ・ディストリクトと重なる。
出所：Furman Centre（2014）p.39.

表補 -4　民間賃貸におけるバウチャー利用率・高位 10 の住区（2013 年）

順位	サブ・バラ	住区	バウチャー利用率（%）
1	BX03, BX06	Morrisania/Belmont	20.6
3	BX05	University Heights/Fordham	20.1
4	BX01, BX02	Mott Haven/Hunts Point	16.4
6	BX05	Kingsbridge Heights/Mosholu	16.1
7	BX13	Coney Island	15.0
8	BX05	East New York/Starrett City	14.7
9	BX04	Heighbridge/South Concourse	13.8
10	BX09	Soundview/Parkchester	13.7
11	BX06	Brownsville/Ocean Hill	13.0
12	BX12	Williamsbridge/Baychester	12.9

出所：Furman Centre（2014）p.39.

14は月額平均（2012年）が1000ドル以上となっている。これら20ヵ所には、**表補-4**に該当する10の住区は皆無である。10の住区の月額平均は、いずれも1000ドル未満であり、このうち年収10万ドル以上の世帯が減少した住区は5ヵ所にのぼっている（Stringer, 2014, pp.16-17）。

2　動きだした強制的・包摂的ゾーニング

　かりにセクション8が欧州のようにエンタイトルメントとなれば、住宅手当を受給する世帯は大幅に増加する。しかしながら、すでに言及したロンドンからの事例から、家賃が上昇する局面においては、そうした世帯が家賃の安価なマージナルな地域に偏在することは回避できないことが推定される。この点、2015年6月に家賃規制とともに議論され、更新された421-aプログラムは、デ・ブラシオ市長にとって重要な意義をもっていた。

　借家人の運動団体は、空き家の規制解除（vacancy deregulation）のみならず、不動産業界がその継続を要請していた421-aを「ほんのわずかなアフォーダブル住宅しか生み出さない高額の特典」と批判、その廃止も要求していた[16]。これに対して、その継続を支持した市長は、421-aをバージョンアップさせることで、ジェントリフィケーションが波及するようなエリアでのアフォーダブル住宅の確保（ソーシャル・ミックス）を目論んでいたのである。

　421-aは、ディベロッパーが建設した住戸数の少なくとも20%をアフォーダブル住宅とした場合、不動産税を減額するもので、場所によっては、そうした住宅を供給することなしに減額が可能となっていた。市長は421-aについて、アフォーダブル住宅の比率を25%から30%へとアップ、その履行を強制化した（mandatory inclusionary zoning、強制的・包摂的ゾーニング）。市は421-aによる新たなゾーニングの実施にむけて15地区を指定、その高層化と高密度化により2024年までにアフォーダブル住宅を8万戸供給することを計画、ブルックリンのイースト・ニューヨーク（East New York）が最初の地区として動きだしている。

　9月21日、ニューヨーク市の都市計画委員会（Planning Commission）に提出

されたゾーニングの変更は、当初から借家人やコミュニティ、さらには労働組合の活動家から強い反対に直面することになった。

市の説明では、ディベロッパーから供出される25％以上のアフォーダブル住宅は、当該地区の中位所得（median income）の60％で生活している世帯、あるいは3人家族で年収4万6620ドルの世帯に対応し、その場合のアフォーダブルとは、家賃が世帯所得の30％を超えないレベルと定義されている。また計画では低所得者を差別しないよう、市場家賃と低家賃の借家人が使用する入り口を分離する方式（poor door setup）を禁止している。

反対運動を統括している団体（Real Affordable for All）は、「中位所得の60％という設定は、住区の平均的な住民には高すぎる。ゾーニングの変更は、イースト・ニューヨークや南ブロンクスの白人化（whitening）につながる」などと主張していた[17]。

10月4日、デ・ブラシオ市長はイースト・ニューヨークの教会を訪問、ゾーニングの変更により今後10年間で供給される6000戸の新築住宅のうち、半分以上は3万1000ドルから4万6000ドルの中低所得階層に配分され、月額の家賃レベルは580ドルから1200ドルに設定されることを期待している、との説明があった。市長は、「私の役割は、近隣の人びととかれらが愛する地域に住み続けさせることにある」、「コミュニティの未来は、あなた方の声にかかっている。強力なディベロッパーがイースト・ニューヨークの未来を決定するのではない」と語っていた[18]。

市長の説明のように強制的・包摂的ゾーニングにより低家賃住宅が供給されるならば、ジェントリフィケーションが波及するようなエリアにおいても、低所得の住宅手当の受給者は、そうした地域に居住でき、さきに言及したマージナルな地域への偏在は緩和される。

ゾーニングの変更案は、6〜7ヵ月間にわたる都市計画委員会、コミュニティ・ボード、地区の住民での公聴会をへて市議会での投票にかけられることになっている。強制的・包摂的ゾーニングによりソーシャル・ミックスは可能となるのか。イースト・ニューヨークでの実践は、その大きな試金石であり、

今後の動向を注意ぶかく見守る必要がある。

補節　アメリカ住宅政策のゆくえ——サンダースの登場

　以上、コミュニティ・レベルの諸団体の支持をうけて当選した民主党のデ・ブラシオが市長に就き、そのアジェンダとして最低賃金の引き上げ、家賃規制、強制的・包摂的ゾーニングなどが掲げられていることに言及した。留意すべきは、こうした革新市長の施策と平行して、アメリカでは2016年に大統領選が実施され、ニューヨーク出身のバーニー・サンダース上院議員が若者の熱狂的な支持をうけ、民主党の候補者指名を最後まで争ったことであり、そのサンダースは、国政レベルでの住宅政策を主張していたことである。

　ここでは、サンダースの主張の背景をさぐるとともに、ヒラリー・クリントン、デ・ブラシオらの施策との対比から、サンダースの住宅政策が直面している政治的なハードルについて論及してみたい。

1　離家できない若者——アメリカン・ドリームの崩壊

　アメリカのピュー調査センター（Pew Research Centre）は、2016年5月、「近現代になって初めて、18〜34歳までの若者で親と同居する者が、他の居住形態を凌ぐことになった」と題する衝撃的なレポートを公表した。

　このレポートでは、18〜34歳までの若者の居住形態を1880年まで遡ってトレースしている。2014年時点では、親と同居32.1％、独立した世帯での結婚（アメリカン・ドリーム）ないしは同棲31.6％、単身・ひとり親・その他（同居人、下宿人と同居）14％、その他の居住形態（祖父母・おば・おじの家に同居、大学寮など）22％となっている。親と同居に着目すると、1940年の35％は2014年の32.1％を上回っている。ただし前者での独立した世帯形成は46％と親と同居を凌駕しており、この傾向は1960年ころにピーク（独立した世帯形成62％、親と同居20％、単身・ひとり親・その他5％、その他の居住形態13％）に達する。

　図補-5の同世代の男女別のトレンドから明らかなように、独立した世帯形

図補-5　18〜34歳における親と同居、結婚・同棲の割合

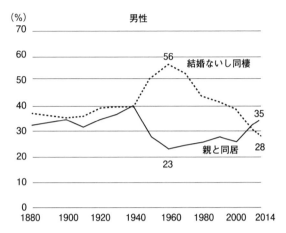

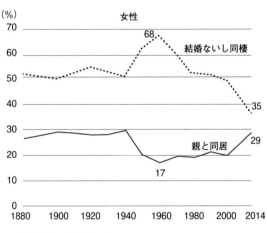

出所：Fry（2014）p.5.

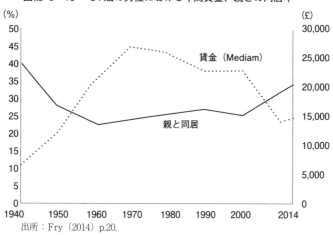

図補-6 18〜34歳の男性における年間賃金、親との同居率

出所：Fry (2014) p.20.

成はその後下降に転じ、男性では2009年時点から親と同居が独立した世帯形成を上回り、2014年で前者は35％、後者は28％と逆転する。女性の場合も1960年以降、同様の傾向を辿っているが、2014年は親と同居は29％、独立した世帯形成は35％と、いまだ後者が前者を若干、上回っている。

レポートは、以上の要因について、1) 初婚年齢の上昇と非婚の拡大、2) とくに男性の雇用状況と賃金について、1960年ころに84％（18〜34歳）であった雇用率は、2014年には71％に減少、賃金（インフレ調整後）も1970年から下降傾向にあり、とくに2000年から2010年までにかなり下落し、これが若い男性の親との同居率を高めたことを指摘している。その背景には、2008年までの住宅バブルとその破綻による大不況の影響があったことはいうまでもない。レポートは、**図補-6**に依拠して、「若い男性の典型的な賃金は、2014年において約1万5000ドルとなっており、1970年以降の雇用の減少と所得の下落が独立した世帯形成を困難とし、これが親との同居率を上げている」と述べている。(Fry, 2014, pp.4-6, 20)。

2　困難となる持家取得への学生ローン負債の影響

ピュー調査センターのレポートには、親との同居率を引き上げている要因で

ある住宅市場の変容についての分析はないが、親との同居の背後には、「買うも地獄、借りるも地獄」という状況が横たわっている。

住宅バブルとその破綻による大不況は、アメリカの歴史上、前例のない長期にわたる持家の低迷をもたらし、**図補 - 7** にあるように持家率は 2004 年の 69.0％をピークに 2015 年には 63.7％と 5％以上も下降している。2015 年での持家世帯は 7470 万で 2005 年以降、ほぼ横ばいとなっている。

底をうった持家の価格は 2011 年から上昇傾向にあるが、中古住宅で 22 万 2400 ドル、新築で 29 万 6400 ドルにとどまっており、さらに住宅ローンの利率は 30 年間の固定金利で 2015 年の 4％から 2016 年には 3.6％に下落している。このように持家価格は概してアフォーダブルとなっているものの、若者の住宅取得を阻害しているのは、低迷する所得と拡大する学生ローン負債である。

消費者金融調査によれば、アメリカにおいて未払いの学生ローン負債をかかえる世帯は、2001 年の 12％から 2013 年の 20％に拡大、同じ時期に未払いの学生ローン残高（中央値）は、1 万 500 ドルから 1 万 700 ドルに上昇、2013 年で借り手の 36％は 2 万 5000 ドル以上、17％は 5 万ドルのローン残高を背負っている。

図補 -7　持家率と持家世帯数の推移

出所：JCHS (2016) p.20.

学生ローン残高をかかえている年齢層は広範囲にわたっているが、もっとも増大しているのは若者である。**図補-8**に明らかなように、2013年時点で20〜39歳の39％が学生ローン負債をかかえており、これは40〜59歳の19％、60歳以上の5％を大きく上回っている。住宅購入を欲している若い借り主にとって学生ローン負債は、貸し主がモーゲージ・ローンの適格性を決定するさいに用いる対所得負債比率（dept-to-income ratio）に重大な影響をあたえることになる。ちなみに学生ローン負債をかかえる20〜39歳の若者のローン支払い（中位）は、所得4分位のもっとも高い上位の4％から最低位の15％にわたっている（JCHS, 2016, pp.19-22）。

3　拡大する民間賃貸における過重な家賃負担

この10年間の賃貸需要の急激な拡大により、2015年には4300万の家族と個人が賃貸住宅に生活し、2005年と比較して900万近い増加となっている。このためアメリカにおける賃貸世帯の比率は31％から37％へと上昇、1960年

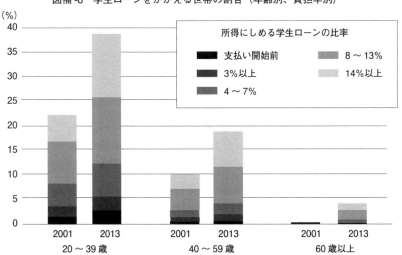

図補-8　学生ローンをかかえる世帯の割合（年齢別、負担率別）

出所：JCHS（2016）p.23.

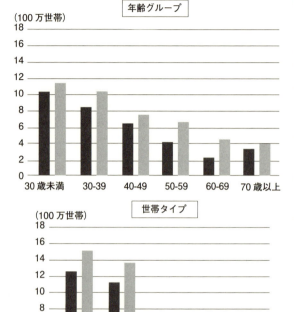

図補-9 賃貸世帯における年齢、世帯タイプの内訳

出所：JCHS（2015）p.2.

代の中頃以来もっとも高い状況となっている。

図補-9は、増大した賃貸世帯について、その特性を世帯主の年齢と世帯タイプからみたものである。2005年から2015年にかけてミレニアム世代と言われる30歳未満は約100万人の増大、これに30代と40代が続いている。他方、世帯タイプでは単身が一般的であり、2005年と比較して290万世帯が増加、第2は結婚したカップルとひとり親世帯からなる子どものいる家族であり、220万世帯の増加となっている。

アメリカにおける住宅政策を検証しているハーバード大学・住宅研究センター（以下、住宅研究センターと略記）は増大する賃貸世帯について、「20代に達したミレニアム世代（1985年から2004年までに出生）にとって賃貸は一般的であり、さらに彼らは前の世代より結婚と子どもをもつことが遅く、したがってまた持家への移行を遅延させている。実際、大不況により多くの若者が彼らの親の家に滞留しなければ、賃貸世帯数はもっと高くなったであろう」と述べている（JCHS, 2015, pp.1-2）。

補章　ジェントリフィケーションと住宅手当　263

　問題は、大不況により賃金が低下したのち景気は回復にむかっているが、家賃レベルはそれと平行して下降しておらず、居住費負担は高止まりとなっていることであり、持家取得の困難性とともに、この要因も親の家への滞留の原因となっている。**図補-10**にあるように賃貸世帯の所得は、趨勢的に低下しているが、2008年の大不況の下降局面でも住宅コスト（家賃とガス・水道・電気の負担）の低落はわずかであり、2011年には所得の30％以上を住宅費に支払う負担の重い世帯の割合（Cost-Burdened Share）は、51％近くに達している。その後所得は上昇しているが、2012年から住宅コストも上昇、過重負担世帯の割合は、2013年の49.0％から翌年には49.3％に再び拡大している。

　住宅研究センターは、住居費負担の重い世帯を相当の負担（Moderately Burdened）、極度の負担（Severely Burdened）に2分し、前者を所得の30％以上50％未満、後者を所得の50％以上と定義、年間所得を5段階（年収1万5000ドル未満、1万5000～2万9999ドル、3万～4万4999ドル、4万5000～7万

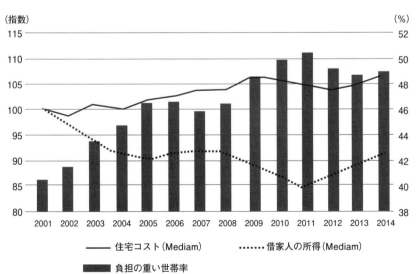

図補-10　借家人の所得、住宅コストのトレンドと負担の重い世帯

出所：JCHS（2015）p.27.

4999ドル、7万5000ドル以上）に区分し、負担の重い世帯の割合を調査している。これによると年収1万5000ドル未満の場合、84％は負担の重い世帯に該当し、このうち極度の負担は72％に達している。

　留意すべきは、中間所得層である3万～4万4999ドルの世帯でも負担の重い世帯の割合は、2001年の37％から2014年の48％へ、4万5000～7万4999ドルの世帯でも12％から24％と2倍近く上昇していることであり、住宅研究センターは「所得レベルにかかわらず、もっとも高い所得の賃貸世帯を除いて、負担の重い世帯の割合は2014年に新たなピークに達している」と結論づけている（ibid., pp.26-27）。

4　住宅政策の動向と問題点

　以上のような大不況による賃金の低下、賃貸需要の拡大のもとで、家賃負担の重い世帯の割合が増大しているにもかかわらず、この問題への適切な政策介入は実施されていない。**図補-11**にあるように、2014年時点で地方政府の住宅局が所有し運営している公営住宅に110万世帯が、他方でプロジェクト・ベースの家賃補助をうけた住戸に120万世帯が居住している。さらに220万世帯が住宅バウチャーで、民間賃貸の家賃の一部を充当している。ちなみにプロジェクト・ベースの家賃補助とは、民間の低所得者向け住宅の供給を促進するための新規建設・大規模修復プログラムであり、家賃と居住者の所得の25％（導入時）相当額との差額が補助金として給付される。家主は、低所得世帯向けとして一定の割合の住宅を一定期間にわたって維持・提供しなければならない。

　住宅研究センターは、そのレポート「アメリカの賃貸住宅」における「政策への挑戦」という項目で、**図補-10**に関連して以下のように指摘している（JCHS, 2015, p.31）。

　　非常に低所得の世帯数は2007年の1590万から2013年の1850万へと18％も増大しているにもかかわらず、住宅都市省（HUD）の主要なプログラムへの支出は2008年レベルにとどまっている。住宅バウチャーの適用

は、2004年の210万戸から2014年の220万戸まで増大しているが、この増大は10万5700戸の公営住宅と14万5600戸のプロジェクト・ベースの家賃補助の減少によって相殺されている。

ここでいう非常に低所得の世帯（very low-income households）とは、当該地域の中位所得の50％以下であり、連邦の家賃補助の対象となりえる世帯である。留意すべきは、住宅バウチャー（セクション8）は、欧州のようにエンタイトルメントでないため、2013年で4人に1人（26％）しか利用できていない、という点である（ibid., p.31）。

なお図補-11において、アフォーダブルな賃貸ストックとして着実に増加しているのは、1986年に導入された低所得者用住宅税控除（LIHTC, Low-Income Housing Tax Credit）を利用した住宅であり、2014年時点で220万戸以上に達している。LIHTCは、①連邦政府の補助をうけない賃貸住宅の新規建設・大規模修復費用の70％、②連邦政府の補助をうけた賃貸住宅の新規建設・大規模修復費用の30％、または既存住宅の取得費用の30％について10年間にわ

図補-11　公営、セクション8（プロジェクト・ベース、バウチャー）、LIHTCによる住宅ストックの推移

出所：JCHS（2015）p.33.

たって税額控除（Tax Credit）を与えるというものである。

　民間ディベロッパーは、LIHTC の税額控除の権利を資金集めのため投資家に売却できる。この税額控除は租税支出であり、議会における毎年の予算承認を必要としない。かくして、このプログラムへの実際の租税支出は、2008年以降しだいに上昇し、2015 年には 80 億ドルにも達すると推定されている（ibid., p.32）。『住宅の擁護：危機にある政治』の著者であるピーター・マルクーゼとデイビッド・マデンは、「公営住宅への予算がなくなる一方で、LIHTC への資金は着実に拡大している。……税額控除の費用は政府の台帳に表れないが、それは基本的な社会福祉の問題を私的な利益のコントロールのもとに置くことになる」と批判している（Madden and Marcuse, 2016, pp.136-137）。

　なお、同書では、デ・ブラシオ市長のかかげる強制的・包摂的ゾーニングについて、そのプログラムの適格所得は、「当該地区の中位所得」の 8 万 6300 ドルと計算されているが、ニューヨーク市の年間平均所得は 5 万 2737 ドル、ブロンクスでは 3 万 5000 ドルであり、多くの労働者階級と貧困者にとってアフォーダブルにならないこと、プログラムは住民の住宅への必要性ではなく、不動産屋の利害に依拠していることを指摘している（ibid., p.138）。

5　閉塞化する政治──出口のない若者のサンダース支持票

　バーモント州における無所属の上院議員であるサンダースは、大統領選に際し、民主党の指名候補となったヒラリー・クリントンに対抗して立候補を表明した意図を、「労働者の苦境に配慮し、ビッグ・マネーの影響を懲罰する」ことにあり、これまで「ビッグ・マネーの候補者を擁立する民主党と共和党を打ち負かすべく、2 つの政党の外で活動してきた」と述べている。

　サンダースは「平均的な人びとが低賃金で長時間はたらいている一方、所得と富の不平等がいま、腹立たしいレベルに達している」として、裕福なアメリカ人と企業への課税、すべての公立大学の授業料の無料化、ウォール・ストリートと金融業への規制などに言及している[19]。

　サンダースによる民主党の主流派およびヒラリーへの批判には、アメリカで

は欧州のような大規模な再配分の体制を敷けるような大衆党を擁したことがないこと、基本的に資本がもたらす利益を擁護する党を、労働組合、公民権運動の組織、諸団体などの社会的勢力がコントロールできていないこと、ヒラリーのイデオロギー的立場はニュー・デモクラッツが打ち出した「第3の道」の伝統を幅広く踏襲しており、それは市民の保護よりも企業への支援を中心とした太りすぎない国家という原理に立ち返ることを推奨してきたこと、が関係していると指摘されている。ちなみにデ・ブラシオなど民主党のもっとも進歩的な人物ですら、公的にはサンダースにお墨付きを与えておらず、サービス従業員・国際労働組合（SEIU）も、内部での激しい議論の末、ヒラリーの味方についた。[20]

両者の立場の違いは、その住宅政策にも反映されている。サンダースは、自らがその立法化にかかわった国家住宅トラスト基金（2008年～）の拡充を訴え、「これによりわが国の公営住宅施設について、容認できないほどの資金残高を減少させ、安全で安心できる住宅を確保すべく苦闘している、300万以上の低所得のアメリカ人を助けるため十分な住宅バウチャーを給付できるであろう」とコメントしている。[21] これに対してヒラリー・クリントンの政策は、LIHTCと持家取得への頭金助成（down payment assistance）からなっている。[22]

サンダースは2016年7月25日に開かれた民主党全国大会で、自身の主張である最低賃金の引き上げや大学授業料無償化が政策綱領に盛り込まれたとして、クリントンを全会一致で指名する動議を提案した。しかしながら、若い世代を中心に、サンダース支持者にはクリントンに忌避感がある。

大統領選のさなか毎日新聞の記者は、アメリカの中西部ミシガン州を訪問、サンダースを支持してきたショウナ・マクナリーを取材している（2016年10月16日付）。マクナリーは高校卒業後、飲食店などで働いたのち医師をめざし、4年制大学卒業後の医学校で高額な学費のためローン（政府と民間から53万ドル、約5400万円）を借入、学位を取得したものの医師として働くには、さらに免許試験と卒業研修が必要であった。ローン返済は民間分が2018年、政府分が2023年から始まり、完済は50代後半、夫や子ども3人とともに両親宅に身

を寄せざるをえない状況となっている。
　記事はアメリカにおける学生ローン、労働市場、親との同居にかかわる問題について、以下のように解説している。

　　ニューヨーク連銀などによると学生ローン返済者は4330万人で総人口の13％超。残高総額は10年前の約3倍の1兆2600億ドル（約128兆円）で滞納率は11.6％に及ぶ。一方、卒業後に見合う仕事に就ける可能性は低い。失業率は5％弱だが、ジョージタウン大の調査では2015年の22～27歳大卒者の失業率は19.8％。大卒の若者の44％が学位不要な仕事に就いていたとの調査結果もある。懐具合の厳しさから親と同居する若者も増えた。1960年の20％から2015年には32.1％に達している（ピュー・リサーチセンター調べ）。

　サンダースが多くの若者に支持されているのは以上のような背景からであり、マクナリーも民主党予備選ではサンダースを強く支持してきた。国民皆保険制度の確立や無人機攻撃をふくむ戦争への反対、大学の授業料無償化など、「全主張」が支持理由となっているという。しかし大統領選にむけた民主党候補の指名争いからサンダースが撤退したことで、「米大統領選、サンダース票どこへ、学生ローンの若者苦慮」（記事のタイトル）という政治状況が提起され、彼女は以下のように語っているという。

　　ヒラリー・クリントン前国務長官は、オバマ氏より外交や社会政策で中道寄りの「タカ派」で、「挑戦しない」。大統領選でクリントン氏と事実上の一騎打ちである共和党のドナルド・トランプ氏は「彼の何を信じたらいいのか分からない」存在だ。「『悪者』同士」の戦いと見るショウナさんは、環境保護を前面に掲げる「緑の党」のジル・スタイン候補に投票するつもりだ。

そのクリントンが共和党のドナルド・トランプに敗退したことで、若者のライフ・トランジションにかかわる雇用、教育、住宅、子育てなど諸問題の政治的な解決はより遠のいたようにみえる。しかし、こうした諸問題は、新自由主義に依拠したトリクルダウンの施策では解決されえない。格差の是正を求めるボトムアップの政治運動は今後も継続されていくことになる。

注

1 『反乱する都市——資本のアーバナイゼーションと都市の再創造』の著者であるデヴィッド・ハーヴェイは、ジェントリフィケーションの浸透に対して、新たな都市社会運動に着目し、「新しい都市革命に向けて」あるいは「都市における抵抗運動の可能性」というアジェンダについて、「労働基盤の闘争とコミュニティ基盤の闘争との区別は消滅しはじめている」、「労働組合運動が組織のより地理的な形態へと移行し、職場だけを基盤にしなくなれば、都市の社会運動と労組との同盟関係はずっと強くなるでしょう」(Harvey, 2012, 邦訳, pp. 229, 282) などと語っている。

管見では、こうした状況は、すぐれてアメリカの大都市において発現しており、そこでは最低賃金とともに家賃、住宅問題の解決にむけての取り組みが、コミュニティ・レベルの活動家によって担われつつある。

この補章ではニューヨークの動向に着目するが、ハーヴェイは2002年から2013年まで市長として君臨したブルームバーグについて、以下のように述べている（同上, p.56）。

「都市への権利」は、ますますもって、私的ないし準私的な利益集団の手中に落ちている。たとえばニューヨーク市の市長は億万長者のマイケル・ブルームバーグであるが、かれは開発業者やウォールストリート、多国籍的な資本主義的階級分子に有利なようにニューヨークをつくり直している。その一方でブルームバーグは、ニューヨークを高付加価値産業にとって最適の立地として、そして観光客にとって魅力的な目的地として売り込み続けており、

こうしてマンハッタンを事実上、富裕層のための一大ゲーテッド・コミュニティへと変えている。

他方、ハーヴェイは、アンリ・ルフェーブルの『都市への権利』に言及しながら、ニューヨーク市のコミュニティ・レベルの活動を以下のように紹介している（同前, p.19）。

「都市への権利」連合に集結した諸グループを構成しているのは、つぎのような人びとである。自分たちの願望と必要に合致するようなタイプの開発のために闘っている有色人種コミュニティにおける低所得の借家人たち、居住と基本的サービスの権利のために集結しているホームレスの人びと、安全な公共空間の権利のために活動しているLGBTQの有色の若者たち。かれらはニューヨークを念頭に作成したその集団的綱領において、公共的なものに関するより明確でより広範な定義を追求した。

2　*City Limits WEEKLY* #587 May 14, 2007.
3　De Blasio lays out Year 2 housing, transit plans, Feb. 3, 2015, *Politico*.
4　Cuomo to Propose 2 New Minimum Wages, for New York City, *New York Times*, Jan. 18, 2015.
5　New York Plans $15-an-Hour Minimum Wage for Fast Food Workers, *New York Times*, July 22, 2015.
6　Here's Every City in America Getting a $15 Minimum Wage, July 23, 2015, *Time*.
7　Cuomo to Raise Minimum Wage to $15 for All New York State Employees, *New York Times*, Nov. 10, 2015.
8　Mayor de Blasio Calls for Stronger Rent Laws May 5, 2015, City of New York.
9　A Moment to Fix New York's Housing Laws, *New York Times*, May 8, 2015.
10　Tentative Deal in Albany Would Extend Rent Laws; Key Issues Are Unresolved, *New York Times*, , June 23, 2015.

11 New York City Board Votes to Freeze Regulated Rents on One-Year Leases, *New York Times*, June 28, 2015.
12 Mayor de Blasio Authorizes Emergency Measure to Aid Homeless People, *New York Times*, Aug. 30, 2015.
13 De Blasio Unveils Plan to Create 15,000 Units of Housing, *New York Times*, Nov. 18, 2015.
14 NYC announces $2.6 billion investment to fight homelessness, *New York Times*, Nov. 18, 2015.
15 HUD report says housing vouchers best type of assistance, *Washington* (AP) July 7, 2015 .
16 NYC Rent Laws Just Expired. What Happens Now?, *Gothamist* June 16, 2015.
17 New York Zoning Plan Requires More Affordable Homes, *New York Times*, Sept. 21, 2015.
18 De Blasio Aims to Sell Wary Churchgoers on Rezoning Plan for East New York, *New York Times*, Oct. 4, 2015.
19 Bernie Sanders confirms presidential run and damns America's inequities, *The Guardian*, 30 April 2015.
20 バスラー・サンカラ「ホワイトハウスに挑む社会主義者」『世界』岩波書店 ,2016, p.264-266.
21 Bernie Sanders: An affordable home for every American, April 18, *New York Daily News*.
22 Affordable Housing Gets 2016 Presidential Election Bump, Aug. 16, 2016, *Next City*.

参考文献

〈日本語文献〉(五十音順)

赤石千衣子 (2014)『ひとり親家庭』岩波新書.
阿部 彩 (2008)『子どもの貧困——日本の不公平を考える』岩波新書.
稲葉 剛 (2009)『ハウジングプア——「住まいの貧困」と向きあう』山吹書店.
稲葉 剛 (2013)『生活保護から考える』岩波新書.
井上たか子 (2012)「フランスのひとり親家庭について」井上編『フランス女性はなぜ結婚しないで子どもを産むのか』勁草書房.
井上由紀子 (2012)「良質なサービス付き高齢者向け住宅の適正な整備に向けた課題」『季刊・社会保障研究』第47巻・第4号.
井上由紀子 (2013)「だれが高齢期の特別な住宅の費用を負担するのか」京極高宣監修『サービス付き高齢者向け住宅の意義と展望』大成出版社.
井上由紀子 (2016)「高齢期の特別な「住まい」——介護と困窮」日本住宅会議編『深化する居住の危機——住宅白書2014-2016』ドメス出版.
岩田正美 (2011)「家族と福祉から排除される若者」宮本みち子、小杉礼子編『2極化する若者と自立支援』明石書店.
岩田正美 (2012)「生活保護を縮小すれば、本当にそれで済むのか」『現代思想 特集・生活保護のリアル』第40巻11号、青土社.
埋橋孝文 (1997)『現代福祉国家の国際比較——日本モデルの位置づけと展開』日本評論社.
埋橋孝文 (2011)『福祉政策の国際動向と日本の選択——ポスト「三つの世界」論』法律文化社.
大阪市 (2009)『平成20年度 大阪市ひとり親家庭等実態調査』.
大沢真理 (2013)『生活保障のガバナンス——ジェンダーとお金の流れで読み解く』有斐閣.
大場茂明 (1999)「ドイツの住宅政策」小玉他『欧米の住宅政策——イギリス、ドイツ、フランス、アメリカ』ミネルヴァ書房.
大本圭野 (1991)『証言 日本の住宅政策』日本評論社.
小川正光・裕子 (2014)「豊かな生活を生み出す高齢者向け住宅」中島明子編『デンマークのヒュッゲな生活空間——住まい・高齢者住宅・デザイン・都市計画』萌文社.
奥村芳孝 (2008)「スウェーデンの高齢者住宅とケア政策」『海外社会保障研究』No.164.

小越洋之助・黒川俊雄・真嶋良孝・増田正人（2010）『国民的最低限保障：貧困と停滞からの脱却』大月書店．
唐鎌直義（2012）『脱貧困の社会保障』旬報社．
鳫　咲子（2013）『子どもの貧困と教育機会の不平等：就学援助・学校給食・母子家庭をめぐって』明石書店．
北　明美（2006）「構造改革下における社会手当の貧困とジェンダー問題」『ポリティーク』Vol. 12、旬報社．
厚生労働省（2009）「新しいセーフティネット支援ガイドのリーフレットとパンフレット」（http://www.mhlw.go.jp/bunya/koyou/employ/taisaku2.html）
厚生労働省（2014）『グラフでみる世帯の状況――国民生活基礎調査（平成25年）の結果から』．
厚生労働省（2015）「住宅確保給付金について」生活困窮者自立支援制度全国担当者会議（資料3）．
厚生労働省（2016）「生活困窮者自立支援制度の取組状況等について」生活困窮者自立支援制度全国担当者会議（資料1）．
厚生労働省社会・救護局保護課（2011a）「第1回社会保障審議会・生活保護基準部会議事録」（4月19日）．
厚生労働省社会・救護局保護課（2011b）「住宅保護制度の概要等について」第1回社会保障審議会・生活保護基準部会、4月19日（資料4）．
厚生労働省社会・援護局総務課（2012）「第3回社会保障審議会生活困窮者の生活支援の在り方に関する特別部会議事録」（5月30日）．
厚生労働省社会・救護局保護課（2013）「住宅扶助等について」第15回社会保障審議会・生活保護基準部会、11月22日（資料4）．
厚生労働省社会・救護局保護課（2014a）「住宅扶助について」第16回社会保障審議会・生活保護基準部会、3月4日（資料2）．
厚生労働省社会・救護局保護課（2014b）「第16回社会保障審議会・生活保護基準部会議事録」（3月4日）．
厚生労働省社会・救護局保護課（2014c）「住宅扶助等について」第17回社会保障審議会・生活保護基準部会、5月16日（資料1）．
厚生労働省社会・救護局保護課（2014d）「住宅扶助等について」第18回社会保障審議会・生活保護基準部会、5月30日（資料1）．
厚生労働省社会・救護局保護課（2015a）「社会保障審議会生活保護基準部会報告書」（2015年1月19日）．
厚生労働省社会・救護局保護課（2015b）「社会・救護局関係主管課長会資料・生活困窮者

自立支援法について」(2015 年 3 月 9 日).
厚生労働省社会・援護局 (2017)「全国厚生労働関係部局長会議資料」(2017 年 1 月 19 日).
高齢者住宅財団 (2014)『サービス付き高齢者向け住宅等の実態に関する調査研究』.
国土交通省 (2003)「新たな住宅政策に対応した制度的枠組みについて」(建議) 社会資本
　　整備審議会・住宅宅地分科会.
国土交通省 (2005)「新たな住宅政策に対応した制度的枠組みについて」(答申) 社会資本
　　整備審議会・住宅宅地分科会.
国土交通省 (2006)「今後の公的賃貸住宅制度等のあり方に関する建議」社会資本整備審議
　　会住宅宅地分科会 (資料 2-1).
国土交通省 (2010)「国における高齢者住宅施策の最新動向」.
国土交通省編 (2012)『住宅経済データ集』住宅産業新聞社.
国土交通省 (2013a)『国土交通白書──若者の暮らしと国土交通行政』.
国土交通省 (2013b)「住宅セーフティネットの概要──重層的な住宅セーフティネットの
　　構築」(参考資料 2).
国土交通省 (2014)「日本の住宅・土地──平成 25 年住宅・土地統計調査の解説」.
国土交通省 (2015a)「住宅セーフティネットに関する現状と論点」社会資本整備審議会・
　　住宅宅地分科会 (資料 4).
国土交通省 (2015b)「サービス付き高齢者向け住宅の整備等のあり方に関する検討会・第
　　3 回 (資料 1-3).
国土交通省 (2015c)「平成 25 年住宅・土地統計調査・確報集計結果・全国編」.
国土交通省 (2016)「住宅セーフティネットを巡る現状と論点」第 1 回 新たな住宅セーフティ
　　ネット検討小委員会 (資料 4).
国土交通省 (2017)「参考資料集」第 4 回 新たな住宅セーフティネット検討小委員会 (資
　　料 6).
国立社会保障・人口問題研究所 (2009)『第 6 回世帯動向調査』.
国立社会保障・人口問題研究所 (2013)「生活保護に関する公的統計データ一覧」.
小玉　徹 (1996)『欧州住宅政策と日本──ノン・プロフィットの実験』ミネルヴァ書房.
小玉　徹 (1999)「イギリスの住宅政策」小玉他『欧米の住宅政策──イギリス、ドイツ、
　　フランス、アメリカ』ミネルヴァ書房.
小玉　徹 (2003)『ホームレス問題 何が問われているのか』岩波ブックレット.
小玉　徹 (2010)『福祉レジームの変容と都市再生──雇用と住宅の再構築を目指して』ミ
　　ネルヴァ書房.
駒村康平 (2010a)「なぜ、最低所得保障なのか」駒村康平編『最低所得保障』岩波書店.
駒村康平 (2010b)「最低所得保障制度の確立」駒村康平編『最低所得保障』岩波書店.

駒村康平（2014）『日本の年金』岩波新書.
齋藤純子（2013）「公的家賃補助としての住宅手当と住宅扶助」『レファレンス』12月号.
社会資本整備審議会（2003）「新たな住宅政策のあり方について（建議）」国土交通省.
社会資本整備審議会（2005）「新たな住宅政策に対応した制度的枠組みについて（答申）」国土交通省.
白波瀬佐和子（2010）『生き方の不平等——お互いさまの社会に向けて』岩波新書.
生活保護問題対策全国会議（2011）『生活保護「改革」ここが焦点だ』あけび書房.
総務省・統計局（2008）『日本の住宅・土地——平成20年住宅・土地統計調査の解説』.
竹内一雅（2010）「高齢単独世帯の居住状況——平成21年住宅・土地統計調査報告の分析（3）」『不動産投資レポート』ニッセイ基礎研究所.
竹信三恵子（2013）『家事労働ハラスメント』岩波書店.
橘木俊詔・迫田さやか（2013）『夫婦格差社会——二極化する結婚のかたち』中公新書.
鶴　光太郎（2016）『人材覚醒経済』日本経済新聞社.
東京市社会局（1931）『借地・借家争議に関する調査』.
内閣府（2007）「男女共同参画社会に関する世論調査」.
内閣府（2013）「男女共同参画社会に関する世論調査」.
中澤高志（2010）「団塊ジュニア世代の東京居住」『季刊家計経済研究』No.87.
中澤高志（2012）「多様化する女性のライフコース——東京圏における仕事と住まい」由井義通編『女性就業と生活空間——仕事・子育て・ライフコース』明石書店.
西　文彦（2014）「親と同居の未婚者の最近の状況　その10」
　（http://www.stat.go.jp/training/2kenkyu/pdf/zuhyou/parasi10.pdf）
野村総合研究所（2016）「これからの低所得者等の支援のあり方に関する調査研究」.
濱口桂一郎（2009）『新しい労働社会——雇用システムの再構築へ』岩波書店.
濱口桂一郎（2013）『若者と労働——入社の仕組みから解きほぐす』中公新書ラクレ.
濱田孝一（2014）「サービス付き高齢者向け住宅の貧困ビジネス化を防げ」『サ高住ネット』2014年10月1日.
樋口明彦（2015）「若者政策における所得保障と雇用サービスの国際比較」宮本みち子編『すべての若者が生きられる未来を』岩波書店.
ビッグイシュー基金（2014）『若者の住宅問題——住宅政策提案書』.
尾藤廣喜・小久保哲朗・吉永純編著（2011）『生活保護改革　ここが焦点だ！』あけび書房.
尾藤廣喜（2012）「生活保護バッシングを超えて」『現代思想　特集・生活保護のリアル』第40巻11号、青土社.
檜谷美恵子（1999）「フランスの住宅政策」小玉他『欧米の住宅政策——イギリス・ドイツ・フランス・アメリカ』ミネルヴァ書房.

檜谷美恵子（2010）「フランスの住宅手当制度の動向と課題」日本建築学会近畿支部研究報告集．計画系（50），733-736．
深澤典宏（2013）「サービス付き高齢者向け住宅の意義と展望」京極高宣監修『サービス付き高齢者向け住宅の意義と展望』大成出版．
松岡洋子（2008）「デンマークの高齢者住宅とケア政策」『海外社会保障研究』No.164．
松岡洋子（2011）『エイジング・イン・プレイスと高齢者住宅――日本とデンマークの実証的比較研究』新評論．
三浦　研（2015）「サービス付き高齢者向け住宅の課題」日本住宅協会『住宅』3月号．
みずほ銀行・産業調査部（2012）「サービス付き高齢者向け住宅制度の創設」『Mizuho Short Industry Focus』第24号．
三宅醇（1988）「ハウジングとは何か？」住環境の計画編集委員会編『住環境の計画4　社会のなかの住宅』彰国社．
宮本太郎（1999）『福祉国家という戦略――スウェーデンモデルの政治経済学』法律文化社．
宮本みち子（2002）『若者が《社会的弱者》に転落する』洋泉社．
宮本みち子（2012）『若者が無縁化する――仕事・福祉・コミュニティでつなぐ』ちくま新書．
宮本みち子（2015a）「おわりに――若者移行政策を構想する」宮本みち子編『すべての若者が生きられる未来を』岩波書店．
宮本みち子（2015b）「若者が自立できる環境をどうつくるか」青砥恭・さいたまユースサポートネット編『若者の貧困・居場所・セカンドチャンス』太郎次郎社エディタス．
柳沢房子（2007）「フランスにおける少子化と政策対応」『レファレンス』2007年11月号．
山田篤裕（2014）「日本の社会扶助――国際比較から観た生活保護基準の目標性」山田篤裕、布川日佐史、『貧困研究』編集委員会編『最低生活保障と社会扶助基準――先進8ヶ国における決定方式と参照目標』明石書店．
山田昌弘（1999）『パラサイト・シングルの時代』ちくま新書．
山田昌弘（2009a）『ワーキングプア時代――底抜けセーフティネットを再構築せよ』文芸春秋．
山田昌弘（2009b）『なぜ若者は保守化するのか――反転する現実と願望』東洋経済新報社．
山田昌弘（2013）「女性労働の家族依存モデルの限界」『ビジネス・レーバー・トレンド』2013年10月号、労働政策研究・研修機構．
山田昌弘（2014）『家族難民――生涯未婚率25％社会の衝撃』朝日新聞出版社．
山野良一（2008）『子どもの最貧国・日本――学力・心身・社会におよぶ諸影響』光文社．
山野良一（2014）『子どもに貧困を押しつける国・日本』光文社．
湯澤直美（2014）「母子世帯の貧困と社会政策」『教育と医学』No.727．
湯元健治・佐藤吉宗（2010）『スウェーデン・パラドックス：高福祉、高競争力経済の真実』

日本経済新聞出版社.
吉永純 (2009)『生活保護「改革」と生存権の保障――基準引き下げ、法改正、生活困窮者自立支援法』明石書店.
渡辺洋三 (1962)『土地・建物の法律制度 中』東京大学出版会.

〈外国語文献〉(アルファベット順)

Ahren, P. (2004) Housing allowance, Lujanen (ed.) *Housing and Policy in the Nordic Countries*.

Ahren, P. (2007) Housing allowance in Sweden, in Kemp, P. A. (ed.) *Housing allowances in comparative perspective*, The Policy Press.

Alan, L. (2015) The High Burden of Low Wages: How Renting Affordably in NYC is Impossible on Minimum Wage, *Street Easy*.

Alber, J., Fahey, T. and Saraceno, C. (eds.) *Handbook of Quality of Life in the Enlarged European Union*, Routledge.

Anxo, D. (2010) Towards an active and integrated life course policy: the Swedish experience, in Anxo, D., Bosch, G. and Rubery, J. (eds.) *The Welfare State and Life Transitions: A European Perspective*, Edward Elgar.

Anxo, D., Bosch, G. and Rubery, J. (eds.) (2010) *The Welfare State and Life Transitions: A European Perspective*, Edward Elgar.

Anxo, D., Bosch, G. and Rubery J. (2010a) Shaping the life course: a European perspective in Anxo, D., Bosch, G. and Rubery, J. (eds.) *The Welfare State and Life Transitions: A European Perspective*, Edward Elgar.

Balchin, P. (1995) *Housing Policy : an introduction*, Routledge.

Berrington, A. and Stone, J. (2014) Young Adults Transitions to Residential Independence in the UK: The Role of Social and Housing Policy, in Antonucci, L., Hamilton, M. and Roberts, S. (eds.) *Young People and Social Policy in Europe: Dealing with Risk, Inequality and Precarity in Times of Crisis*, Palgrave Macmillan.

Bonoli, G. (2006) New social risks and the politics of post-industrial social policies in Armingeon, K. and Bonoli, G. (eds.) *The politics of post-industrial Welfare States: Adapting post-war social policies to new social risks*, Routledge.

Bosch, G. (2010) The Revitalization of the Dual System of Vocational Training in Germany, in Bosch, G. and Charest, J. (eds.) *Vocational Training: International Perspective*, Routledge.

Bosch, G. and Jansen, A . (2010) From the breadwinner model to'bricolage': Germany in search of a new life course model, in Anxo, D., Bosch, G. and Rubery, J. (eds.) *The Welfare State and Life Transitions: A European Perspective*, Edward Elgar.

BSHF (2012) *The Growth of In-Work Housing Benefit Claimants: Evidence and Policy implications.*

Carlson, A. (1990) *The Swedish experiment in family politics: the Myrdals and the interwar population crisis*, Transaction Publishers.

CASE (2011) *Briefing: Poverty and inequality in London, anticipating the effects of tax and benefit reforms*, LSE London.

CNAF (2010) *Prestations légales. Aides au logement. Revenu de solidarité active. Revenu minimum d'insertion au 31 décembre 2010.*

Coalition for the homeless (2013) *The Revolving Door Keeps Spinning: New Data Shows that Half of "Advantage" Families Have Returned to the NYC Homeless Shelter System.*

Coalition for the homeless (2015) *The Current State of Homelessness and Crucial Next Steps.*

Crook, T. and Kemp, P. A. (2011) *Transforming Private Landlords*, wiley-blackwell.

DCLG (2012) *English Housing Survey: Households.*

DCLG (2016) *English Housing Survey: Headline Report 2014-15.*

Drees (2012) *Etudes et Resultats, n° 788, janvier.*

Droste, C. and Knorr-Siedow, T. (2007) Social Housing in Germany, in Whitehead, C. and Scanlon, K. (eds.) *Social Housing in Europe*, LSE.

DWP (2014) *Housing Benefit and Council Tax Benefit: caseload statistics* (https://www.gov.uk/government/collections/housing-benefit-and-council-tax-benefit-caseload-statistics--2).

Emms, P. (1990) *Social Housing: A European dilemma?* SAUS.

Fry, R. (2014) *With Parents Edges Out Other Living Arrangements for 18- to 34-Year-Olds: Share living with spouse or partner continues to fall*, Pew Research Center.

Furman Centre (2014) *State of New York's Housing & Neighborhoods in 2014.*

Haffner, M., Hoekstra, J., Oxley M., & Heijden H. (2009) *Bridgeing the gap between social and market rented housing in six European countries?* Delft University Press.

Halifax (2015) *Five years of Generation Rent: Perceptions of the first-time buyer housing market 2015.*

Harvey, D. (2012) *Rebel Cities: From the Right to the City to the Urban Revolution*, Verso Books(邦訳『反乱する都市――資本のアーバナイゼーションと都市の再創造』

作品社).
Headey, B. (1978) *Housing Policy in the Developed Economy: the United Kingdom, Sweden and the United State*, Croom Helm.
Hills, J. (1997) Housing, in Howard, G. and Hills, J. (eds.), *The state of welfare: the economics of social spending*, Oxford University Press.
Hills, J. (2007) *Ends and means: The future roles of social housing in England*, CASE.
IPPR (2012) *Together at home: A new strategy for housing* (Report).
IPPR (2015) *Who's breadwinning in Europe?: A comparative analysis of material breadwinning in Great Britain and Germany* (Report).
JCHS (2015) *America's Rental Housing: Expanding Options for Diverse and Growing Demand*, Joint Center for Housing Studies of Harvard University.
JCHS (2016) *The State of Nation's Housing*, Joint Center for Housing Studies of Harvard University.
Jones, G. and Wallace, C. (1992) *Youth, Family and Citizenship*, Open University Press (宮本みち子監訳『若者はなぜ大人になれないのか──家族、国家、シティズンシップ』新評論).
Jones, G. (2005) Social protection policies for young people: a cross-national comparison, in Bradley, H. and van Hoof, J. (eds.) *Young People in Europe: Labour market and citizenship*, The policy Press.
JRF (2012) *Housing Options and Solutions for young People in 2020.*
Kemeny, J. (1995) *From Public Housing to the Social Market*, Routlege.
Kemp, P. A. (ed.) (2007) *Housing allowances in comparative perspective*, The Policy Press.
Kemp, P. A. (2007a) Housing allowances in context, in Kemp, P. A. (ed.) *Housing allowances in comparative perspective*, The Policy Press.
Kemp, P. A. (2007b) Housing Benefit in Britain: a trouble history and uncertain future, in Kemp, P. A. (ed.) *Housing allowances in comparative perspective*, The Policy Press.
Kemp, P. A. (2007c) Housing allowance in the advanced welfare states, in Kemp, P. A. (ed.) *Housing allowances in comparative perspective*, The Policy Press.
Kemp, P. A. and Crook, T. (2014) England, In Kemp, P. A. and Crook, T. (eds.) *Private Rental Housing : comparative perspective*, Edward Elgar,
Kemp, P. A. and Kofner, S. (2010) Contrasting Varieties of Private Renting: England and Germany, *International Journal of Housing Policy*, Vol.10, No.4, 394-398.

Kemp, P. A. and Kofner, S. (2014) Germany in Crook, T. and Kemp, P. A. (eds.) *Private Rental Housing: Comparative Perspective*, Edward Elgar.

Kofner, S. (2007) Housing allowances in Germany. in Kemp P. A. (ed.) *Housing allowances in comparative perspective*, The Policy Press.

Kofner , S. (2014) *The Private Rental Sector in Germany*, OECD Research.

Levy-Vroelant, C. (2007) Social Housing in Sweden, in Whitehead, C. and Scanlon, K. (eds.) *Social Housing in Europe*, LSE.

London Council (2013) *Tracking Welfare Reform: The Impact of Housing Benefit (LHA) Reform in London*.

Lowson, R. and Stevens, C. (1974) Housing Allowance in West Germany and France, *International Social Policy*, vol.3, no.3, 213-34.

Lundqvist, L. J. (1987) *Housing Policy and Tenures in Sweden: The Quest for Neutrality*, Avebury.

Madden, D. and Marcuse, P. (2016) *In Defence of Housing*, Verso.

Meyerson, H. (2014) *The Revolt of the Cities*, The American Prospect.

Nordic Social-Statistical Committee (2008) *Old-age Pension Systems in the Nordic Countries*.

OECD (2008a) *Education at a Glance: OECD INDICATORS*（邦訳『図表でみる教育：OECDインディケータ（2008年版）』明石書店）.

OECD (2008b) *Growing Unequal ? Income Distribution and Poverty in OECD Countries* （邦訳『格差は拡大しているか：OECD諸国における所得分布と貧困』明石書店 2010年）.

OECD (2009) *Employment Outlook, Tackling the Jobs Crisis*.

Power, A. (1993) *Hovel to High Rise: State Housing in Europe since 1850*, Routlege.

Priemus, H. and Elsinga, M. (2007) Housing allowance in the Netherlands: the struggle for budgetary controllability, in Kemp, P. A. (ed.) *Housing allowances in comparative perspective*, The Policy Press.

Sahlin, I. (2011) Women's housing in Sweden, in Kennet, P. and Wah, C. K. (eds.) *Women and Housing: An international analysis*, Routledge.

Semuels, A. (2015) How Housing Policy Is Failing America's Poor : Section 8 was intended to help people escape poverty, but instead it's trapping them in it, *The Atlantic*.

Shelter (2005) *Housing and Planning Bill: Second reading briefing*.

Shuwartz, A. (2015) *Housing Policy in the United State*, Routlege.

Simonazzi, A. and Villa, P. (2010) La grande illusion: how Italy's American dream turned sour in Anxo, D., Bosch, G. and Rubery, J. (eds.) *The Welfare State and Life Transitions: A European Perspective*, Edward Elgar.

Stephens, M., Burns, N., and Mackay, L. (2003) The Limits of Housing Reform: British Social Rented Housing in a European Context, *Urban Studies*, Vol. 40, No.4, 767-789.

Stringer, S. M. (2014) *The Growing Gap: New York City's Housing Affordability Challenge*, Office of the New York City Comptroller.

The Council The City of New York (2013) *The Middle Class Squeeze*.

Trust for London (2013) *London's Poverty Profile*.

Turner, B. (2007) Social Housing in Sweden, in Whitehead, C. and Scanlon, K. (eds.) *Social Housing in Europe*, LSE.

Wilcox, S. and Pawson, H. (2011) *UK Housing Review*, Chatered Institute Housing.

Wilcox, S. and Pawson, H. (2013) *UK Housing Review*, Chatered Institute Housing.

Wilcox, S., Perry, J. and Williams, P. (2015) *UK Housing Review: 2015 briefing paper*.

おわりに

　本書の「はじめに」で、富裕層と貧困層への所得分化がすすみ、中間層の収縮（squeezed middle）が明らかになるなかで、新自由主義から決別し、分配政策を見直す政治勢力（スコットランド首相ニコラ・スタージョン、イギリス労働党・党首ジェレミー・コービン、アメリカ上院議員バーニー・サンダースなど）の活動に日本の住宅運動（Call for Housing Democracy）からエールを送った。

　逆に長年イギリスに在住し、欧州の社会運動から日本にエールを送ろうとしているのは、『ヨーロッパ・コーリング――地べたからのポリティカル・レポート』（岩波書店、2016年）の著者であるブレイディ・みかこ氏である。

　同書では、ニコラ・スタージョンとジェレミー・コービンの台頭について、「彼らはトレンドを利用して出てきたのではない。むしろ自分が信じる理念を人びとが求める時代が来るのをじっと待っていたのだ」とコメントしている。その「理念」とは、以下のようにサッチャー以降の新自由主義への決別であり、イギリスの福祉国家の再興であった（同書、pp.110, 169, 245）。

「あくまでもどこまでも反緊縮」、「移民の締め付けではなく下層民の引き上げを」、「NHSを再び完全国営化に」、「若者に優しい社会は大学授業料無料を再導入せずにはあり得ない」というスタージョンの主張を聞いていると、これは左派流の「NEVER COMPROMISE」（妥協なし）。彼女は左翼のサッチャーではないかと思えてきた。

　　英国労働党には帰る家がある。……労働党は、伝統的には「たくましいプロレタリアート」を都市の知識層が率いるタイプの政党だったのだ。……そして2015年の、誰もが「絶対に勝つわけではない」といっていたコービンの党首選での大勝利も、昔なら「たくましいプロレタリアート」になるはずだった「不満を抱えた被雇用者（とくに非正規）」に、知識層が

オルタナティブな政治があり得ることを教え、学生が連携した結果だった。ただ昔と違う点は、学生たちも「不満を抱えた被雇用者」に片足突っ込んでいるというか、彼らにしても就職難や住宅危機などで未来への危機感が強く、弱者を救うためというより、自分のために戦っている当事者意識があることだ。

「英国労働党には帰る家がある」という文言に関連して、みかこ氏は自身のブログの読者に「日本人にも、英国人にとっての「1945年のスピリット」のようなものがあるとすれば、それは何だと思いますか？」と問いかけ、関連して「時の厚生大臣アナイリン（通称、ナイ）・ベヴァンの言葉を設立理念に掲げるNHS」について、「当の労働党のブレア元首相がNHSの民営化を進めたのは皮肉だが、細切れに解体されながらも、今でも無料の医療サービスを提供しているNHSは「1945年のスピリット」の最後の砦である」と説明している（同書、p.244-246）。

「1945年のスピリット」は、「NHSを再び完全国営化に」というスタージョンの主張に発現されているが、コービンに影の住宅大臣として任命されたジョン・ヒーリーは、以下のように住宅政策の変革に関連して、やはり「1945年のスピリット」に言及している（Labour considers biggest social housebuilding drive since 70s, *The Guardian*, 28 Sep. 2015）。

現在、われわれがこの国の慢性的な住宅問題をいかに処理するのか、について大きく考え、大胆に発言すべき時期がきている。戦後、保健・住宅大臣としてナイ・ベヴァンがNHSについて語ったことは、公営住宅についても当てはまる。「それはそのために闘うことを余儀なくされている人びとがいる限り存続するであろう」。

同書の最後では「地べたのことを知りたければ地べたに向かうしかない。わたしの次の目的地は日本である」（同上、p.283）と述べられている。その動機

は、欧州と類似した問題に直面している日本にも「ヨーロッパの叫び」の気配を感じ取ることであった。

しかしながら、その期待は裏切られたようだ。日本でホームレス、派遣労働者、生活保護受給者などの自立を支援している「自立生活サポートセンター・もやい」などを訪問したのち、「日本に行くまでわたしは、英国やスペインの若者や失業者たちが「新自由主義と緊縮財政の犠牲になっているのは自分たちなのだ」と立ち上がる姿を見ていたので、どうして日本でも同じことが起きないのか、と思っていたのである。しかし、もやいで困窮者の若い人びとを見ていると、彼らにそれを望むのは酷な気がしてきた」と述べている。

続けて日欧の「立ち上がり」の相違について、「日本の貧困者があんな風に、もはや一人前の人間でなくなったかのように力なくぽっきりと折れてしまうのは、日本人の尊厳が、つまるところ「アフォードできること（支払い能力があること）」だからではないか。それは結局、欧州のように、「人間はみな生まれながらにして等しく厳かなものを持っており、それを冒されない権利を持っている」というヒューマニティの形を取ることがなかったのだ」と結論づけている（『THIS IS JAPAN――英国保育士が見た日本』太田出版、2016 年, pp.224-225）。

みかこ氏は「英国労働党には帰る家がある」としても、日本について「帰る家のない者は、ひたすらいまだ見たこともない地平を目指して進むだけだ」（『ヨーロッパ・コーリング』p.247）と述べている。

問題はなぜ「帰る家のない者」になってしまったのか、ということである。この点、日欧の「立ち上がり」の相違について「日本人の尊厳が、つまるところ「アフォードできること（支払い能力があること）」だからではないか」、さらにまた「日本人は「貧乏は恥ずかしい」という感覚が異常に強い。それが生活保護の申請を行う人の数を少なくしている大きな原因であると聞いている」との指摘は重要である。

以上に関連して、この拙著の第 4 章では、「生活保障の方法として、ウェルフェアよりもワークフェアをより選択したシステムであり、この点が日本モデルをほかから区別する大きな特徴である」（ワークフェア体制としての日本モ

デル）との埋橋孝文氏の見解を紹介した。また高度経済成長期に生まれた利益の分配方法について、財政社会学者の井手英策氏は、「こうして欧州とはまったく異なる日本の福祉国家の性格が刻印された。本来であれば、豊富な税収によって政府が充足させるような対人サービス、つまり教育、福祉、医療、住宅などを、市場から「購入」することを前提とする福祉国家システムが形成されたのである」（井手氏は、このシステムを「土建国家レジーム」とも呼称、『経済の時代の終焉』岩波書店、2015 年 , pp.210-211）と述べている。

　欧米では、長らく席巻してきた緊縮財政と新自由主義は見直しを余儀なくされ、それとは決別し反緊縮と分配政策を重視する政治勢力が台頭、その主張は住宅政策をふくめて、とくに若者の生活移行に焦点を当てている。ところが、2周遅れでようやく「土建国家レジーム」から新自由主義へと変容した日本の政策当局は、いまだにトリクルダウンに固執しつつ、ボトムアップの重要性を認識していない。

　「はじめに」で若者を中心とした住宅運動について、「こうした活動は今後も増幅されていくであろう」と述べた。というのも終章で展開したように、日本が「帰る家のない者」の状況にあるとしても、現状が日本型デュアリスト・モデルであり、そして目指すべき「地平」がユニタリー・モデルへの軌道修正にある、との知見は共有されてきており、この運動主体は、欧米でのボトムアップの新しい動きと、トリクルダウンに固執する日本との大きなギャップを認識しているからである。Mind the gap !!

　なお、本書に掲載された各章の論考は、「住宅手当はなぜ必要か」というタイトルで、高齢者住宅財団『財団ニュース』に 12 回にわたって連載されたものに加筆・修正をしている。財団で編集を担当された落合明美さん、荒木知佳子さん、また出版を快諾していただいた明石書店の神野斉さん、本書の編集作業を進められた岩井峰人さんに、この場を借りて感謝の気持ちを申し上げます。

大阪市大・旧経済研究所棟2Fの研究室にて

小玉　徹

索　引

―――― **事項索引** ――――

ア行

新しい社会リスク　15, 17, 28, 157, 180
アフォーダブル住宅委員会　199
アフォーダブル住宅補助金（AHG）　199
アフォーダブル住宅交付金　192
アメリカン・ドリーム　239
新たな住宅セーフティネット　231-2
新たな住宅セーフティネット検討小委員会　230
エイジング・イン・プレイス　117, 120
エーデル改革　120, 123
エンタイトルメント　13, 130, 177, 253, 255
応能応益制度　223
遅れた福祉国家（rudimentary welfare state）　38, 129
オール・オア・ナッシング　5, 134-5

カ行

囲い込み　26-7
下層中産階級　164
家族住宅手当（ALF）　103, 105, 108
家族賃金　23, 75, 114
稼得者一人モデル　61
過密居住　97, 101, 104
簡易宿泊所　225-6
求職者基礎保障　36, 72
求職者支援制度　21, 45, 48
求職者手当（JSA）　37, 73, 186
給付つき税額控除（Tax credit）　91-2
教育法（1992年）　51
教育改革法（1988年）　51

強制的・包摂的ゾーニング　239, 255-6, 266
居住支援協議会　221, 223, 227, 233
緊縮財政　284-5
勤労所得税額控除（EITC）　91-2
空間的な分離　71, 107, 162
区分支給方式　27, 30
暮らし向きの良い（better-paid）労働者階級　18, 165
暮らし向きのよい（better-off）世帯　187
クリントン派　209
ケア・ホーム　120-1
原価賃貸　99, 125-6, 130, 160
原価家賃　100, 164
建築・社会住宅財団（BSHF）　185-6, 193
公営住宅購入権（RTB）　19, 51, 184, 196, 207
公共政策研究機構（IPPR）　64, 191
拘束を受けた民間賃貸　163
高齢者住宅財団　119-20
高齢者・障害者住宅法　120
国家住宅トラスト基金　267
コマンド方式　126, 174
婚姻外出生率　62
混成的な住宅手当　158

サ行

最低居住面積水準　27, 124, 129, 137, 139-41, 145, 222, 225, 227
最低保障年金　143, 147, 149-51
サッチャリズム　6
サービス従業員・国際労働組合（SEIU）　248, 267
サービス付き高齢者向け住宅（サ高住）　17,

24-7, 117-20, 124
サービスハウス　123-5
サポーティブ住宅　251-2
シェア居住レート（SAR）　52, 191
ジェントリフィケーション　70, 188, 239, 249, 253, 255, 269
事実婚　62
失業手当Ⅱ（ALG Ⅱ）　36-7, 72
児童税額控除（CTC）　91-2
社会運動　6, 28, 170, 239, 282
社会支出（統計）　13, 71, 93, 113-4
社会住宅手当（ALS）　103, 108
社会住宅の空間的な分離　108
社会政策の個人化　35
社会手当　47, 75, 81-2, 86-7, 102, 117, 143, 180
社会的居住空間助成法　175
社会的市場経済　162
社会扶助　36-7, 74, 147, 157, 177-8
若年単独世帯　214, 216, 234-5
借家人運動　170
借家人協会　126, 160
借家人同盟　171-2
住居確保給付金　44, 46, 156
住居費（Unterkunfts-kosten）　37, 201
住生活基本計画　227
住生活基本法　221-2, 225, 227
重層的なセーフティネット　5-6, 155, 213, 221-2, 224, 228
住宅改修費　5-6, 229
住宅確保要配慮者　6, 221, 231
住宅確保要配慮者あんしん居住推進事業　223
住宅公社（MHCs）　98-100
住宅セーフティネット法　6, 221, 227, 229
住宅手当法（第1次、第2次）　164-5
住宅バウチャー　158, 178, 252
住宅評価システム　162

住宅扶助の単給化　6, 156, 233
住宅補足手当　149-51
準公営住宅　228-9, 233
奨学金　33-5, 37, 39, 51, 79-80
消極的労働市場政策（PLMPs）　71
所得比例年金　149, 151
自立生活サポートセンター・もやい　226, 284
自立相談支援事業　43
シルバーハウジング　124, 151
新自由主義　3, 38, 208, 282, 284, 285
スコットランド国民党（SNP）　206-8
スコットランド住宅協会連合（SFHA）　208
住まいとケア革新プロジェクト　120
住まいの貧困に取り組むネットワーク　82, 152
生活困窮者支援　43
生活困窮者支援制度　21
生活困窮者支援法　73
生活困窮者住居確保給付金　73
生活困窮者自立支援法　44
生活保護バッシング　5, 132
セクション8　178, 239, 245, 247, 250, 252-3, 265
世帯内単身者　67
積極的労働市場政策（ALMPs）　32, 41, 71
専業主婦願望　21, 28, 66
選択ベース・モデル　175
相対的貧困率　22, 29, 63, 83, 85
ソーシャル・マーケット　99, 107, 125-6, 130, 160, 201
ソーシャル・ミックス　71, 107, 109, 162, 166, 174-5

タ行

対人住宅補助（APL）　103, 107-8
第2のセーフティネット　21, 37, 42, 48, 156

男女共同参画社会　21, 62
男女雇用機会均等法　69
男性稼ぎ主型　23-4, 28, 75, 77, 97, 130
地域住宅計画　221
地域住宅手当（LHA）　52, 73, 187
地域包括ケアシステム　24
地域優良賃貸住宅　223
地代家賃統制令（1939年）　166, 168, 170
地方自治体・住宅局長連盟（ALACHO）　208
中間層の収縮（squeezed middle）　3-4, 239, 282
中道左派政党　209
賃貸住宅助成貸付（PLA）　108
賃貸世代（generation rent）　3, 201
賃貸目的の住宅購入（buy to let）　184, 202-3
低所得者用住宅税控除（LIHTC）　265
適正家賃住宅組織（HLM）　106-8, 110
デュアリスト・モデル　125-6, 130, 174, 178, 183, 199, 205, 234
デュアリズム　125, 130
デュアル・システム　35, 71
同一労働・同一賃金　22, 62
特別養護老人ホーム　118
土建国家　5, 179, 285
都市社会運動　269
徒弟制度　32-4
共稼ぎ世帯モデル　61
トリクルダウン　3, 6, 208, 269, 285

ナ行

内部労働市場　32, 38, 40, 43
ナーシング・ホーム　121, 123, 151
日本型雇用慣行　86
日本型雇用システム　4, 39
日本型青年期モデル　39-40
日本型デュアリスト・モデル　155, 183, 213, 229, 285
ニューディール　73
ニューレーバー　209
年金クレジット（pension Credit）　37, 149, 186

ハ行

配偶者控除　24, 77
母親稼ぎ手　63-4
ハーバード大学・住宅研究センター　262-4
ハルツ改革　36
ハルツ立法　72
非婚シングルマザー　62
人への助成　3, 20, 28, 38, 107, 130, 191, 198, 235
ピュー調査センター　257, 259, 268
貧困の再生産　80
貧困ビジネス　24, 27-8
不動産税の控除による住宅付置（421-a）　244-5, 255
プライエム　122, 124
古い社会リスク　17, 28
閉塞社会　13, 17, 28, 180
ベッソン法　175
法律助成協会　246
保障短期賃貸借契約（ASTs）　184, 195, 207
補足給付　25, 29-30, 117
ボトムアップ　6, 239, 269, 285
ホームレスのための連合（Coalition for the Homeless）　247, 250, 252

マ行

未婚単独世帯　66-7
ミュルダール住宅　98
ミレニアム世代　262
民間住宅借家人法　207
民間賃貸借家権　207

持家民主主義　206
物への助成　3, 20, 28, 38, 107-8, 130, 174, 191, 198, 235

ヤ行

家賃圧力ゾーン（rent pressure zones）　207
家賃安定化住宅　244, 250
家賃安定化法　243
家賃ガイドライン委員会　243, 250
家賃・抵当利子制限法（1915年）　166
家賃統制　18-9, 104, 159, 160, 162, 166, 201, 234, 243
家賃統制住宅　244
家賃補助　5-6, 25
家主協会　126, 160
誘導居住面積水準　145
ユニタリズム　125, 128
ユニタリー・モデル　125, 199, 201, 233, 285
ユニット型個室　29

ラ行

ライフ・トランジション　5, 13, 219, 222, 235, 269
レーガノミックス　6
労働運動　172
労働協約　35, 105
労働組合　241, 269
労働組合運動　165, 269

ワ行

ワーク促進（Work Advantage）プログラム　245, 247, 250
ワークフェア体制としての日本モデル　179, 181, 284

人名索引

ア行

赤石千衣子　23, 77
石井啓一　231
井手英策　285
稲葉剛　152
井上由紀子　25, 117, 125
岩田正美　41, 155
埋橋孝文　47, 178
エスピン-アンデルセン　29, 31, 177
大沢真理　83
大西連　226
小川正光　124
小川祐子　124
小越洋之助　146

カ行

カイン、トニー　208
唐鎌直義　145
カーン、アディック　3
北明美　75
キャメロン　52, 188, 191, 202, 205
クオモ、アンドリュー　25, 248, 252
クリントン、ヒラリー　257, 266-8
ケメニー、ジム　125, 199, 205, 234
ケンプ、ピーター　14-5, 129, 157
コービン、ジェレミー　3, 208-9, 282
駒村康平　85, 135, 147

サ行

酒井金太郎　170
サッチャー　3-4, 19-20, 181, 202, 234, 282
サモンド、アレックス　206
サンカラ、バスラー　271
サンダース、バーニー　3, 240, 267-8
シュワルツ、アレックス　252

白波瀬佐和子　20, 59
スティグリッツ　208
スタージョン、ニコラ　3, 206, 282
ステファン、マーク　107, 174

タ行

竹信三恵子　68
橘木俊詔　68
テイラー、マリー　208
デ・ブラシオ　239, 246, 249-52, 256-7, 266
トランプ、ドナルド　268-9

ナ行

西文彦　57

ハ行

ハイエク　234
ハーヴェイ、デヴィッド　269
濱口桂一郎　39
濱田孝一　27
バンクス、スティーブン　246
ヒーリー、ジョン　202, 206, 209, 283
尾藤廣喜　132
布施辰治　171
ブラウン、グラエム　208
ブルームバーグ　239-40, 243, 245, 250
ブルース、ヘディ　98
ブレア　149, 283
ブレイディ、みかこ　282
ベヴァン、アナイリン　283
ボッシュ、ゲルハート　31
ボノーリ、ジュリアーノ　28

マ行

松岡洋子　121
マデン、デイビッド　266
マルクーゼ、ピーター　266
三浦研　26
水田恵　142
宮本徹　231
宮本みち子　31, 39, 43
ミュルダール、アルヴァ　97
ミュルダール、グンナー　97
ミリバンド　201, 208, 234
みわよしこ　225

ヤ行

山田篤裕　147
山田昌弘　21, 41, 56, 61
山野良一　16, 80
吉永純　44

ラ行

ルフェーブル、アンリ　270
レーガン　3
ロブ、キャンベル　204-5

ワ行

渡辺洋三　168, 172

【著者略歴】
小玉　徹（こだま・とおる）
1953年、秋田県に生まれる。1984年、名古屋市立大学大学院経済学研究科博士課程単位取得退学。経済学博士。現在、大阪市立大学大学院創造都市研究科教授。1983年、第10回東京市政調査会藤田賞。2012年、都市住宅学会学会賞論説賞。主著に『欧州住宅政策と日本──ノンプロフィットの実験』（ミネルヴァ書房、1996年）、『欧米の住宅政策』（共著、ミネルヴァ書房、1999年）、『アジアの大都市〔4〕マニラ』（共編著、日本評論社、2001年）、『大都市圏再編への構想』（編著、東京大学出版会、2002年）、『欧米のホームレス問題』（共編、法律文化社、2003年）、『ホームレス問題　何が問われているのか』（岩波ブックレット、2003年）、『福祉レジームの変容と都市再生──雇用と住宅の再構築を目指して』（ミネルヴァ書房、2010年）など。

居住の貧困と「賃貸世代」
国際比較でみる住宅政策

2017年4月25日　初版第1刷発行

著　者　　小　玉　　　徹
発行者　　石　井　昭　男
発行所　　株式会社 明石書店

〒101-0021 東京都千代田区外神田6-9-5
電話　03（5818）1171
FAX　03（5818）1174
振替　00100-7-24505
http://www.akashi.co.jp

装　　丁　　明石書店デザイン室
印刷／製本　　モリモト印刷株式会社

（定価はカバーに表示してあります）　ISBN978-4-7503-4504-8

|JCOPY| 〈(社)出版者著作権管理機構 委託出版物〉
本書の無断複写は著作権法上での例外を除き禁じられています。複写される場合は、そのつど事前に、(社)出版者著作権管理機構（電話 03-3513-6969、FAX 03-3513-6979、e-mail: info@jcopy.or.jp）の許諾を得てください。

貧困研究

『貧困研究』編集委員会 [編集]

【年2回刊行】

A5判／並製／本体価格 各1800円＋税

編集長　福原宏幸
編集委員　布川日佐史　松本伊智朗　湯澤直美　村上英吾
　　　　　山田篤裕　垣田裕介　阿部彩

日本における貧困研究の深化・発展、国内外の研究者の交流、そして貧困問題を様々な人々に認識してもらうことを目的として2007年12月に発足した貧困研究会を母体に発刊された、日本初の貧困研究専門誌。

- **Vol.1** 特集　貧困研究の課題
- **Vol.2** 特集　流動社会における新しい貧困のかたち
- **Vol.3** 特集　現代日本における貧困の特質をどうとらえるか
- **Vol.4** 特集　日韓における地域の社会的包摂システムの模索　ほか
- **Vol.5** 特集　日本の貧困は「地方」にどう立ち現れているか　ほか
- **Vol.6** 特集　子どもの貧困と対抗戦略——研究・市民活動・政策形成　ほか
- **Vol.7** 特集　生活保護制度改革に向けて——世界の社会扶助制度に学ぶもの　ほか
- **Vol.8** 特集　震災と貧困　ほか
- **Vol.9** 特集　大阪の貧困——その実態とさまざまな取り組み
- **Vol.10** 特集　先進7ヶ国における社会扶助の給付水準の決定および改定方式　ほか
- **Vol.11** 特集　子どもの貧困と教育の課題
- **Vol.12** 特集　貧困政策を検証する——生活困窮者自立支援と子どもの貧困対策に焦点をあてて　ほか
- **Vol.13** 特集　貧困研究のフロンティア　ほか
- **Vol.14** 特集　いま〈最低生活保障〉を問う：原論・政策・運動の三領域から　ほか
- **Vol.15** 特集　アベノミクスと格差・貧困　ほか
- **Vol.16** 特集　地域が抱える健康・貧困リスク問題への学術的視点　ほか
- **Vol.17** 特集　社会不安に揺れる欧州とアメリカ　ほか

——以下、続刊

〈価格は本体価格です〉

講座 現代の社会政策 《全6巻》

A5判／上製
◎4,200円

いまから約一世紀前の1907年12月、当時の社会政策学会は工場法をテーマとした第一回大会を開催した。その後の十数年間、年一回の大会を開催し社会に対して喫緊の社会問題と社会政策に関する問題提起を行い、一定の影響を与えた。いま社会政策学会に集う学徒を中心に明石書店からこの〈講座 現代の社会政策〉を刊行するのは、形は異なるが、百年前のこのひそみに倣い、危機に追い込まれつつあった日本の社会政策の再構築を、本講座の刊行に尽力された社会政策を専攻する多くの学徒とともに願うからである。

（シリーズ序文〔武川正吾〕より）

第1巻 戦後社会政策論
玉井金五・佐口和郎 編著

第2巻 生活保障と支援の社会政策
中川清・埋橋孝文 編著

第3巻 労働市場・労使関係・労働法
石田光男・願興寺胎之 編著

第4巻 社会政策のなかのジェンダー
木本喜美子・大森真紀・室住眞麻子 編著

第5巻 新しい公共と市民活動・労働運動
坪郷實・中村圭介 編著

第6巻 グローバリゼーションと福祉国家
武川正吾・宮本太郎 編著

〈価格は本体価格です〉

世界 格差・貧困百科事典
Encyclopedia of World Poverty

メフメト・オデコン 編集代表
駒井洋 監修
穂坂光彦 監訳者代表

アメリカの研究者による貧困および関連問題についての事典。定義とアセスメント、世界191カ国の状況、原因の探求、反貧困に取り組むNGO・NPOをはじめとする様々な活動、歴史や学説史、思想、宗教など、貧困の研究、議論の基礎となる事項を網羅する。

B5判／上製／1236頁
◎38000円

貧困問題がわかる シリーズ 全3冊

▼大阪弁護士会 編

■四六判／並製 ◎各1800円

最大の人権問題といえる貧困問題の解決には、雇用・福祉の各分野の制度・政策に関する横断的な理解が必要。大阪弁護士会が実施する講座を基に、問題のポイントをわかりやすく解説するとともに、具体的な政策を問う書籍シリーズ。

❶ 貧困を生まないセーフティネット

貧困から人びとを守るべき生活保護・年金・雇用保険・住宅のセーフティネットについて、第一線の研究者が提言する。【執筆者】吉永純／阪田健夫／里見賢治／和田肇／木下秀雄／平山洋介

❷ 貧困の実態とこれからの日本社会
——子ども・女性・犯罪・障害者、そして人権

子ども・女性・犯罪・障がいといった諸相に表れる貧困問題について第一線の研究者が提言し、今後の日本社会のあり方を問いかける。【執筆者】阿部彩／大沢真理／浜井浩一／尾上浩二／二宮厚美

❸ 世界の貧困と社会保障——日本の福祉政策が学ぶべきもの

ヨーロッパ・アメリカ・アジア各国の貧困問題に対する政策・福祉制度を知り、日本が学ぶべき点を考えていく。【執筆者】渡辺博明／山田真知子／木下武徳／丸谷浩介／布川日佐史／ヨハネス・ミュンダー／福原宏幸／脇田滋

〈価格は本体価格です〉

格差拡大の真実
——二極化の要因を解き明かす

経済協力開発機構（OECD）編著
小島克久、金子能宏 訳

A4判変型／並製／464頁
◎7200円

1パーセント、さらには一握りの高所得者の富が膨れ上がり、二極化がますます進むのはなぜか？ グローバル化、技術進歩、情報通信技術、海外投資、国際労働移動、高齢化、世帯構造の変化などの各種の要因を詳細に分析し、格差が拡大してきたことを明らかにする。

内容構成

概要　OECD加盟国における所得格差拡大の概観

特集　新興経済国における格差

第I部　グローバル化、技術進歩、政策は賃金格差と所得格差にどのような影響を及ぼすのか
経済のグローバル化、労働市場の制度・政策、賃金格差の動向／経済のグローバル化と制度・政策の変化の所得格差への影響／就業者と非就業者の格差

第II部　労働所得の格差はどのように世帯可処分所得の格差を引き起こすのか
所得格差の要因：労働、自営業、非就業／世帯の就業所得の格差の動向／家族構成の変化が果たす役割／世帯就業所得の格差から世帯可処分所得の格差へ

第III部　税と社会保障の役割はどのように変化したか
税と社会保障による所得再分配機能／過去20年間の変化／公共サービスが所得格差に及ぼす影響／高額所得者の傾向と租税政策

格差は拡大しているか
OECD編著　小島克久、金子能宏訳
OECD諸国における所得分布と貧困
●5600円

地図でみる世界の地域格差
OECD編著　中澤高志、神谷浩夫監訳
OECD地域指標〈2013年版〉オールカラー版
都市集中と地域発展の国際比較
●5500円

メンタルヘルスと仕事：誤解と真実
OECD編著　岡部史信、田中香織訳
〈OECDメンタルヘルスと仕事プロジェクト〉
労働市場は心の病気にどう向き合うべきか
●4600円

世界の労働市場改革 OECD新雇用戦略
OECD編著　樋口美雄監訳　戎居皆和訳
雇用の拡大と質の向上、所得の増大をめざして
●5000円

世界の高齢化と雇用政策
OECD編著　濱口桂一郎訳
エイジ・フレンドリーな政策による就業機会の拡大に向けて
●3000円

日本の労働市場改革
OECD編著　濱口桂一郎訳
OECDアクティベーション政策レビュー：日本
●3800円

日本の若者と雇用
OECD編著　濱口桂一郎監訳　中島ゆり訳
OECD若年者雇用レビュー：日本
●2800円

世界の若者と雇用
OECD編著　濱口桂一郎監訳　中島ゆり訳
学校から職業への移行を支援する
〈OECD若年者雇用レビュー・統合報告書〉
●3800円

〈価格は本体価格です〉

無料低額宿泊所の研究 貧困ビジネスから社会福祉事業へ
山田壮志郎
●4600円

ホームレス支援における就労と福祉
山田壮志郎
●4800円

Q&A 生活保護利用ガイド 健康で文化的に生き抜くために
山田壮志郎編著
●1600円

生活保護「改革」と生存権の保障 基準引下げ、法改正、生活困窮者自立支援法
吉永純
●2800円

最低生活保障と社会扶助基準 先進8ヶ国における決定方式と参照目標
山田篤裕、布川日佐史、『貧困研究』編集委員会編
●3600円

ホームレス状態からの「脱却」に向けた支援 人間関係・自尊感情・「場」の保障
後藤広史
●3800円

ホームレスと都市空間 収奪と異化、社会運動、資本=国家
林真人
●4800円

生活困窮者への伴走型支援 経済的困窮と社会的孤立に対応するトータルサポート
奥田知志、稲月正、垣田裕介、堤圭史郎
●2800円

子ども食堂をつくろう！ 人がつながる地域の居場所づくり
豊島子どもWAKUWAKUネットワーク編著
●1400円

子どもの貧困と公教育 義務教育無償化・教育機会の平等に向けて
中村文夫
●2800円

子どもの貧困 子ども時代のしあわせ平等のために
浅井春夫、松本伊智朗、湯澤直美編
●2300円

子どもの貧困白書
子どもの貧困白書編集委員会編
●2800円

子どもの貧困と教育機会の不平等 就学援助・学校給食・母子家庭をめぐって
鳫咲子
●1800円

二極化する若者と自立支援 「若者問題」への接近
宮本みち子、小杉礼子編著
●1800円

若者と貧困 いま、ここからの希望を
若者の希望と社会3 湯浅誠、冨樫匡孝、上間陽子、仁平典宏編著
●2200円

貧困とはなにか 概念・言説・ポリティクス
ルース・リスター著 松本伊智朗監訳 立木勝訳
●2400円

〈価格は本体価格です〉